RUDHYAR · DAS ASTROLOGISCHE HÄUSERSYSTEM

DANE RUDHYAR

# DAS ASTROLOGISCHE HÄUSERSYSTEM

DAS SPEKTRUM DER INDIVIDUELLEN ERFAHRUNG

HUGENDUBEL

Herausgeber der Reihe »Kailash-Buch«: Gerhard Riemann

Übersetzung aus dem Amerikanischen von Edgar Portisch

Die Originalausgabe erschien unter dem Titel
»The Astrological Houses«



2. Auflage 1982


Umschlaggestaltung: Dieter Bonhorst
Produktion: Tillmann Roeder
Satzherstellung: Monofilm, Sandbach
Druck und Bindung: Franz Spiegel Buch GmbH, Ulm

ISBN 3 88034 099 4

Printed in Germany

# INHALT

# ERSTER TEIL

# Warum Häuser

Wahrscheinlich würden die meisten Astrologen der allgemeinen Aussage zustimmen, daß Astrologie die Studie der Wechselbeziehungen ist, die sich zwischen den Positionen himmlischer Körper um die Erde und physischen Begebenheiten, bzw. psychologischen und sozialen Veränderungen im Bewußtsein des Menschen, bilden. Die Bewegungen himmlischer Körper sind, mit sehr wenigen Ausnahmen, zyklisch und vorhersehbar. So weit wir sehen können, herrscht in unserem Universum Ordnung, auch wenn diese Ordnung, aus der Nähe besehen, nicht klar ersichtlich ist. Durch unsere Position auf der Erde, in der Mitte der Geschehnisse, in diese verwickelt und emotional auf sie reagierend, sind wir ja unfähig, das große Bild der kosmischen Existenz zu erkennen. Wenn wir jedoch himmlische Ereignisse betrachten, die sich in immenser Entfernung von uns abspielen, können wir leicht die majestätischen Rhythmen, die sich am Hintergrund des Himmels abzeichnen, erfahren: die aufsteigende und untergehende Sonne, den Mond, die Sterne, den neuen und den vollen Mond, die Konjunktionen der Planeten und andere periodische Phänomene. So hat die Astrologie, indem sie die scheinbar unvorhersehbaren und zufälligen Erfahrungen des Menschen in seiner irdischen Umgebung mit den rhythmischen und vorhersehbaren Veränderungen der Positionen und wechselseitigen Beziehungen der himmlischen Körper verbindet, der Menschheit ein höchst wertvolles Gefühl der Ordnung gegeben. Eine Ordnung, die wiederum ein Gefühl zumindest transzendentaler Sicherheit erzeugte.

Der Mensch kann auf so vielerlei Arten seine Erkenntnis interpretieren und auf sie reagieren, daß feste und zumindest relativ verläßliche Beziehungen geschaffen werden können. Beziehungen zwischen dem, was im Universum um die Erde herum passiert, und den äußeren oder inneren Veränderungen im Leben der Menschen. Recht offensichtlich hängen solche Reaktionen und Interpretationen grundsätzlich von der Stufe der menschlichen Evolution ab – ausgedrückt durch die Fähigkeit seiner Sinne, die Geschehnisse am Himmel zu erkennen und durch das Entwicklungsstadium seines Bewußtseins; ausgedrückt durch seine psychischen Fähigkeiten und durch seine intellektuellen wie auch physischen Werkzeuge, um das, was er erlebt, zu messen und zu interpretieren. All das findet seinen Ausdruck in der sozialen, religiösen und kulturellen Umwelt, welche den Sternebetrachter mit einer gewissen Art von Sprache, grundsätzlichen Anschauungen und einer sozio-kulturellen Lebensart ausrüstet.

Es ist ziemlich sinnlos, die Astrologie vom jeweiligen Zustand der Kultur und der Gesellschaft, in der der Astrologe lebt und in der er seine Kalkulationen und Interpretationen anstellt, trennen zu wollen. *Jedes* Begriffssystem muß in bezug auf die Art der Lebensumstände verstanden werden – sozial und persönlich, wie auch geographisch, in bezug auf die Menschen, die handeln, fühlen und denken. Die »Wahrheit« oder eher die *Validität* einer Handlung oder eines Gedankens kann nur in bezug auf das größere sozial-kulturelle Bild ausfindig gemacht werden, wie auch, noch tiefer, in bezug auf die besondere Phase der Menschheitsevolution, zumindest die eines Teiles der Menschheit.

Da dies oft nicht gemacht oder mit Vorurteilen gemacht wird, die darauf beruhen, daß der gegenwärtige Bewußtseinsstand auf den Geist und die Gefühle von Menschen archaischer Zeiten und anderer Rassen projeziert wird, entsteht große Verwirrung. Die Astrologie ist für Verwirrung und für die Ausbreitung dogmatisch ausgedrückter Meinungen ein besonders fruchtbares Gebiet, ob diese nun die Form von angeblich wissenschaftlichen Analysen annehmen, von gelehrten Textansammlungen, von psychischen Ahnungen oder »Kommunikationen«. Viele komplexe Theorien und verwirrende Interpretationen entwickelten sich, weil man die Astrologie als ein fest umrahmtes und auf sich selbst bezogenes Gebiet ansah, eine mysteriöse »Wissenschaft«, die eine verwirrende Terminologie verwendet, unverändert seit uralten chaldäischen Zeiten und angeblich immer noch gültig. Diese Terminologie hat aber recht offensichtlich versagt. Sie hat versagt, die radikalen Veränderungen des menschlichen Bewußtseins, des menschlichen Gewahrseins der Erde und des menschlichen Standorts im Universum, welche sich über diese vielen Jahrhunderte entwickelten, voll in Betracht zu ziehen.

Als eine Folge davon trifft das gegenwärtige Interesse an der Astrologie auf viele Arten von Hindernissen und fließt verwirrend in die verschiedensten Kanäle. Das bedeutet, die Basisfunktion der Astrologie für große Zeiträume aus den Augen zu verlieren. Die Basisfunktion, welche darin besteht, den Menschen einen Sinn für Ordnung und eine harmonische, rhythmische Entfaltung zu geben – nicht Menschen, wie sie im alten Ägypten oder in China waren, sondern *wie sie heute sind*, mit all ihren emotionalen, mentalen und sozialen Problemen.

Für den primitiven Mann des Stammes war die Astrologie ein integraler Bestandteil der religiösen Symbolik, wie auch eine Methode, um periodische, natürliche Ereignisse vorauszusehen, die das Leben der Gemeinschaft und besonders ihre landwirtschaftlichen Tätigkeiten, wie das Decken der Rinder, beeinflußten. Unter solchen Lebensumständen – die Erde und das gesamte Wohlergehen der organischen Gemeinschaft im Brennpunkt des menschlichen Bewußtseins – war die Astrologie recht einfach. Sie war essentiell begründet auf dem Aufgehen, der Kulmination und dem Untergehen aller himmlischer Körper – der »Sterne«, wie auch der beiden »Lichter«, Sonne und Mond. Zwei Kategorien von »Sternen« konnten leicht unterschieden werden. Die meisten Sterne, wie sie auf- und untergingen, blieben in ihren Beziehungen zueinander unverändert; das heißt, so wie sie über den Himmel reisten, bleib das *Muster* ihrer Lichtpunkte »fixiert«. Im Gegensatz dazu bewegten sich andere himmlische Körper unabhängig voneinander und schienen sich zeitweise rückwärts zu bewegen; sie wurden »Wanderer« genannt, was auch die ursprüngliche Bedeutung des Wortes *Planet* ist.

Manche dieser Planeten schienen dem geübten Beobachter eher kleine Scheiben als Lichtpunkte zu sein, und man sah sie als eine andere Kategorie himmlischer Objekte an, völlig verschieden von den Sternen. Ihre periodischen Konjunktionen wurden bemerkt und ihre Bewegungen wurden aufgezeichnet, so daß man sie messen und Konjunktionen vorhersehen konnte.

Wogegen aufgezeichnet? Der offensichtliche Hintergrund oder Bezugspunkt war das permanente *Muster* der fernen Sterne. Wir müssen jedoch erkennen, daß die Sterne für den archaischen Geist nicht fixiert waren. Man beobachtete, wie sie auf- und untergingen. Das einzig wirklich Fixierte war der Horizont. Trotzdem blieb das allgemeine geometrische Muster, welches die Sterne auf dem dunklen Hintergrund klarer subtropischer Himmel bildeten, Jahrhunderte das Gleiche. So konnte es als Bezugspunkt dienen, wenn man es, um Messungen zu erleichtern, unterteilte.

Um zu verstehen, wie sich das Konzept der Tierkreis-Konstellationen und die symbolische Form, die es annahm, entwickelte, muß man nur erkennen, daß alle Stammesgesellschaften, soweit wir wissen, *Totems* verwendeten. Diese Totems waren mit Sippen innerhalb des Stammes assoziiert. Diese Sippen repräsentierten in einem gewissen Sinne funktionale Organe innerhalb des gesamten Organismus des Stammes. Meistens waren die Totems Tiere, mit denen die Menschen einer Sippe in besonderer Beziehung zu stehen glaubten. Sie konnten, andererseits, auch natürliche Objekte wie Pflanzen sein.

Wenn Menschen vergangener Zeitalter versuchten, ihrer Gesellschaft eine deutlichere Form und Dauer zu geben, strebten sie danach, diese von Prinzipien einer funktionalen organischen Ordnung abzuleiten. Der Kosmos wurde als organisches Ganzes gefühlt, das durch eine bipolare universelle Lebenskraft belebt wurde. In der Astrologie wird die Lebenskraft durch die beiden Lichter symbolisiert, in der chinesischen Philosophie durch die in allen Formen der Existenz wirksamen Prinzipien von *Yin* und *Yang*. Tatsächlich sah man den Himmel und die Erde ideell als zwei Polaritäten an, die erste schöpferisch und göttlich, die zweite rezeptiv und fruchtbar, aber mit wilden disharmonischen Energien gefüllt, die integriert und domestiziert werden mußten (von *domus*, das »Haus«). Der weise Mann – in China der »Himmlische« – stand in der Mitte dieser Polaritäten, am Himmel, wie auch an der Erde Anteil nehmend. Seine Aufgabe war es, der irdischen Natur schöpferische Ordnung aufzuprägen und die Gesellschaft in Übereinstimmung mit den kosmischen Rhythmen und Prinzipien zu organisieren. In manchen Fällen kam es auch zum gegenteiligen Prozeß und Totems wurden auf den Himmel projeziert, um die enge Verbindung hervorzuheben, die die Sippen mit ihren himmlischen Equivalenten zu haben fühlten. Später wurde dann das Symbol des Großen Mannes im Himmel geschaffen, dessen Organe mit jeweils einer Konstellation korrespondierten.

Diese Art zu denken war in Griechenland vorherrschend, wo Helden nach ihrem Tod in den Himmel verlegt und Konstellationen nach ihnen benannt wurden. Später, im mittelalterlichen Europa, wurde der Himmel in alchemistischen und okkulten Kreisen als *natura naturans*, die Erdnatur als *natura naturata* bezeichnet – die schöpferischen und rezeptiven Polaritäten des Lebens.

In Gegenden wie Ägypten und Mesopotamien ist der jahreszeitliche Faktor nicht so ausgeprägt wie in weiter nördlichen, europäischen Regionen; aber die Nilüberschwemmungen markierten im jährlichen Zyklus den wichtigsten Augenblick. Die Astrologen dort waren vor allem Sternebetrachter und man kann sicher annehmen, daß sich ihr Tierkreis auf die Konstellationen bezog. Lassen Sie mich nochmals hervorheben, daß die Astrologie zu diesem Zeitpunkt viel mehr lokalitätszentriert als erdzentriert war. Kein ägyptischer Astrologe hätte sich darüber gesorgt, was am Himmel der Polarregionen zu beobachten sei oder über der südlichen Erdhalbkugel. Ihre sorgenreichen Probleme entstanden *erst*, als bekannt wurde, daß die Erde eine um die

## LOKALITÄTSZENTRIERTE ASTROLOGIE ARCHAISCHER ZEITEN

Bis zum Ende des »archaischen« Zeitalters im sechsten Jahrhundert vor Christus, als Gautama der Buddha in Indien lebte und lehrte, und Pythagoras in der hellenistischen Welt, war das Bewußtsein der Menschen – vielleicht von wenigen Ausnahmen abgesehen – hauptsächlich *lokalitätszentiert*. Relativ kleine Gruppen von Menschen lebten, fühlten und dachten auf eine Weise, die man am besten durch »Stammes«-Werte definiert. Stammesgruppen – die Basiselemente der menschlichen Gesellschaft zu jener Zeit – waren an das besondere Land, von dem sie ihre Nahrung bezogen, ebenso gebunden wie ein Embryo. Und jedes Mitglied war total in diesen vielzelligen Organismus integriert. Jedes Mitglied des Stammes war psychisch durch die Art des Lebens, die Kultur, den Glauben und die Symbole der Gruppe beherrscht, deren Tabus es nicht verletzen konnte. Es gab zu diesem Zeitpunkt der menschlichen Evolution keine echten »Individuen«; alle Werte, auf denen die Kultur und die Anschauungen der Gruppe fußten, waren Ausdrücke der besonderen geographischen und klimatischen Gegebenheiten, wie auch besonderer rassischer Art. Die Stammesgemeinschaft hielt in der Vergangenheit Ausschau nach dem Symbol, wenn schon nicht nach der Tatsache ihrer Einigkeit; das bedeutet, nach einem gemeinsamen Vorfahren oder nach einem König, der ihr eine Art offenbarten Wissens und einen besonderen psychischen Zusammenhalt gebracht hatte.

Die sich zu diesem Zeitpunkt entwickelnde Astrologie war auch weit mehr lokalitätszentriert als wahrhaft geozentrisch, also erdzentriert. Jedes Stammesdorf hatte einen zentralen Platz, der entweder als das Zentrum der Erde angesehen wurde oder als der Eingang zu einem geheimen Weg, der zu so einem Zentrum führte. Was wir heute den Horizont nennen, umriß die Grenzen des Lebens. Darüber war der Himmel die Heimat der großen, kreativen Hierarchien der Götter. Die dunkle Region unterhalb des Horizonts war die mysteriöse Unterwelt, in die sich die Sonne jeden Tag zurückzog, um die notwendige Kraft wiederzuerlangen, um Licht auf die horizontale Ebene des Menschen zu bringen. Es ist natürlich möglich, daß sich einige Priester-Eingeweihte bewußt waren, daß die Erde eine Kugel ist, die sich um die Sonne dreht; wenn es aber so eine geheime Tradition gab, die bei Einweihungs-Riten mündlich weitergegeben wurde, so hatte sie scheinbar keinen Einfluß auf die Astrologie.

Sonne kreisende Kugel ist, zusammen mit den anderen Planeten – als der westliche Mensch anfing, zu reisen und Himmel zu betrachten, die von denen Europas sehr verschieden sind.

Als dies passierte, wurde die alte Astrologie, wenn schon nicht völlig unnütz und veraltet, so doch mit veralteten Konzepten beladen und mit einer archaischen Terminologie, welche in vielen Fällen keinen wirklichen Sinn mehr ergab. Eine große Anzahl lange beobachteter und aufgezeichneter Wechselbeziehungen zwischen Geschehnissen am Himmel und Geschehnissen in der Biosphäre der Erde sind sicherlich gültig geblieben. Aber diese Gültigkeit gehört jetzt einer anderen Ordnung menschlicher Realität an. Das Bewußtsein von Menschen, die innerhalb des heliozentrischen Systems denken und über den ganzen Globus reisen, hat zumindest einen großen Teil ihrer bindenden Verhaftung an eine besondere geographische Lokalität verloren – wie sich auch die Gesellschaft nicht mehr auf einer lokalen oder Stammes-Ebene bewegt. Die Menschen wurden aus dem Stamm entlassen, sie wurden »individualisiert« und entwurzelt, auch wenn einige von ihnen tatsächlich lokalitätsgebunden sind, dann fühlen sie sich doch in Theorie und Wortlaut der neuen universalistischen Religionen wie Buddhismus, Christentum und Islam, als »Individuen« und werden auch als solche betrachtet.

Wenn Astrologen es versäumen, solche historischen, spirituellen, intellektuellen und soziokulturellen Tatsachen in Betracht zu ziehen und wenn sie den Grundrealitäten gegenüber blind bleiben, wird sich die Verwirrung, die aus dem Gebrauch veralteter Termini und Konzepte entsteht, perpetuieren und die grundsätzlichen Kernfragen werden unverstanden bleiben.

Die obigen Abschnitte bilden für den Studenten, der sich mit dem Konzept der astrologischen Häuser vertraut macht, einen unentbehrlichen Hintergrund. Wozu bestehen die Häuser? Wie bildete sich das Konzept, und was ist daraus in der modernen Astrologie geworden? Wieviele Häuser sollten es sein, und was sind die komplexen Probleme, denen man in der Festsetzung der Grenzen oder »Spitzen« dieser Häuser gegenübersteht?

Diese Fragen im Detail zu beantworten, geht über den Rahmen dieses Buches hinaus. Aber einige grundsätzliche Punkte sollten so klar und einfach wie nur möglich dargestellt werden, ehe wir zum Studium der vier Ecken im Horoskop kommen – zum Studium der verschiedenen Bedeutungsebenen, welche den zwölf Häusern, wie sie gegenwärtig verwendet werden, zugesprochen werden sollten.

## TIERKREISE UND HÄUSER

Vom Gesichtspunkt der archaischen Astrologie war das Konzept der Häuser sehr einfach und stellte wenig Probleme. Wie wir schon etwas früher sahen, brauchte der Astrologe einen Bezugspunkt oder Hintergrund, auf dem er genau die Position der Sonne, des Mondes und der Planeten festlegen konnte, wie auch die der Winkelentfernungen voneinander, wenn man sie von der besonderen Gegend aus betrachtete, in der die Stammesgruppe lebte. Der Astrologe wurde sich aber wahrscheinlich früher oder später bewußt, daß es zwei mögliche Bezugsarten gab. Eine davon war das unveränderliche Muster, das die Sterngruppen (Konstellationen), welche nahe der Ekliptik gefunden werden, hinterlassen; das heißt, nahe des schmalen Bandes oder Gürtels, entlang dessen sich Sonne, Mond und Planeten bewegen. So eine Bezugsart ist offensichtlich *räumlich:* himmlische Körper, die sich über die räumlich ausgeweiteten Formen der Tierkreiskonstellationen bewegen.

Die andere Bezugsart war ganz spezifisch eine *dauerhafte,* denn sie definierte die Zeit, die die himmlischen Körper brauchen, um im Osten aufzusteigen, senkrecht oben zu kulminieren und im Westen unterzugehen. Was in moderner Zeit bei so einer Art von Messung eine Rolle spielt, ist die tägliche Rotation der himmlischen Sphäre über und unter dem Horizont. Solch eine Rotation gab dem alten Astrologen das Konzept der »Stunden« und auch der »Wachen«, da Menschen, besonders während der Nacht, wegen möglicher gefährlicher Eindringlinge, – Raubtiere oder Menschen – auf Wache stehen mußten. Die Wächter arbeiteten in Schichten von zwei bis drei Stunden.

Während des Tages war die Bewegung der Sonne über den sichtbaren Himmel der grundlegende Faktor, da sich ihre verändernde Höhe auf Veränderungen in der Temperatur auswirkte, welche wiederum in landwirtschaftlichen Gesellschaften alle, oder fast alle menschlichen Tätigkeiten beeinflußte. Veränderungen in der Sonnenhöhe konnten leicht auf verschiedene Abschnitte des täglichen Weges der Sonne über den sichtbaren Himmel reduziert werden – eigentlich die Grundlage für die *Sonnenuhr*, die die Zeit im Rahmen des Raumes mißt. Diese Art von Raum könnte als strikt »terrestrischer« Raum interpretiert werden, während der Raum, der durch die Konstellationen definiert wird, »himmlischer« Raum war; die Differenzierung war zweifelsfrei am bedeutendsten zu einer Zeit, in der die Himmel/Erde-Polarität die Grundlage einer riesigen Anzahl von Konzepten mit endlosen Anwendungsmöglichkeiten darstellte. Wie wir gleich sehen werden, ist diese Differenzierung vielen Astrologen immer noch wichtig.

Wenn der moderne Astrologe von zwei Bezugsmöglichkeiten für die Messung der Bewegung von Sonne, Mond und Planeten spricht, erwähnt er sofort, daß sich die erste auf die scheinbare jährliche Bewegung der Sonne durch die Tierkreiszeichen bezieht – welche wir heute als die tatsächliche Drehung der Erde auf ihrer Kreisbahn verstehen, die Ekliptik; und daß sich die zweite Bezugsart auf die tägliche Umdrehung der Erde um ihre polare Achse bezieht. Recht offensichtlich ist das aber nicht die Art, in der die Alten über diese Dinge dachten. Und was wichtig ist, sind nicht die sogenannten »Fakten« – wie wir sie heute sehen – sondern die *Bedeutung,* die der Mensch diesen unmittelbaren und direkten Erfahrungen zuschreibt. Die Astronomie hat es mit zu beachtenden Tatsachen zu tun, während die Astrologie das Studium der bedeutsamen, rationalen oder irrationalen Antworten ist, die der Mensch diesen Tatsachen innerhalb seines Konzepts von der Natur und des Charakters des Universums gibt.

Um aber auf die beiden Bezugsarten zurückzukommen, die für die Messungen der Positionen der Winkelbeziehungen und der Zyklen von Sonne, Mond und Planeten verwendet werden: die erste ist die, die wir heute den Tierkreis nennen; die zweite ist der Kreis der Häuser. Aber diese Ausdrücke und die Art, wie sie definiert und angewandt werden, sind sehr zweideutig. Man kann sich jede beliebige Anzahl von »Tierkreisen« vorstellen, je nachdem, was man messen will; ebenso sind unsere modernen astrologischen Häuser und die »Wachen« der archaischen Astrologie sehr voneinander verschieden – verschieden in Anzahl, in Größe und in Bedeutung. Wir werden versuchen, auf diese Zweideutigkeiten etwas Licht zu werfen und die Position, die die Astrologie in der westlichen Welt einnimmt, zu klären.

Zuerst sollten wir uns vergegenwärtigen, daß die ersten Tierkreiszeichen höchst wahrscheinlich *lunare* Tierkreiszeichen waren, in 27 oder 28 Sektionen unterteilt, gewöhnlich »Asterismen« oder Mondräume genannt. Offensichtlich kann man die Sterngruppen, die die Sonne passiert, normalerweise nicht zu jeder Zeit im Jahreslauf sehen; man muß diese Sonnenpositionen von den Sternen, die kurz nach Sonnenuntergang auf- oder untergehen, ableiten. Es ist viel einfacher, die Position des Mondes in der Nacht, in Relation zu den Sternen, festzustellen. Daher ist eine stellare Beziehung zu der monatlichen Umlaufbahn des Mondes logischer, besonders für Nomaden, die Rinder züchteten, die in der Nacht bewacht werden mußten.*

* Lunare Tierkreise scheinen in 27 oder 28 Sektionen aufgeteilt worden zu sein, sicher weil der Mond etwa 27 Tage braucht, um die himmlische Sphäre der »Fix-

Dann sollten wir die Tatsache bedenken, daß der jährliche Lauf der Sonne durch die Tierkreiszeichen auch auf eine andere Art gemessen werden kann. Wir sprechen heute von der jährlichen Bewegung der Sonne in der *Länge* entlang des Weges des Tierkreises; man kann sie aber ebenso gut im Sinne der *Deklination* messen. Das bedeutet einfach, daß Sonnenuntergänge auf dem westlichen Horizont nie genau an der gleichen Stelle stattfinden. Nur zur Zeit der Frühjahrs- und Herbst-Tag- und Nachtgleichen geht die Sonne genau im Westen unter. Zur Sommer-Sonnenwende geht sie etwa $23^{1/2}$ ° Nord-West unter. Zur Winter-Sonnenwende etwa die gleiche Gradanzahl nach Süd-West. Darüber hinaus gibt es auch während des ganzen Jahres Veränderungen in der Höhe der Sonne am Himmel, die den sich immer verändernden Winkel bestimmen, in dem die Sonnenstrahlen auf die Erdoberfläche auftreffen und als Folge dessen die jahreszeitlichen Veränderungen in der Temperatur und im Klima.

Es gab große Kulturen, die am westlichen Horizont riesige Steine aufbauten, um die Position der Sonne in ihrem jährlichen Zyklus von Deklinationsveränderungen zu messen – welche wiederum zu den jahreszeitlichen Veränderungen in Beziehung standen. Ob diese Kulturen auch einen Tierkreis der Konstellationen verwendeten, dürfte nicht leicht zu bestimmen sein, obwohl beide Arten der Messung bekannt gewesen sein könnten – die zodiakale Art bezog sich hauptsächlich auf den Mond, die deklinierende oder jahreszeitliche Art auf die Sonne.

Das Konzept des Tierkreises wurde zweideutig und gab viel Verwirrung Raum, als sich Astrologen der Bewegung der »Präzession der Tag- und Nachtgleichen« voll bewußt wurden, welche eine dauernd wachsende Diskrepanz zwischen den jahreszeitlichen und den stellaren Messungen ins Spiel brachte. Mit dem Wiedererscheinen des *siderischen* Tierkreises (der Konstellationen) in der westlichen astrologischen

---

sterne« zu umkreisen. Der Tag ist das Grundmaß der Zeit, weil er sich auf die Alternierung von hell und dunkel bezieht, auf waches Bewußtsein und Schlaf – die grundsätzlichste Tatsache der menschlichen Erfahrung. Lunare Tierkreise beziehen sich auf eine Art menschlichen Bewußtseins, in der alles, was der Mond symbolisiert, etwas grundsätzliches ist; ein Bewußtsein, das seinen Ausdruck im Matriarchat fand und das von biologisch-psychologischen Faktoren und Gefühlserwiderungen abhängt. Der solare Tierkreis rückte wahrscheinlich zu einer Zeit in den Vordergrund, als patriarchalische Organisationen matriarchalische Systeme besiegten. Im alten Indien gab es lange Kriege zwischen solaren und lunaren Dynastien. Die Entwicklung des Theismus in Indien zur Zeit der Bhagavad-Gita, mit Akhnaton in Ägypten und mit Moses, war zweifellos mit dem Aufstieg eines »solaren« Bewußtseinstypus gekoppelt, später mit dem Anwachsen des Individualismus.

Tradition, die viele Jahrhunderte hindurch ausschließlich den *tropischen* Tierkreis in bezug auf *das fixierte Muster* der Tag-und-Nachtgleichen und Sonnenwenden verwendete, nahm diese Verwirrung zu.

Ich werde hier nicht im Detail den Wert dieser beiden solaren Tierkreise besprechen, die unglücklicherweise die gleichen Bezeichnungen verwenden – Widder, Stier, Zwillinge, etc. – um sich auf zwei verschiedene Faktorengruppen zu beziehen. Ich werde nur sagen, daß, während der siderische Tierkreis das Band der zwölf Konstellationen unterteilt, deren Grenzen sehr unsicher sind, und die schon mehrere Male geändert wurden – das letzte Mal vor etwa vierzig Jahren –, sich der tropische Tierkreis auf einen eindeutig erkennbaren und genau zu messenden Faktor, die Erdumdrehung, bezieht. Der tropische Tierkreis hängt auch von ebenso klaren Faktoren ab, wie die Tag-und-Nachtgleichen und die Sonnenwenden mit ihren bestimmten jahreszeitlichen Folgen, die für das Leben der Menschen in den gemäßigten Zonen der nördlichen Hemisphäre sehr bedeutsam sind; es ist ja unsere westliche Zivilisation, die heute die ganze Welt dominiert.*

Es scheint wenig Zweifel zu bestehen, daß die uns bekannten archaischen Zivilisationen Tierkreise verwendeten – lunare und/oder solare –, die »siderisch« waren, das heißt, auf Konstellationen fußend; aber diese Zivilisationen konnten sich das Universum *nicht* so vorstellen oder vergegenwärtigen, wie wir es seit der griechischen, und besonders seit der frühen europäischen Renaissance können. Darüber hinaus befanden sich diese frühen Zivilisationen in teilweise anderen Regionen der Welt und lebten unter anderen klimatischen Bedingungen. Ich kann die grundlegende Bedeutung dieser Tatsachen gar nicht genug hervorheben, wenn wir versuchen, astrologische Informationen und Techniken zu diskutieren und zu bewerten.

## DIE ACHT »WACHEN«

Betrachten wir nun die zweite Bezugsmöglichkeit, welche zur Messung der Positionen von Sonne, Mond und Planeten, nämlich des Kreises der astrologischen Häuser, verwendet werden kann, und auch verwendet wurde.

Es ist tatsächlich sehr wahrscheinlich, wie der verstorbene Cyril Fagan vor noch nicht so langer Zeit bemerkte, daß das, was wir heute Häuser nennen, in der archaischen Astrologie Zeitspannen waren

* Zur Erläuterung der beiden Tierkreise, der durch die Präzession bestimmten Zeitalter und des Anfangs des sogenannten Wassermann-Zeitalters, siehe mein Buch »Birth Patterns for a New Humanity« (1969).

– »Wachen« –, die durch Aufstieg, Kulmination und das Untergehen der Sonne festgelegt waren. Das waren Unterteilungen des solaren Tages in vier grundsätzliche Zeitspannen, wobei der vierte bedeutsame Moment des Zyklus als gegenüberliegend zur Kulmination der Sonne zu Mittag angenommen wurde, also Mitternacht.

Man sollte die philosophisch-psychologische, wie auch die kosmologische Bedeutung dieses, das astrologische Denken dominierenden, vierfachen Musters verstehen. Die vierfache Teilung eines jeden Zyklus basiert auf der Erkenntnis des Dualismus, der jeder Existenz und dem menschlichen Bewußtsein innewohnt. Ich habe schon die Polarität von Tag und Nacht, licht und dunkel, bewußter Tätigkeit und Schlaf, *Yin* und *Yang* erwähnt. In den Philosophien Indiens finden wir dauernd Hinweise auf die Zustände von »Manifestation« und »Nicht-Manifestation«. In der Bhagavad-Gita sagt Krishna als Verkörperung des universellen Seins (*Brahman*), daß er Anfang, Mitte und Ende aller Zyklen sei. Aber diese existentiellen Zyklen sind nur »Halb-Zyklen«, da jede Periode kosmischer Manifestation (*manvantara*) durch eine Periode von Nicht-Manifestation (*pralaya*) aufgewogen wird – ein kosmischer Tag durch eine metakosmische Nacht.

Die Übergangsperioden zwischen diesen Tagen und Nächten – ob im Kosmos, oder in der menschlichen Erfahrung – sind die bedeutsamsten Augenblicke der Existenz. Sie sind in der menschlichen Sprache durch den Horizont symbolisiert, denn der Horizont teilt die tägliche Bewegung der Sonne in zwei grundsätzliche Zeiträume, durch Sonnenaufgang und Sonnenuntergang getrennt. In tropischeren Gegenden sind Morgen- und Abenddämmerung kurz. Der Tag bricht rasch hervor und die Nacht senkt sich schnell. Diese Tatsache ist von großer Bedeutung, wenn man, wie ich glaube unklugerweise, gewisse Ideen – wie zum Beispiel das Konzept der »Spitzen« – die einer subtropischen Astrologie angehören, auf gemäßigte und vom Äquator entferntere Länder übertragen will.

Das Erwachen zu bewußtem Leben – Morgendämmerung, der *Alpha*-Punkt des Tageszyklus – und die Beendigung der Tagestätigkeit bei Sonnenuntergang – der *Omega*-Punkt – sind und waren schon immer die Grundlagen der Astrologie, wie auch des religiösen und kulturellen Symbolismus. Mittag ist der Kulminationspunkt der Anstrengung, der dann – besonders in heißem Klima – zu einer Phase von Ernährung und Rast übergeht. In polarer Opposition dazu ist Mitternacht, eine Zeit tiefsten Mysteriums, eine sehr magische Zeit.

Eine weitere Zeitunterteilung dieses vierfachen Musters war logisch, besonders in Zusammenhang mit dem Bedürfnis, die Länge der Nachtwachen zu bestimmen. Ein drei-Stunden Zeitraum ist für solche Wachen recht passend; der 45 Grad-Winkel kann auch leicht berechnet werden, wenn man das Voranschreiten der Sonne am Himmel auf der Horizontalen einer Sonnenuhr aufzeichnet. Dieser 45 Grad-Winkel hatte eine große, vielfältige Bedeutung im Okkultismus und scheint auch heute beim Studium elektrischer und magnetischer Kraftfelder von großer Bedeutung zu sein.

Die achtfache Aufteilung ist wahrscheinlich auch mit der Zuschreibung der Zahl 8 zur Sonne verwandt. In Indien wurde der Wagen des Sonnengottes von acht Pferden gezogen; das Zahlensymbol, das die Gnostiker dem Christus als einem Solaren Prinzip zuschrieben – Rudolf Steiner sprach von Christus als einem großen »Solaren Erzengel« – war 888; oder die 8, wie sie auf drei Bewußtseinsebenen operiert – biologisch, mental und geistig.*

Cyril Fagan behauptete vor kurzem, daß die achtfache Aufteilung einer astrologischen Tabelle die früheste bekannte Aufteilung sei. Er erklärte auch, daß diese acht »Wachen« ihre Bedeutung gemäß des Weges der Sonne über den Himmel in *Uhrzeigerrichtung* bekamen – wie auch in bezug auf die Arten der Betätigung, die für die vier Wachen zwischen Sonnenauf- und Sonnenuntergang am charakteristischsten sind. Er hat mit dieser Annahme höchstwahrscheinlich recht, jedoch nur insofern, als sie auf den Typ landwirtschaftlicher Gesellschaften in alten Zeiten zutrifft; obwohl so ein Verhaltensmuster augenscheinlich noch immer dort existiert, wo Menschen noch nahe am Boden, den sie kultivieren, oder nahe an den Tieren, die sie züchten, leben. Es ist ein *vitales* Muster, weil ja die Sonne in der Astrologie immer als der Ursprung der Lebenskraft angesehen werden muß. Da der Mensch aber immer mehr vom Boden und den instinktiven, jahreszeitlichen Lebensrythmen getrennt, ja entfremdet wird, und außerdem einen individualistischen Geist und ein ehrgeiziges Ego entwickelt, verlieren die vitalen Muster einen Großteil ihrer Bedeutung. Es entwickeln sich neue Arten von Problemen und es ist heute die Hauptaufgabe der Astrologie, diese neuen Probleme zu lösen. Warum? Weil die entscheidensten Bedürfnisse des modernen Menschen auf dieser Ebene der psychomentalen Individualisierung liegen. Und alles erhält seinen Wert je nach der Fähigkeit, die *Bedürfnisse* der Menschheit zu befrie-

* Zum weiteren Studium des achtfachen Musters in bezug auf den synodischen Umlauf und auf die acht Typen von soli-lunaren Persönlichkeiten, siehe auch mein Buch »The Lunation Cycle«. Eine Artikelserie, die ich vor langer Zeit für »American Astrology« schrieb, »The Technique of Phase Analysis«, verwendet in acht Sektoren aufgeteilte Tabellen auf eine besondere Art.

digen – ob es sich da um Astrologie, Medizin oder um Wissenschaft und Wissen im allgemeinen handelt.

Der individuelle psychomentale Rhythmus des modernen Menschen bewegt sich *kontrapunktierend* zu den erdgebundenen und lokalitätszentrierten Menschen. Das wird ganz klar durch die Tatsache demonstriert, daß es dem gegenwärtigen Bewußtsein bekannt ist, daß der Planet Erde auf seiner Achse rotiert, und daß sich nicht die Sonne um ihn dreht. So wird das gesamte Bild verändert und wir sehen, wie die Sequenz der modernen astrologischen Häuser *gegen den Uhrzeiger* numeriert und ausgelegt wird. Das Bewußtsein, der Geist des Menschen und sein Sinn individueller Seinshaftigkeit wächst und entfaltet sich, von potentieller Kraft bei der Geburt bis hin zu einer graduell vollkommeneren Verwirklichung, *in Opposition zu* dem Rhythmus der Lebenskraft. Das löst unvermeidbar individuelle Probleme aus, Konflikte und psychologische Komplexe. Aber es ist der menschliche Weg zu Reife, Selbstvertrauen und kreativer Erfüllung als »Person«.

## ZWEI VERSTÄNDNISWEGE ZUR BEDEUTUNG DER SONNE

Aus der Sicht der archaischen Astrologie war die Festlegung der »Wachen« recht einfach, denn sie bestanden aus nichts anderem als der Aufteilung der Zeit, die die Sonne brauchte, um sich von Sonnenauf- bis Sonnenuntergang über das Himmelsgewölbe zu bewegen. Als es Astrologen gelang, die Position der Sonne jederzeit in Relation zu den Tierkreissternen und Konstellationen zu bestimmen, war es relativ einfach, die ungefähren Tierkreispositionen zu Anfang der acht Wochen, in drei Stunden Abständen, zu bestimmen. Es traten dabei keine speziellen Probleme auf und je näher man dem Äquator lebte, desto harmonischer war das Bild.

Wenn man jedoch die Erde als eine, sich um ihre Achse und um die Sonne drehende Kugel sieht, wenn man versucht, ein astrologisches System aufzubauen, das nicht »lokalitätszentriert«, sondern »weltzentriert« ist und doch für individuelle Personen, die das Universum von einem bestimmten Punkt auf der *Oberfläche* der Kugel erleben, relevant ist, ergeben sich jede Menge Schwierigkeiten. Jetzt müssen dreidimensionale Fakten irgendwie auf zweidimensionales Papier projeziert werden. Mindestens drei Koordinatengruppen können verwendet werden – lokale, äquatoriale und ekliptische. Um die Dinge noch zu verschlimmern, hat die konservative und traditionsorientierte Einstellung der meisten Astrologen sie gezwungen, viele Ausdrücke und Sprachwendungen weiter zu verwenden, die zur archaischen Weltsicht paßten, heute aber, aufgrund unseres astronomischen Wissens, keinen Sinn mehr ergeben. Selbst die Astronomen haben sich in einigen Fällen nicht besser verhalten, indem sie die gleichen Ausdrücke verwendeten, um zwei verschiedene Faktengruppen zu bezeichnen – zum Beispiel Längengrade und Breitengrade – und die alten Namen beibehielten.

Es bleibt hier kein Platz, um auf die technischen Details der sphärischen Geometrie und der verschiedenen Systeme der Häuseraufteilung, das heißt, der Domifizierung, einzugehen. Trotzdem ist es für den heutigen Studenten der Astrologie wichtig, zu erkennen, daß das, was er bei der Beschäftigung mit Häusern im Geburtshoroskop normalerweise für selbstverständlich hält, grundsätzlich verschiedene, unterschiedliche Interpretationen zuläßt. Cyril Fagan, der das Konzept des siderischen Tierkreises wieder einführte, beabsichtigte, nicht nur das Horoskop in acht Häuser aufzuteilen, sondern auch, ihre Reihenfolge im Uhrzeigersinn zu interpretieren. Dies war wahrscheinlich der alte Brauch, zumindest in einigen Gegenden. Fagans Irrtum aber war, glaube ich, archaische, vitalistische Überzeugungen jetzt lebenden Individuen aufdrängen zu wollen. Wir könnten ebensogut die chaldäische Mythologie als die Grundlage einer Erneuerung der Religion akzeptieren! Jede Zeit und jede Kultur hat ihre eigenen charakteristischen *Bedürfnisse*. Heute brauchen wir eine Astrologie, die die Bedürfnisse von psychologisch orientierten, verwirrten und entfremdeten Egos erfüllt, besonders die Bedürfnisse einer großen Anzahl Jugendlicher, die, wahrscheinlich zum ersten Mal in der Geschichte, von der Astrologie fasziniert sind – und das aus sehr bestimmten, wenn auch weitgehend unbewußten, Gründen.

Die Bedeutung der astrologischen Häuser, wie sie in der christlich-europäischen Kultur angewandt wurde, ist ganz intim mit dem Tierkreis verwandt, und das ist zumindest einer der Gründe, weshalb die westliche Astrologie ein zwölf-Häuser-System verwendet hat. Daher muß ich nochmals auf den Tierkreis Bezug nehmen.

Durch die Analyse aufgezeichneter Horoskope in Griechenland, Alexandrien oder Rom könnte man mit gutem Recht behaupten, daß der Wechsel von einem siderischen zu einem tropischen Tierkreis – das heißt, von Konstellationen zu Zeichen, die gleiche 30 Grad-Abschnitte der Ekliptik darstellen – auf Grund eines falschen Wissens um die astronomischen Tatsachen zustande kam, aufgrund einer generellen Sinnesverwirrung der Menschen, die in einer gestörten Periode der

Geschichte leben – was, in einem gewissen Sinne und auf einer anderen Ebene, tatsächlich starke Parallelen zu unserer Zeit aufweist. Aber Schlußfolgerungen dieser Art sind normalerweise oberflächlich und geben nicht, so glaube ich, die tieferen philosophischen Gründe für die Einführung dieses Tierkreises an. Zu viel wird dem Zufall und den Fehlern eines oder mehrerer Individuen überlassen. Etwas viel tieferes steht auf dem Spiel, und es bleibt heute, wenn auch auf andere Art, eine fundamentale Kernfrage. Die Kernfrage ist metaphysisch und kosmologisch und hat mit der Bedeutung zu tun, die man der Sonne zuschreibt.

Einige Seiten früher stellte ich fest, daß die Konstellationen ursprünglich erdacht wurden, um einen zweckdienlichen Hintergrund festzulegen, auf dem man die Bewegungen von Sonne, Mond und Planeten bestimmen konnte. Das könnte der Weg sein, wie man sich zu einer gewissen Periode der Geschichte die Relation der Sonne zu den Konstellationen vorstellte; es gibt aber sehr viele Beweise dafür, daß dieser Relation in archaischen Zeiten eine andere, fast dramatisch gegenteilige Bedeutung gegeben wurde – eine Bedeutung, die immer noch in bezug auf eine Art metaphysischen Denkens, das ich an anderer Stelle entwickelt habe, bezeichnend ist. Nach diesem Weg ist die Sonne nur als Kanal oder Linse zu betrachten, *durch die* die Energien des kosmischen Raumes gebündelt, und auf die Erde und alle auf ihr befindlichen lebenden Organismen gerichtet werden.

In einem Falle ist die Sonne der beherrschende Faktor und die Konstellationen bilden nur einen Hintergrund, um ihre Bewegung und zyklisch veränderte Beziehung zur Erde zu messen. Im anderen Falle ist der aktive Faktor das *Weltall selbst* – wir würden heute das galaktische Weltall sagen. Die Sonne ist nur ein Scharfeinstellungsinstrument – einige Okkultisten haben gesagt »ein Fenster«, durch das Tag für Tag immense Energien eines Weltalls einströmen, welches viel mehr als dreidimensional und physisch ist.

Diese beiden Konzepte der fundamentalen Lebenskraft können respektiv *monotheistisch* und *pantheistisch* genannt werden. Jeder, der sich mit Religion beschäftigt, weiß, wie heftig die christliche Kirche alles bekämpft hat, was irgend etwas mit Pantheismus zu tun hatte. Als Zeugnis dessen kann man die Verurteilung von Teilhard de Chardins Weltsicht durch die römisch-katholische Kirche vor einigen Jahren sehen, trotz seiner dauernden Bemühungen, irgendwelche pantheistischen Einflüsse abzustreiten.

In der archaischen Astrologie wurden, zumindest in einigen Ländern, die zwölf Konstellationen als die zusammengefaßten Körper von

»kreativen Hierarchien« aufgefaßt, die zu einer kosmischen »Welt in Formierung« gehörten – was man heute in seiner Totalität den Göttlichen Geist nennen könnte. Andere Konstellationen können auch kreative Aspekte dieses Göttlichen Geistes sein, aber da sie in der Sonne und den Planeten keine *direkten Kanäle zur Verminderung ihrer Energien auf die Ebene der menschlichen Vibrationen* hatten, waren sie in menschlichem Sinne nur selten aktiv. Daher waren die zwölf Tierkreishierarchien die einzigen, die wahrhaft für die Lebensprozesse auf der Erde verantwortlich waren.

So ein kosmisches Bild war essentiell »pantheistisch«, auch wenn der metaphysische Seher fähig war, hinter dieser »Sphäre der fixierten Sterne« sich schwach einen transzendenteren Raum vorzustellen, den Raum des Primum Mobile, oder, philosophischer ausgedrückt, das für immer unkennbare Absolute, das *Ain Soph* der Kabbalah. In Kontrast dazu haben wir das »monotheistische« Weltbild, in dem der Eine Gott, der sich persönlich und lebendig dem Menschen manifestiert, durch die Sonne dargestellt wird, durch das solare Ich Bin oder das ägyptische *Aton*.

Was, von diesem monotheistischen Gesichtspunkt ausgehend, der menschlichen Existenz zugrunde liegt, ist die Beziehung zwischen dem Geschöpf Mensch und seinem Schöpfer, die Beziehung zwischen dem menschlichen und dem göttlichen. Aus dieser Beziehung entwickelte sich, in astrologischem Symbolismus ausgedrückt, die Beziehung zwischen Erde und Sonne; und diese Beziehung ist durch *die Umlaufbahn* der Erde ausgedrückt. Jeder Monat des Jahres – wobei der Hochpunkt des Monats der Vollmond, oder, für einige Leute der Neumond ist – repräsentiert die Entwicklung einer der *zwölf Basiserwiderungen* der menschlichen Natur auf ihre zwölf essentiellen Typen von Seelenbewußtsein, zwölf breite Straßen, durch die das eine göttliche Leben Ausdruck finden kann.

Unter diesem Gesichtspunkt ist der Tierkreis logischerweise und unausweichbar ein »orbitaler« Faktor. Es ist die Umlaufbahn der Erde, der wir den alten und nicht sehr offenbarenden Namen »Ekliptik« geben – ein Name, der wenig damit zu tun hat, was er faktisch wie auch symbolisch darstellt. So geben die Sterne den Hintergrund ab, vor dem der große »Dialog« zwischen den Grundtypen der Menschen und dem einen Gott ausgetragen wird. Sie ergeben auf der kosmischen Bühne eine wundersame kosmische Szenerie. Trotzdem können einige *individuelle Sterne* bedeutsam in menschliche Angelegenheiten verwickelt werden; wenn sie das aber tun, dann beziehen sie sich auf übernormale Visitationen, die ja öfter eindringen und dazu tendieren, den Dialog zwischen dem irdischen Menschen und seinem Schöpfer, das heißt, der Sonne, zu stören.

Da die Planeten aus dieser orbitalen und heliozentrischen Sicht auch Schöpfungen der Sonne sind, und da ihr Licht oder ihre Strahlen, die sie auf die Erde reflektieren, ihren Ursprung in der Sonne haben, differenzieren oder modulieren sie einfach die ursprüngliche Kraft der Sonne, die Gotteskraft der Schöpfung. Es ist daher logisch, ihre Positionen und gegenseitigen Beziehungen auf Grund der Erdumdrehung zu interpretieren. Tatsächlich kann man die Umlaufbahnen der Planeten – einige innerhalb, einige außerhalb der Erdumdrehung – als Kraftfelder ansehen, die auf die Beziehung zwischen der Erde und der Sonne einwirken. So gesehen ist der Mond besonders bedeutsam, denn, da er jeden Monat um die Erde kreist, verteilt er – zumindest symbolisch – die bei Neumond durch die Sonne freigesetzten Energien, die jederzeit von den Planeten reflektiert werden.

Durch die überragende Wichtigkeit der Erde/Sonne-Beziehung war es fast unvermeidlich, daß die grundsätzliche zwölffache Klassifizierung der Hauptaspekte des jährlichen zyklischen Musters in dieser Beziehung auf den Kreis der Häuser angewandt werden sollte. Zwölf Häuser, glaubte man, entsprächen und stünden in nahem Verhältnis zu den zwölf *Zeichen* – nicht Konstellationen – des Tierkreises. Wir sollten aber klar verstehen, wie das bewerkstelligt wurde.

Die alte lokalitätszentrierte astrologische Sicht war *weltzentriert* – geozentrisch – geworden. Die orbital-zodiakale Beziehung von Erde-zu-Sonne wurde auf die gesamte Weltkugel übertragen, eher als auf eine bestimmte Lokalität, die durch den Horizont begrenzt wurde. Das geht klar aus der Tatsache hervor, daß das, was wir heute in der Astrologie den »Horizont« nennen – der »rationale« Horizont der Astronomie – ein großer, durch das Zentrum der Weltkugel hindurch gehender, Kreis ist. Er ist nicht der lokale Horizont des Ortes, für den das Horoskop erstellt wird; er verläuft nur parallel zum lokalen Horizont.

Dieser Horizont soll als »Durchschnittshorizont« verstanden werden, der keine Rücksicht darauf nimmt, ob eine Person in einem tiefen Tal oder auf einer Bergspitze geboren wurde – ein Unterschied, der immerhin im Vergleich zur Größe unserer Weltkugel, äußerst gering ist, da auf der Erdoberfläche, von mehreren tausend Meilen Höhe aus gesehen, auch die höchsten Berge in ihrer Größe unbedeutend erscheinen. Die Astrologie verwendet ja heute eher »Durchschnittspositionen« als tatsächliche Positionen. Das ergibt einen Sinn, sobald wir die Astrologie als eine aus urbildlichen und essentiell »numerologischen« Symbolen bestehende Sprache ansehen. Urbildlich und »numerologisch« in der Zuschreibung spezifischer Bedeutungen zu den getrennten Faktoren, die eine zyklische Serie bilden – das heißt, die Serie zodiakaler Zeichen, von Häusern und sogar von Planeten, ausgedrückt in ihrer Entfernung von der Sonne.

Kehren wir aber zu der Beziehung zwischen den zwölf Tierkreiszeichen und den zwölf Häusern zurück. Was durch die Art, in der die traditionelle oder klassische europäische Astrologie diese Beziehung interpretiert, angedeutet wird, ist die Idee, daß sich die Tierkreiszeichen auf die Energiesubstanz von Lebensprozessen beziehen, während sich die Häuser mit den existentiellen, konkreten und den Umständen angemessenen Wegen beschäftigen, in denen diese Prozesse während der Lebensdauer eines einzelnen oder einer kollektiven sozialen Einheit wirken. Zumindest für einige europäische Astrologen heute bedeutet der Tierkreis – von »Zeichen« – das positive Kraftfeld, aus dem alle in der Biosphäre der Erde wirksamen Energien fließen; der Kreis der Häuser repräsentiert somit den rezeptiven und sensitiven irdischen Raum. Dies ist, in moderner Zeit, die theistische Differenzierung zwischen Gott dem Schöpfer und dem Menschen, dem Geschöpf.

Die zwei Polaritäten göttlich und menschlich sind im Prinzip symmetrisch. Das »Schicksal« des Menschen ist *nicht* in den Sternen geschrieben, sondern im tropischen Tierkreis, der sich auf die dynamische himmlische Natur des Menschen bezieht, *natura naturans*. Die tatsächlichen »Umstände«, durch die sich dieses himmlische Schicksal im täglichen Leben des Menschen auswirkt, werden in den Häusern und durch die Positionen von Planeten, Sonne und Mond in diesen Häusern angezeigt. So bewegen sich die zwei zyklischen Bedeutungsreihen – Zeichen und Häuser – offensichtlich in die gleiche Richtung, das heißt, im Gegenuhrzeigersinn.

Das war und ist die grundsätzliche Einstellung der westlichen Astrologie, wie sie noch immer in den meisten Textbüchern gelehrt wird – mit individuellen Variationen. Leider ist die Terminologie wegen der vielen archaischen und »pantheistischen« Konzepte, die noch in Umlauf sind, oft verwirrend. Die Ausbreitung der »siderischen Astrologie« verschlimmert noch die Verwirrung. *Historisch gesehen* haben Herr Fagan und seine Anhänger wahrscheinlich recht, solange sie von der archaischen Vergangenheit sprechen – eine Vergangenheit, die die vielen untereinander in Konflikt stehenden Astrologieschulen Indiens (Land der spirituellen Traditionen) beeinflußt. Aber *psychologisch gesehen* haben sie versagt, die tiefe Veränderung der menschlichen Mentalität, die teilweise während der griechisch-lateinischen Periode und mehr noch während der europäischen Renaissance stattfand, zu verstehen. Wie ich es sehe, verstehen sie das entscheidende Bedürfnis der Menschen heute nicht; ihre Beschäftigung mit wissenschaftlichen Techniken und ihr Anspruch, daß die Astrologie einen Wert als eine Einheit an sich besitze – das heißt, *als ein System,* das durch das »wissenschaftliche Lager« anerkannt werden muß – scheint in bezug auf die gegenwärtigen Bedürfnisse unserer Gesellschaft in der Krise unbedeutend. Außer natürlich, man glaubt, daß die Zukunft der Menschheit durch ein noch totaleres Vertrauen auf die Technologie bestimmt ist, auf den analytischen Intellekt und seine Methoden.

Das bedeutet nicht, daß der siderische Weg keine Gültigkeit habe, oder daß die klassischen Techniken europäischer Astrologie weitgehend verwirrend und überholt seien. Es gibt in sozial-kulturellen, religiösen oder wissenschaftlichen Fragen nie ein eindeutiges »gut« oder »schlecht«; dies aus dem einfachen Grund, weil sich der Geist aller Menschen nie zu irgendeiner Zeit auf nur einer Wellenlänge bewegt. Die Welt enthält immer noch eine große Anzahl archaischer, lokalitätszentrierter, rassegebundener Leute, wie auch nationalistische Individuen, die mehr oder weniger dogmatisch das »große Erbe« ihres besonderen Landes und/oder ihrer Kultur verehren. Die Nachfrage nach Zukunftsdeutung in bezug auf spezifische Ereignisse ist heute so groß wie je, wahrscheinlich größer; die Suche nach Trost, egozentrischer Freude, sensuellem Vergnügen und sozialem Prestige ist immer noch die Triebkraft der meisten Menschen in unserer wohlhabenden, tief polarisierten, neurotischen Gesellschaft.

Die Astrologie paßt sich der Mentalität und den emotionalen Erwartungen der Person an, die zu ihr als Klient kommt – wie es auch die Psychologie und sogar die Medizin tut. Man bekommt, was man gibt. Wie man fragt, so wird die Antwort ausfallen. Was man wissen will und, in den meisten konstruktiven Situationen, was man wissen *muß,* bedingt – wenn nicht sogar völlig bestimmt – die Art des Wissens, das man erlangen wird.

## PERSONENZENTRIERTE ASTROLOGIE

Wir leben in einem Zeitalter des extremen Individualismus. Der »humanistische« Weg zur Astrologie, wie ich ihn seit vielen Jahren formuliere, versucht, individuellen Personen eine bewußtere Erkenntnis der tieferen Bedeutung ihrer Erfahrung zu geben; so werden sie befähigt, ihre essentielle Individualität, wie auch ihr Schicksal zu erfüllen, das heißt, ihren Platz und ihre Funktion im Universum zu finden. In dieser Art von Astrologie wird der Mensch nicht als *außerhalb* seines Geburtshoroskops stehend betrachtet; er soll es nicht »regieren«, indem er die »schlechten« Seiten unterdrückt und versucht, von den »guten« zu profitieren. Das Geburtshoroskop wird als die Formel angesehen, die eines Menschen »fundamentale Natur« strukturell definiert. Es ist ein komplexes kosmisches Symbol – ein Wort oder *Logos,* das aufdeckt, was die Person potentiell ist. Es ist der »himmlische Name« der individuellen Person, wie auch eine *Reihe von Instruktionen* darüber, wie die Person das am besten verwirklichen kann, was bei der Geburt nur einfaches Potential war – »Samenpotential«. Das Geburtshoroskop ist ein *Mandala,* ein Mittel, um eine allumfassende Integration der Persönlichkeit zu erreichen.

Ich habe diese Ideen in vielen Büchern und einer großen Anzahl von Artikeln ausgiebig entwickelt. Wenn sie einmal gut verstanden, und emotional, wie auch intellektuell assimiliert sind, sollte es offensichtlich werden, daß der gesamte Weg der Interpretation dieser Faktoren in der Astrologie sich unweigerlich ändern muß – sonst könnten die psychologischen Resultate für den Klienten und für den Astrologen, als sein eigener Klient, unglückselig, wenn nicht zu Zeiten verheerend sein. Essentiell sollte der Weg nicht »ethisch« sein, das heißt, auf eine dualistische Einstellung aufgebaut: gut – schlecht, glücklich - unglücklich. Kein Geburtshoroskop sollte als »besser« als irgendein anderes eingeschätzt werden, auch wenn einleuchtenderweise einige Horoskope »leichtere« Leben als andere andeuten; aber große und kreative Personen haben sehr selten eine leichte Existenz, zumindest innerlich, wenn nicht auch äußerlich.

Eine solche Art von Astrologie, die zum Ziel hat, den Bedürfnissen von Männern, Frauen und Jugendlichen in unserer individualistischen Gesellschaft zu begegnen, muß auf die meisten alten Konzepte der Astrologie ein neues Licht werfen; besonders, was den nicht-konformistischen Jugendlichen betrifft, der eine neue Art zu leben aufbauen will. Eine humanistische Astrologie muß personenzentriert sein, denn ihr Hauptanliegen ist die Entwicklung der individuellen Person - die Entwicklung des Bewußtseins und der Gefühle, wie auch Entwicklung durch äußere Aktionen. Diese Personen-Zentriertheit hat auch sehr eindeutige Folgerungen und praktisch-technische Konsequenzen, denn was so eine Astrologie zu definieren und zu interpretieren trachtet, ist die direkte Beziehung der individuellen Person zum ganzen Universum; das bedeutet, praktisch ausgedrückt, seine Beziehung zu unserer Galaxis, als kosmischer »Organismus« verstanden.

Die archaische Astrologie war, wie ich ausführte, lokalitätszentriert. Die europäische Astrologie war, in ihrer klassischen Form, erdzentriert, wobei die Erde als Kugel studiert wurde. Was wir jetzt brauchen – in einem deutlicheren und folgerichtigeren Sinne als das, was während der letzten Jahrzehnte unseres psychologieorientierten Jahrhunderts versucht wurde, – ist ein personenzentrierter Weg zu den gesamten Inhalten unseres galaktischen Universums. Dieser Weg liegt vielleicht auf eine Art der lokalitätszentrierten archaischen Astrologie näher, als der erdzentrierten Astrologie der jüngsten Vergangenheit; die Rolle der *Lokalität* aber – deren Charakter eine Stammesgruppe von bis dahin noch nicht individualisierten Menschen, von vitalistischen Drängen geleitet, bestimmte – sollte jetzt von der *individuellen Person* übernommen werden. Diese Person könnte zumindest teilweise einen unabhängigen, total offenen, kreativen und bewußten Weg zu ihrer gesamten Umwelt, kosmisch wie auch biosphärisch und sozial, entwickeln.

Solch eine Veränderung der Betonung wird besonders deutlich werden, wenn wir die Thematik der Geburtshäuser, denen ja dieses Buch gewidmet ist, behandeln. Ich werde versuchen, die praktischen Konsequenzen der neuen Perspektive zu definieren; ich will aber von Anfang an betonen, daß die Veränderung, mit den uns vorliegenden astronomischen Informationen, nicht voll ausgetragen werden kann. Trotzdem können wir damit anfangen, unsere Interpretationen in der Richtung von dem, was sich in den kommenden Jahrhunderten voll entwickeln sollte, zu reorientieren. Tatsächlich, insofern Geburtshäuser betroffen sind, ändert diese Reorientierung die ihnen traditionell zugesprochene Bedeutung nicht wesentlich, zumindest, was die meisten Geburtshäuser betrifft. Sie stellt aber neue Bedeutungsebenen vor und sie verlagert besonders die hauptsächliche Betonung, betreffend der planetarischen Positionen, von Tierkreiszeichen und Häusern. Der Haken dabei ist natürlich, daß so eine Gewichtungsverschiebung voraussetzt, daß man den präzisen Augenblick des ersten Atemzugs einer Person kennt. Die heutige Krankenhaussituation und das elterliche Interesse verringern aber die Schwierigkeit, solch eine Voraussetzung zu erfüllen.

# Die Häuser als grundsätzliches astrologisches Bezugssystem

Wenn ein Mensch zu einer bestimmten Zeit und an einem bestimmten Ort auf der Oberfläche der Erde geboren wird, ist er auf allen Seiten von himmlischen Körpern umgeben, sichtbar am Himmel oder unsichtbar unter dem Horizont. Die Astrologie behauptet, daß die Positionen dieser himmlischen Körper, *wenn sie in Beziehung* zum Neugeborenen *gebracht werden* und wenn diese Beziehung bedeutungsvoll interpretiert wird, den grundsätzlichen *strukturellen Charakter* des biologischen und psychischen Organismus dieses Kindes bestimmen, wie auch die Art, in der sein Geburtspotential durch eine Reihe von *persönlichen Erfahrungen* verwirklicht werden wird oder werden soll.

Das Wort »Person« kann sich auf kollektive Personen, wie eine Geschäftsfirma, eine Nation, oder sogar auf eine ganz bestimmte Reihenfolge organisierter sozialer Tätigkeiten beziehen – die Herrschaft eines Königs oder die Amtsübernahme einer Regierungsverwaltung. In diesem Buche aber werde ich nur Dinge besprechen, die sich auf individuelle Personen beziehen. Das ist das Feld der »natalen« Astrologie, und, wie ich es sehe, ergibt heute kein System von Geburtsastrologie irgendeinen Sinn, wenn es nicht wirklich »personenzentriert« ist.

Eine personenzentrierte Astrologie beschäftigt sich mit der Beziehung zwischen einer Person und dem Universum um sie herum - ihrer kosmischen Umgebung. Wenn wir uns mit einer Beziehung beschäftigen, müssen zumindest zwei Faktoren berücksichtigt werden: im Falle der personenzentrierten Astrologie erstens der individuelle menschliche Organismus, der mit seinem ersten Atemzug mit dem Universum unabhängig, direkt und organisch in Beziehung tritt, und zweitens die himmlischen Körper, *die sich alle* in zyklischen Mustern um ihn herum bewegen.

Nichts im Universum ist »fixiert«; alles bewegt sich. Diese Bewegung ist jedoch bedeutungslos, wenn sie nicht durch eine bewußte Person beobachtet und in Beziehung zu ihr interpretiert wird. Wir leben in einer Welt der Relativität; dieser Relativität kann aber nur durch ein besonderes Bezugssystem und in Einklang mit einem zumindest *relativ stabilen* Wahrnehmungsbrennpunkt eine bewußt definierte Bedeutung zugeschrieben werden. Eine individuelle Person ist eine relativ stabile Einheit, denn obwohl sich ihr Körper, wie wir wissen, in einem Zustand dauernder elektrischer und chemischer Umwandlung befindet, und ebenso ihr Bewußtsein nie ganz das gleiche ist, so bleibt trotzdem das genetische Muster ihrer Zellen – oder was immer diese Gene biologisch repräsentieren – von der Geburt bis zum Tod das gleiche. Die Person behält normalerweise ihren ursprünglichen Namen und spricht ihre heimische Sprache, deren Worte und Syntax eine wirklich grundsätzliche Rolle in der Ausbildung ihrer Mentalität spielt; sie ist in einer Kultur, die nur selten, trotz revolutionärer Krisen, radikale Veränderungen erfährt, eine relativ dauerhafte Einheit.

Die moderne Wissenschaft hat ihre »universellen Konstanten«. Sie sind wahrscheinlich nur relativ konstant und universal, dienen aber als Bezugspunkte, ohne die kaum irgendein »Naturgesetz« als verläßlich angesehen werden könnte. Philosophen mit einer religiösen Neigung – wie Aldous Huxley – sprechen von einer »perennierenden Philosophie«, Okkultisten beziehen sich auf eine »universelle Tradition« oder auf eine »ursprüngliche Offenbarung«; beide stellen ein stabiles, solides, sicheres Fundament für Anschauungen dar, die für das mentale, spirituelle und emotionale Wohlergehen der Menschheit essentiell sind. Es könnte so aussehen, als ob die östliche Mystik, wie auch einige Arten westlicher Mystik, jeden Sinn von Sicherheit und Festigkeit aufgäben, aber Mystiker streben die totale Identifikation mit Gott an oder das völlige Aufgehen in einem »einsseienden Zustand«. Von Gott, Brahman oder Tao zu sprechen, bedeutet, auf einen unveränderlichen, absoluten Zustand hinzuweisen. Dieser stellt in sich selbst einen höchsten Zustand der Stabilität dar, auch wenn er, insofern einseitige Ansichten und individuelle existentielle Gruppierungen betroffen sind, die andauernde Veränderung mit einschließt.

Die Astrologie hat in ihrem traditionellen westlichen Sinn ebenso ihren »relativ stabilen« Bezugspunkt: den Tierkreis. Dieser Tierkreis kann entweder in der Form von Konstellationen gesehen werden – *fixierte Muster* von Sternen, die deshalb fixiert erscheinen, weil sie sich in Relation zu uns extrem langsam bewegen -, oder in der Form der zwölf Unterteilungen der Erdumlaufbahn, eine Umlaufbahn, deren Gestalt sich über lange Zeiträume nur wenig verändert – der tropische Tierkreis. Jedes dieser Systeme erfüllt die Notwendigkeit, einen relativ stabilen Bezugspunkt zu besitzen. Was ich in verschiedenen Schriften vorgeschlagen habe, ist die Möglichkeit einer anderen Bezugsart – einer personenzentrierten, die den Bedürfnissen und dem Charakter des modernen Menschen besser angepaßt ist. Im Hinblick darauf werde ich mich zuerst mit dem Schnittpunkt von Horizont und Meridian befassen.

Der mit astrologischen Textbüchern oder sogar mit astrologischen Zeitschriftenartikeln vertraute Leser wird wahrscheinlich denken, daß an einer derartigen Bezugsart nichts Neues ist. Jedes Geburtshoroskop, wird er sagen, enthält eine Linie, die »Horizont« genannt wird, und eine vertikale Linie, die »Meridian« genannt wird. Aber Namen sind zweideutig und können in die Irre führen. Wie schon gesagt, ist der astrologische und astronomische Horizont ein Kreis, der durch das Zentrum der Weltkugel geht. Er bezieht sich *nicht* auf – entweder einen »vernünftigen« Horizont, der für den Betrachter in einer tiefen Schlucht sehr limitiert sein kann oder auf – das, was ich den »durchschnittlichen« Horizont nenne, der sich auf das Rund des Weltalls bezieht, welches dem Auge von der Oberfläche eines ruhigen Ozeans aus sichtbar wäre. Was den Meridian in dem Geburtshoroskop betrifft, ist er die zweidimensionale Projektion eines »großen Kreises«, der senkrecht zum astronomischen – »rationalen« – Horizont steht und durch die Punkte Nord und Süd verläuft. Genau zum jeweiligen ortsbedingten Mittag kreuzt die wahre Sonne den Meridian. Was aber in einem Horoskop die Himmelsmitte (MC) genannt wird, ist *nicht* der oberhalb liegende Punkt – der Zenith – sondern der Grad des Tierkreises, in dem die wahre Sonne zu Mittag steht. Der Meridian ist ein Längenkreis, der vom Südpunkt durch den Zenith zum Nordpunkt des Horizonts verläuft.

In rechtem Winkel zu diesem Kreis, aber noch in der vertikalen Dimension, treffen wir auf das, was »primäre Vertikale« genannt wird. Dies ist auch ein großer Kreis; er verläuft vom Ostpunkt durch den Zenith zum Westpunkt des Horizonts. Natürlich verläuft er auch durch den Nadir.

Diese drei großen Kreise – Horizont, Meridian und »primäre Vertikale« – stehen im dreidimensionalen Raum rechtwinklig zueinander. Ihre Schnittpunkte bestimmen *sechs* grundsätzliche Punkte: auf der horizontalen Ebene – Ost, West, Nord, Süd –, auf der vertikalen Ebene – Zenith (MC) und Nadir (IC). Natürlich können wir uns jede beliebige Anzahl von Punkten am Horizont vorstellen, durch die große Kreise verlaufen, die auch den Zenith und den Nadir kreuzen; Nord-Ost, Nord-West, Süd-Ost und Süd-West sind Punkte, die oft verwendet werden. Trotzdem ist das Konzept der sechs räumlichen Richtungen – Ost, West, Nord, Süd, Oben, Unten – ein grundsätzliches.

In einem zweidimensionalen Geburtshoroskop werden nur vier grundsätzliche Richtungen aufgezeigt. Der Süden und der Zenith sind irgendwie integriert, ebenso wie der Norden und der Nadir. Der

Grund dafür, abgesehen von der Zweidimensionalität des Horoskops, ist, daß die Tabelle immer noch die – scheinbare – tägliche Bewegung der Sonne für essentiell ansieht. Der Tierkreis bewegt sich täglich mit der Sonne, weil in unserer klassischen westlichen Astrologie der Tierkreis die »Schöpfung« der Sonnenbewegung ist – dies bedeutet, in moderner astronomischer Sprache, die Umlaufbahn der Erde. Natürlich bewegen sich der Mond und die Planeten ebenso mit der Sonne.

Wie ich vorher sagte, war in der archaischen, lokalitätszentrierten Astrologie der einzige »fixierte« Bezugspunkt der Horizont der Lokalität, wo der Stamm lebte, oder später, wo die Stadt lag. Wenn wir das Entwicklungsstadium erreichen, in dem, zumindest in der Theorie, das einzelne Individuum die Basiseinheit wird – sich selbst vertrauend, frei, kreativ – dann sollte die Astrologie, indem sie personenzentriert geworden ist, logischerweise die dreidimensionale geometrische Struktur als Bezugspunkt nehmen, der durch die sechs Richtungen des Raumes geschaffen wird, *in deren Zentrum* das einzelne Individuum steht. Die drei oben erwähnten großen Kreise – Horizont, Meridian, primäre Vertikale – bilden daher die grundsätzliche Struktur des Raumes eines Individuums. Wohin die Person auch immer gehen mag, sie bleibt im Zentrum dieses Raumes. *Alles,* was sich im Himmel bewegt – Sterne, Sonne, Planeten, Kometen, etc. – hat seinen Platz innerhalb dieser Raumstruktur. Die Position jedes himmlischen Körpers kann in Bezug auf sie haarnadelscharf festgelegt werden.

Ein himmlischer Körper wie die Sonne kann viel wichtiger als ein anderer sein, sicherlich wichtiger als zum Beispiel ein schwacher Stern auf einer Flugbahn, die in keiner geometrischen Relation zum Tierkreis-Gürtel steht, das heißt, zur Ebene der Ekliptik. In einer personenzentrierten Astrologie aber gibt es keinen Grund, entweder der Sonne oder dem Tierkreis einen quasi absoluten Wert zuzuschreiben. Als Symbol des Ursprungs der Lebensenergien ist die Sonne ebenso essentiell, wie auch das Herz einer Person – dem solaren Faktor verwandt – für die Fortführung des Lebens essentiell ist. Wenn das Herz für mehr als einige wenige Minuten aufhört zu schlagen, wird das Hirn unheilbar beschädigt und der Organismus verliert sein individualisiertes Bewußtsein, wie auch biologische Existenz.

Aber während die Sonne und alles, was sich auf den Tierkreis bezieht, sehr wichtig und grundsätzlich sein mag, so muß dies nicht die *einzige essentielle Bezugsart* in einer personenzentrierten Astrologie sein. Was als *fixierter* Bezugspunkt angesehen werden sollte, ist die dreidimensionale Raumstruktur, die jede individuelle Person überall hin immer um sich herum mit sich nimmt – zumindest dort, wo sie auf einer festen Oberfläche steht.

Um es vielleicht einfacher auszudrücken: wenn eine Person von der Atlantikküste zur Pazifikküste reist, ändert sich alles, was sie bei jedem Schritt als *geschehen* sieht, ununterbrochen. Aber *die Tatsache,* daß sie das Zentrum eines Horizonts ist, bleibt unverändert. Der Reisende trägt seinen Horizont immer mit sich und direkt über seinem Kopf existiert immer ein Zenith. An diesem Zenith-Punkt kommen und gehen Sterne; kein himmlischer Körper ist »fixiert«, aber der Zenith ist immer in der gleichen oberhalb liegenden Richtung. Ob dieses oder jenes Tierkreiszeichen um 21 Uhr oder ein anderes um 2 Uhr aufsteigt, ändert nichts an der Tatsache, daß die Person zu beiden Zeiten ihren Blick auf den gleichen östlichen Horizont gerichtet hält – astrologisch ausgedrückt, auf den Aszendenten.

Wenn es manchen Leuten schwerfallen sollte, solch einem Gedankengang zu folgen, dann liegt es daran, daß sie eine Struktur mit dem verwechseln, was an gewissen Punkten innerhalb dieser Struktur geschieht. Das ist eine fast universelle Tendenz, da der Mensch eher auf ein Geschehnis reagiert, als den Platz zu erkennen, wo das Geschehnis auftritt. Mit »Platz« meine ich die Rolle, die dieses Geschehnis in der totalen »Struktur« des individuellen Wesens einer Person spielen soll, wie auch im Prozeß der Verwirklichung ihres Geburtspotentials, das heißt, ihres Schicksals.

In einfachen astrologischen Worten ausgedrückt: wenn ein besonderes himmlisches Phänomen – sagen wir, die Konjunktion von Jupiter und Saturn – im zehnten Haus eines Geburtshoroskops vertreten ist, dann deutet dies an, daß die Konjunktion dieser beiden Planeten die *Qualität* des sozialen Bewußtseins einer Person charakterisiert, die wiederum ihre Anteilnahme am Leben und an der Arbeit der Gemeinschaft beleben sollte – die sie wirklich inspirieren *sollte.* Ich habe »sollte« gesagt, weil ich über ein Geburtshoroskop denke wie über eine »Sammlung von Instruktionen« für die Ausführung der Rolle, die das Individuum spielen muß, um sein Schicksal zu erfüllen Wenn Sie wollen, nennen Sie es »Karma«.

Um zusammenzufassen: in einer personenzentrierten Astrologie behandeln wir zwei essentielle Faktoren: 1) die geometrische Basisstruktur des Raumes, dessen Zentrum die individuelle Person bildet, 2) *alle* himmlischen Körper, die diese Struktur in sich immer verändernden Wechselbeziehungen oder »Aspekten« *durchlaufen.* Jeder dieser himmlischen Körper hat verschiedene bestimmte Merkmale, da sich jeder auf unterschiedliche Weise und mit unterschiedlicher Geschwindigkeit bewegt, auch weil jeder dieser Körper uns mit unterschiedlichen Merkmalen bezüglich seiner Größe und Farbe erscheint, wie auch, in den Worten der modernen Astronomie, an einem unterschiedlichen Platz innerhalb geordneter Reihen – speziell die Reihe der Planeten innerhalb des Sonnensystems.

Es sollte klar sein, daß der zweite Faktor nicht nur die beiden Lichter (Sonne und Mond) und die Planeten beinhaltet, sondern auch alle Sterne um uns, denn, ich wiederhole, die Sterne bewegen sich in unserer menschlichen Erfahrung nicht – sie bewegen sich zwar, behalten aber in ihren Beziehungen praktisch gesehen ihr permanentes Muster. Das ist der Umstand, weshalb man sie in der Vergangenheit als »fixiert« bezeichnet hat. Was den ersten Faktor betrifft, bezieht er sich auf die Häuser als Unterteilungen eines personenzentrierten Raumes. In unserer traditionellen westlichen Astrologie jedoch werden diese personenzentrierten Raumsektionen nicht nur auf zwei Dimensionen reduziert, sie werden auch als *im* Tierkreis existierend angenommen. Dies ist der Punkt, an dem Zwiespältigkeit und Verwirrung liegen, denn es gibt mindestens zwei solare Tierkreise, plus lunare Tierkreise, und neue Arten von »Tierkreisen« könnten erfunden werden. Andererseits gibt es, Ost, West, Nord, Süd, Zenith und Nadir betreffend, nichts Zwiespältiges. Diese Punkte und die Struktur, die sie definieren, sind *universelle Tatsachen der menschlichen Erfahrung.* Sie versorgen uns mit einer universell gültigen strukturellen Grundlage für die Interpretation unserer individuellen Beziehungen zum Universum.

Zu diesem Zeitpunkt ist natürlich eine dreidimensionale Astrologie, die, statt Geburtstabellen »Geburtssphären« verwendet, nicht praktisch anwendbar, trotzdem glaube ich, daß dies die Astrologie einer mehr oder weniger fernen Zukunft sein wird. Wir müssen mit dem *jetzt* Vorhandenen umgehen, also mit zweidimensionalen Horoskopen. Trotzdem können und sollten wir unser Verständnis dessen, was diese Horoskope bedeuten, reorientieren, besonders unsere Interpretation der Häuser. Wir sollten diese Häuser als strikt zweidimensionale Projektionen des dreidimensionalen Raumes auffassen, dessen genaues Zentrum das Individuum ist.

## WARUM ZWÖLF HÄUSER?

Da in zweidimensionalen Horoskopen die grundsätzlichen sechs Richtungen des dreidimensionalen Raumes auf vier reduziert werden müssen, das heißt, auf das Kreuz der Horizontalen und der Vertikalen, werden vier Abschnitte des Raumes gebildet. Da sich eine personenzentrierte Astrologie grundsätzlich mit Problemen beschäftigt, die in der persönlichen Erfahrung und in Veränderungen des Bewußtseins wurzeln, sollte jede dieser vier Abschnitte in drei Unterabschnitte unterteilt werden, weil sich das Bewußtsein auf eine trinitarische, dialektische Weise entwickelt. Das Konzept der zwölf Häuser sollte deshalb beibehalten werden. In weitem Sinne können wir von der Reihenfolge These, Antithese und Synthese sprechen, da diese Ausdrücke aber recht zweideutig und anfällig für die verschiedensten Interpretationen sind, könnte es genauer sein, von Subjekt, Objekt und der Beziehung zwischen Subjekt und Objekt zu sprechen, oder metaphysisch von Geist, Substanz und Form, oder von Aktion, Mittel für die Aktion und Abwägung der Resultate der Aktion.

Alle diese Trinitäten werden vom bewußten Individuum in Form der vier Basisrealitäten der menschlichen Existenz erfahren, die mit den vier »Ecken« des Horoskops korrespondieren – Aszendent und Deszendent, Zenith und Nadir. Ich muß aber nochmals hervorheben, daß auf die traditionelle Art, in der westliche Astrologen diese Ecken interpretieren und definieren, sie *nicht* mit dem wirklichen Rahmen des Raumes korrespondieren, dessen Zentrum eine individuelle Person ist. Der Horizont dieser modernen astrologischen Tabellen verläuft durch das Zentrum der Erde, während der Mensch an einem Punkt ihrer Oberfläche lebt. Der Himmelsmeridian ist nicht der eigentliche Zenith, sondern nur ein Punkt auf dem Tierkreis. Wenn also ein Stern auf dem Grad des Himmelsmeridians liegt, muß es nicht der Stern oberhalb am wahren Zenith sein – dies trifft natürlich ebenso auf *Imum Coeli,* die Spitze des vierten Hauses, zu, die nicht der wahre Nadir ist.

Dies verhält sich deshalb so, weil, ich wiederhole, unsere Astrologie erdzentriert, aber nicht personenzentriert ist. Sie beachtet, in praktisch allen Fällen, nur die Beziehung der Erde als Kugel zur Sonne, und sekundär die zu den Planeten, die sich entlang des scheinbaren Weges der Sonne bewegen. Sterne und Konstellationen nehmen in der klassischen europäischen Astrologie keinen bedeutsamen Platz ein, außer als vage Überbleibsel einer archaischen Tradition. Trotzdem, so relativ unzugänglich unsere heutigen astrologischen Horoskope auch sein mögen, so müssen sie doch in bezug auf einen wahrhaft personenzentrierten Weg verwendet werden. Sie können wirksam verwendet werden, wenn wir uns immer die Basisrealitäten, die sie symbolisieren, vor Augen halten. Jede folgerichtig und bedeutungsvoll strukturierte Symbolgruppe kann verwendet werden, wenn man sich darüber im Klaren ist, was sie repräsentiert und auf welcher Ebene sie operieren soll.

Astrologie ist eine symbolische Sprache – in der gleichen Art wie auch die I Ging, wenn man sie in Beziehung zu ihren tiefsten metaphysischen Konzepten bringt und, wie die Tarot-Karten mit ihrem kabbalistischen Hintergrund, ebenfalls eine solche Sprache sind. Alle diese Sprachen »funktionieren«, wenn man sie ordentlich anwendet. Sie funktionieren in bezug auf den Interpreten und auf den Fragesteller, denn nur der Charakter dieser Beziehung und die Ebenen, auf denen sich der Geist beider Personen bewegt, definieren angemessenerweise die Art, wie die ganze Gruppe von Symbolen interpretiert werden soll.

Religion und Wissenschaft sollten, humanistisch, auf die gleiche Art verstanden werden. »Funktioniert« das Christentum als Gruppe großer Bilder und potentiell Ego-umwandelnder Symbole? Sicher, aber es funktioniert ebenso destruktiv wie konstruktiv. Auch die Wissenschaft hat ihre destruktive Seite – man sehe da die Verschmutzung, die Zerstörung natürlicher Elemente, die Depersonalisierung und die monströse und unheilschwangere Vermassung von Menschen in verdorbenen Städten. Natürlich kann man die negativen Resultate wegerklären und der menschlichen Natur die Schuld geben. Der Wert jedes Symbols wird davon abgeleitet, wie es verwendet wird. Das bedeutet oft die Art, in der es von Menschen in Anbetracht des besonderen Stadiums ihrer gegenwärtigen Evolution *unvermeidlich verwendet werden wird*. Aber sogar eine offensichtlich destruktive Verwendung kann mit der Zeit konstruktive Resultate zeitigen. In den Händen eines Heiligen können oberflächliche und normalerweise gänzlich ungeeignete Mittel spirituelle Veränderungen erzeugen, während sie in den Händen eines Kriminellen oder Dummkopfes zu Destruktion oder zu elementarer Versklavung führen können.

Das stimmt auch für die Methoden, die heute in der Astrologie angewendet werden. Trotzdem sind wir in der Geschichte unserer Zivilisation an einem Wendepunkt. Friedrich Nietzsche, der tragische Poet und Philosoph des 19. Jahrhunderts, verkündete die Notwendigkeit einer »Umdenkung aller Werte«. So eine Notwendigkeit ist heute viel mehr universell zwingend, als sie es vor hundert Jahren war. Sie ist auf *allen* Gebieten des menschlichen Denkens zwingend, in allen kodifizierten und traditionellen Gefühlsreaktionen, die unter den Namen Moralität fallen – besonders soziale Moralität – und in allem zwischenmenschlichen, wie auch zwischengruppenhaftem Benehmen. Ich habe an anderer Stelle die Notwendigkeit einer Veränderung auf allen Ebenen von einem »atomistischen« zu einem »holistischen« Annäherungsweg zur Realität erwähnt.* Die Veränderung, die ich jetzt in bezug auf das Konzept der astrologischen Häuser umreiße, ist ein Teil dieser »Umdenkung aller Werte«.

So eine Veränderung mag relativ unbedeutend erscheinen, da sie in den meisten Fällen die Bedeutung, die jedem Haus in der Geburtstabelle zugesprochen wird, nicht sehr radikal verändert. Trotzdem kann und soll sie als symbolisch dafür angesehen werden, was auf allen Gebieten menschlichen Strebens vor sich geht, da sie sich auf die Beziehung zwischen der individuellen Person und dem Universum als Ganzes bezieht; das heißt, diese Veränderung deutet ein grundsätzliches Umdenken bezüglich der Bedeutung dieser Beziehung an. In diesem Sinne stellt sie eine sehr tiefe »religiöse« Umwandlung dar. Die Veränderung bedeutet eine Parallele zum Unterschied zwischen der Einstellung von Anhängern einer organisierten Religion – mit ihrer Hierarchie von priesterlichen Vermittlern zwischen Geschöpf und Schöpfer – und der Einstellung des praktischen Mystikers, der sich ohne Zwischenhändler mit der gesamten Existenz in Beziehung bringt.

In einfachen astrologischen Worten ist der Faktor der »Position im Tierkreis«, wie er heute verstanden wird, ein vermittelnder Faktor zwischen dem Planeten und dem Individuum. Jupiter, als Symbol einer Basisfunktion innerhalb der menschlichen Persönlichkeit – Expansion und Assimilation, soziale Kameradschaft und Prestige oder Reichtum, etc. – *bleibt in jedem Tierkreiszeichen immer Jupiter*. Es ist wichtig, das Erfahrungsfeld zu kennen, in dem diese Funktion am bedeutsamsten im Sinne der Erfüllung der Individualität und des Schicksals einer bestimmten Person zum Tragen kommt. Es ist essentiell, wenn wir das Geburtshoroskop – oder, auf verschiedenen Ebenen, jedes andere Horoskop – als eine himmlische »Instruktionensammlung« ansehen. Wenn ich zum Beispiel Jupiter in meinem siebenten Haus habe, sollte ich die Expansion anstreben (wie auch jedes andere jupiterartige Ergebnis) in bezug auf meine Beziehungen zu Mitarbeitern und Partnern, auf welcher Ebene auch immer. Das siebente

---

* Siehe: Dane Rudhyar, Von humanistischer zur transpersonalen Astrologie, Hugendubel 1979

Haus bezieht sich auf Beziehungen und Partnerschaften aller Arten; Partner sind nicht nur »Gefährten«, sondern auch Feinde, da beide eine oft notwendige Polarisierung der Werte *darstellen oder zu ihr hinführen*.

Der moderne Astrologe könnte dem allen bis zu einem gewissen Punkt zustimmen, doch das erste, das er üblicherweise zu erkennen versucht, ist die sogenannte »Kraft« des Planeten in bezug auf seine Tierkreisposition. Er glaubt immer noch, bewußt oder halb bewußt, daß ein Planet die Energien, die von einem Tierkreiszeichen oder einer Konstellation ausfließen, konzentriert und, daß es diese »Energien« sind, die die Astrologie wirklich »funktionieren« lassen. Daß es solare, planetare und kosmische Energien im Weltall gibt und daß *die Erde als Ganzes* von ihnen betroffen ist, liegt auf der Hand. Aber das hat wirklich nichts mit der Astrologie zu tun, wie sie heute in bezug auf das Leben und die Persönlichkeit eines Individuums praktiziert wird. Eines Tages wird sich zweifellos eine Wissenschaft entwickeln, die sich aus dem Studium dieser Energien ableitet – sie könnte vielleicht »Kosmekologie« genannt werden – aber sie wird nicht die individuelle Person behandeln. Sie wird ebenso wenig Astrologie sein, wie mittelalterliche oder asiatische Alchemie moderne Chemie ist.

Ich glaube, Cyril Fagan hat eine wertvolle Arbeit geleistet, indem er astrologische Konzepte im Sinne einer archaischen, lokalitätszentrierten Astrologie definierte. Wir aber leben weder in archaischer Zeit, noch während der europäischen Renaissance. Wir leben in einem psychologischen Jahrhundert, in einer Zeit totaler Revolution und, hoffentlich, an der Schwelle zu einem neuen Zeitalter, in dem Individuen fähig sein werden, dem Universum und allen Erfahrungen offen zu begegnen; *ohne Vermittler,* die ihnen soziale, religiöse oder ethische Kathegorisierungen aufdrängen. Utopie? Vielleicht, aber alle neuen Schritte des Menschen sind auf einer Vision aufgebaut, die den Alten und den Etablierten utopisch erschien. Alle neuen Zeitalter beginnen in Verwirrung und Unsicherheit. Einige wenige Individuen können der reine Bergquell des neuen Stromes sein. Ihr Geist und ihre Gefühle können in klarem, durchsichtigem, unverfälschtem Wohlklang erleuchten; sie sind aber nur die ganz wenigen. Die Ideale, in denen sie leben oder die sie in großen Augenblicken der Erleuchtung bloß wahrnehmen, wirken auf die Massen wie ein kräftiges Gährungsmittel, und wo sie zur Tat schreiten, herrscht Chaos. Heute ist tatsächlich fast alles in einem chaotischen Zustand – die Astrologie ist da keine Ausnahme.

## SYSTEME DER HÄUSEREINTEILUNG

Die Methode, die in der modernen Astrologie verwendet wird, um die Spitzen der zwölf Häuser zu bestimmen, ist besonders chaotisch. In seiner genauen Bedeutung bezieht sich das Wort *Spitze* auf den *Anfang* eines Bereiches im Raum oder auf eine Zeitperiode. Doch denken manche heutigen Astrologen, daß dieser Ausdruck auf die Mitte eines Hauses anwendbar sein sollte. Cyril Fagan kam auch zu so einem Schluß, er war klarsichtig genug, vorzuschlagen, daß man in dem von ihm vorgeschlagenen System den Ausdruck durch »Median« ersetzen sollte. Was einen Astrologen am meisten bewegt, von der Spitze als der Mittelsektion eines Hauses zu denken, ist der Glaube, daß die Charakteristika eines Hauses am deutlichsten und am effektivsten erkennbar werden, nachdem ein Planet die Mitte dieses Hauses erreicht hat.

Hier sind zwei Konzepte im Spiel. Das erste, ein sehr grundsätzliches, bezieht sich auf die wahre Natur der Astrologie. Marc Edmund Jones hat vor langer Zeit die Astrologie als die »Wissenschaft aller Anfänge« bezeichnet. In einem metaphysischen Sinne heißt dies, daß eine astrologische Tabelle als archetypische oder »Samen«-Formel angesehen werden kann, die die *Gruppe der Potentialitäten* festlegt, die im ersten Akt der Manifestitation freigesetzt werden – im schöpferischen fiat, dem Wort-am-Anfang – die der Ursprung jedes existentiellen Zyklus ist. Was die Astrologie daher studiert, ist der Ursprungspunkt, und in diesem offenbart, die archetypische Form eines besonderen Lebensanfangs, oder allgemein, jedes bedeutungsvolle und ursprüngliche Geschehnis, dem eine besondere Reihenfolge von Entwicklungen entspringt. Wenn das der Fall ist, dann sollte jeder astrologische Faktor in Beziehung zum Anfang irgendeiner Reihenfolge von Geschehnissen oder in Beziehung zu einer besonderen Entwicklungsphase gebracht werden. Dies läßt sich auf den ersten Grad eines Tierkreiszeichens anwenden, auf ein Haus, wie auch auf die Konjunktion zweier Planeten, die den Anfang ihrer zyklischen Beziehung anzeigt. Es ist im ersten Augenblick *jedes* Zyklus, daß der urbildliche Charakter dieses Zyklus dem Astrologen offenbart wird.

Das andere Konzept, dem ersten verwandt, ist, daß wenn der charakteristischste Augenblick in einem Haus sein Mittelpunkt ist, dies dann bedeutet, daß das Haus eher in Beziehung zur Zeit als zum Raum angesehen wird. Der Astrologe könnte glauben, daß jemand, der einen Prozeß auslöst, eine gewisse Zeit dazu benötigt, um die Charakteristika dieses Prozesses zu verwirklichen und um mit ihnen identifiziert zu werden. Aber dies träfe wieder nur in bezug auf *existentielle Resultate* zu und nicht in bezug auf urbildliche *formative Ursachen*. Wie ich es sehe, beschäftigt sich der Astrologe essentiell mit formativen Ursachen, – oder besser, mit Reihenfolgen von Potentialitäten, die freigesetzt werden und nur im weiteren, bzw. sekundär betrachtet er die äußerlichen Vorfälle. Das stimmt zumindest für die personenzentrierte und humanistische Astrologie. In diesem Falle kann man sagen, daß die Häuser Bereiche von personenzentriertem Raum darstellen, durch die sich himmlische Körper bewegen. Diese himmlischen Körper stellen natürlich einen Zeitfaktor dar; aber es ist das *räumliche Feld,* durch welches die Bewegung stattfindet und welches urbildlich und formativ ist. Auf die gleiche Art ist (während die Planeten in dauernder Bewegung sind) die wichtigste Offenbarung von Geburtshoroskopen nicht die Bewegung jedes Planeten, sondern *das Muster,* das alle diese Planeten am Anfang des Lebens eines Individuums bilden, das heißt, im Augenblick des ersten Atemzuges. Die Bewegungen sind »existentiell«; das gesamte planetare Muster ist »urbildlich«. Es legt die strukturelle Form von Individualität und Schicksal nieder.

Die vier wichtigsten Spitzen der Häuser sind die vier Ecken – Aszendent, Deszendent, Zenith, Nadir. Mit diesen Ecken beginnen die vier Sektoren des modernen zweidimensionalen Horoskops. An diesen vier Punkten wirken die essentiellen formativen Faktoren. Der Horizont definiert klar die Trennung zwischen oben und unten, zwischen dem Sichtbaren und dem Unsichtbaren; er kann nicht die Mitte von irgendetwas sein. Erst wenn der Astrologe vom Horizont in erster Linie als von der aufsteigenden Bewegung der Sonne denkt, kann er das Konzept des Horizontes ausweiten, um die Periode der Morgendämmerung miteinzubeziehen. Das räumliche Konzept des Horizonts ist das einer reinen Demarkationslinie; die Sonne kreuzt diese Linie wie ein Wettläufer in einem Rennen die Start- und Ziellinie kreuzt.

Die der Mischung von Konzepten von Zeit und Raum zukommende Zwiespältigkeit kann quer durch den gesamten Bereich der Astrologie hindurch verfolgt werden. Sie wird besonders offensichtlich, wenn man das Problem angeht, wie der Grad der Häuserspitzen festgestellt werden soll. Dazu wurden viele Systeme erfunden und verwendet. Die am häufigsten verwendeten Systeme geben aber dem Horizont und dem Meridian die gleiche Position auf dem Tierkreis. Sie unterscheiden sich in ihrer Kalkulation der dazwischenliegenden Spitzen – das heißt, der Spitzen des zweiten, dritten, fünften, sechsten

Hauses und ihrer polaren Gegensätze. Das heute am weitverbreitesten angewandte System ist das des Placidus, der die Spitzen der Zwischenhäuser dadurch findet, daß die Halb-Bögen der Sonne und aller zodiakal ausgedrückter Faktoren in drei gleiche Segmente unterteilt werden – das heißt, die *Zeit,* die die Sonne braucht, um vom Sonnenaufgangspunkt zum Mittagspunkt zu gelangen. Die Campanus- und Regiomontanus-Systeme unterteilen den *Raum* zwischen Horizont und Meridian auf zwei unterschiedliche Arten. Das Porphiry-System unterteilt die Anzahl der Grade, die den Horizont vom Meridian trennen, durch drei.

Es gibt andere Systeme, besonders das der »gleichen Häuser«, das nur den Horizont in Betracht zieht und die durch diesen Horizont entstehenden zwei Hemisphären in sechs Häuser unterteilt, von denen jedes die gleiche Anzahl zodiakaler Grade enthält. Dieses System ist meiner Meinung nach völlig unvertretbar, da es nicht die Tatsache in betracht zieht, daß sowohl die vertikale, wie auch die horizontale Achse zur Interpretation der menschlichen Existenz unbedingt notwendig sind. Wenn man heute nur den Horizont als Bezugspunkt nimmt, so ist das gleichbedeutend mit der Ansicht, daß das Liegen die einzige bedeutungsvolle Haltung des Menschen ist.

Die Schwierigkeit, auf die praktisch alle diese Systeme stoßen, besteht darin, daß Geburtstabellen an und über Nord- und Südpolarkreisen eine sehr eigenartige Form annehmen, und in vielen Fällen gar nicht erstellt werden können, da die Sonne während vieler Monate nicht aufgeht, oder nicht untergeht. Da der Tierkreis in der traditionellen westlichen Astrologie der Pfad der Sonne ist, wie kann man dann Grade des Tierkreises an den Spitzen der Häuser über dem Horizont festlegen, wenn die Sonne und die Planeten gar nicht aufsteigen? Wenn die Häuser gleiche Sektionen des *Raumes* – nicht des Tierkreises – um das Individuum darstellen, dann gibt es immer Ost, West, Zenith und Nadir, und der Horizont trennt immer oben von unten. Zu einigen Zeiten aber sind nur Sterne und keine Planeten in der Hemisphäre über, oder unter dem Horizont.

Der archaische lokalitätszentrierte Astrologe, der in semitropischen oder gemäßigten Regionen lebte, hatte keine solchen Probleme. Für ihn stieg die Sonne jeden Tag auf und seine Astrologie war auf dieser vorzeitlichen, und als selbstverständlich betrachteten *Erfahrungstatsache* aufgebaut. Heute jedoch ist die Situation anders. Wir müssen unsere Astrologie auf eine neue Grundlage stellen, und wir müssen bedenken, daß jede Hemisphäre der Erde, wie auch die Polarregionen, ihre eigene Art von Astrologie haben müssen. Zumindest müssen wir einige der grundsätzlichen astrologischen Faktoren neu interpretieren in bezug auf die astronomischen Situationen in jeder dieser Regionen.

Personenzentrierte Astrologie ist jedoch auf primäre Konzepte aufgebaut, die überall gültig sind; denn an jedem Ort auf der Weltkugel ist sich der Mensch des Horizonts und des Zenith bewußt. Jedes Baby ist im Zentrum seiner Raumstruktur geboren, die es mit sich tragen wird, wohin auch immer es geht. Das einzige Problem, astrologisch ausgedrückt, ist, all das zu bestimmen, was es erkennen und erfahren kann, während Sterne und Planeten durch die zwölf Sektionen dieser Raumstruktur hindurchziehen.

# Die Häuser als Felder der Erfahrung

Die Astrologie ist das Studium der zyklischen Bewegungen himmlischer Körper. Solch ein Studium wäre aber nicht mehr als ein Zweig der Astronomie, wenn es nicht auch eine Bezugsart miteinschlösse, *in Relation zu der diesen zyklischen Bewegungen eine Bedeutung gegeben werden kann.* Diese Bezugsart ist heute nicht die gleiche wie zu Zeiten, als der Mensch ein reines Stammes- und Landwirtschaftsleben führte, innerhalb enger geographischer Grenzen. In der Geburtsastrologie, die ich personenzentrierte Astrologie nenne, ist der wichtigste Bezugspunkt die individuelle Person. Eine solche Astrologie beschäftigt sich mit der speziellen Orientierung eines individuellen Menschen, der sich seiner eigenen Individualität bewußt ist – oder der zumindest versucht, sich dieser Individualität und all dessen, was dies innerhalb seiner Beziehung mit der gesamten Umwelt bedeutet, bewußt zu werden. Diese Umwelt ist, astrologisch ausgedrückt, die gesamte Galaxis, und im besonderen das Sonnensystem. Was die Astrologie behauptet, ist, daß die Orientierung eines Individuums zu dieser solaren und galaktischen Umwelt – das heißt, zu den »Planeten«, einschließlich Sonne und Mond und zu den Sternen – auch seine Orientierung zu seiner *biosphärischen und sozialen* Umwelt definieren kann.

Ein Mensch lebt zugleich innerhalb der Biosphäre der Erde und innerhalb einer Gesellschaft – das heißt, innerhalb einer Gruppe von Leuten, einer Gemeinschaft und einer Nation, die bestimmte rassische, kulturelle und politisch-ökonomische Merkmale aufweisen. Er ist primär ein biologischer Organismus, aber er ist auch eine Person. Eine Person, deren Bewußtsein, Geist, Gefühle und Benehmen durch gemeinschaftliche Werte, die in seiner Familie und seiner Gesellschaft bestehen, bedingt wurde, ja oft hart festgelegt wurde.

Leben bedeutet in individualisierten menschlichen Worten *erfahren.* Leben heißt, bewußt zu sein, nachzudenken, worüber man sich bewußt ist, und Erfahrung mit früherer Erfahrung in Zusammenhang zu bringen – ob das nun persönliche Erfahrungen sind oder Erfahrungen, über die die Gesellschaft nachgedacht, sie aufgezeichnet und zu einer Tradition gemacht hat – sozial, wissenschaftlich, religiös, ethisch, kulturell, etc. Streng genommen kann man von » Erfahrungen« im Sinne von Veränderungen in der Beziehung zwischen einem

Individuum und seiner Umwelt sprechen – also von äußeren Geschehnissen. Oder man spricht von »Erfahrungen« im Sinne von Veränderungen in der sich immer verlagernden Beziehung zwischen verschiedenen organischen und psychischen Bestandteilen der totalen Person – Körper, Geist, Gefühle, »Seele«. Wo kein Gewahrsein ist, ist keine Erfahrung. Eine Erfahrung bedarf eines Erfahrenden.

Der Erfahrende wird durch die Erfahrung verändert, sogar dann, wenn er das, wessen er gewahr wurde, ablehnt, in seinem *Bewußtseinsfeld* zu akzeptieren, in dem ja meistens das Ego vorherrscht. Diese Ablehnung verändert den Erfahrenden auf negative Weise und, wenn der Prozess des Ablehnens wiederholt wird, so wird daraus ein Komplex und vielleicht mit der Zeit eine neurotische oder psychotische Störung. Jedenfalls, wenn es ein Gewahrsein der äußeren oder inneren Veränderungen gibt, dann gibt es eine Erfahrung. Diese Erfahrung ist aber meistens bedingt – teilweise durch äußere biologische Faktoren, teilweise durch intellektuellen und emotionalen Druck von Familie, Kultur und Gesellschaft. Wenn das geschieht, ist die Erfahrung im Sinne der essentiellen Individualität der Person nicht »rein«. Was unser heutiges »Sensitivitätstraining« – wie auch viele uralte Techniken der Meditation und der zwischenmenschlichen Beziehung – zu erreichen versucht, ist die Reinigung der individuellen Erfahrungen. Der Mensch sollte lernen, zu sehen, zu fühlen, zu hören, zu berühren, so als ab alle seine Empfindungen zum ersten Mal das Bewußtsein erreichten, so als ob seine Reaktionen spontan, frisch und »unschuldig«, weil rein *natürlich* wären.

Diese Qualität der Natürlichkeit könnte sich auf die *biologische* Natur der menschlichen Instinkte und emotionalen Triebe beziehen, oder genauso auf die *individuelle* Natur der Person. Was für die eine bestimmte Person »natürlich« ist, kann für die andere alles andere als natürlich sein. Zwischen diesen beiden Ebenen von Natur sind meistens soziale und moralische Muster wirksam, traditionelle Anschauungen dessen, wie man sieht, berührt, trifft, antwortet, reagiert; Anschauungen, die alle existentiellen Situationen verwirren und die die Erfahrungen ablenken, desorientieren oder sogar pervertieren. All dieser verzerrende Druck kann philosophisch auf das »Karma« bezogen werden. Aber wie handhaben wir dieses Karma? Wie klären, reinigen und reorientieren wir erst die Wahrnehmungen und dann auch die Reaktionen einer Person?

Es gibt viele Wege, um dieses schwierige Unterfangen zu versuchen und viele spirituelle, okkulte und mystische Disziplinen sind zu diesem Zwecke entwickelt worden. Die Astrologie, wie ich sie mir denke, bietet uns noch eine Methode. Diese Methode hat sehr wenig mit der gegenwärtigen allgemeinen Verwendung der Astrologie zu tun, oder mit einer ähnlichen Verwendung im alten Alexandrien und Rom; sie war aber den Alchemisten, Rosenkreuzern und auch anderen Gruppen nicht unbekannt. Was bei solch einer Verwendung der Astrologie eine Rolle spielt, ist die Erkenntnis, daß das Universum einem Individuum – symbolisch ausgedrückt – ein Bild dessen verleiht, was es *braucht,* um sich angemessen im Sinne *seiner eigenen individuellen Wahrheit* – in der hinduistischen Philosophie: *Dharma* – zu orientieren. Ich habe von dem Geburtshoroskop als einer »Instruktionensammlung« gesprochen. Diese verleiht »Gott« – oder das universelle Prinzip der Harmonie – allem, das in dem Moment und an dem Platz geboren wird, für den das Horoskop erstellt wird.

Nach dieser Konzeption symbolisiert jedes astrologische Haus einen Basistypus menschlicher Erfahrung. Das Tierkreiszeichen an der Spitze des Hauses und jeder Planet, der sich in dem Hause befinden mag – und, in der Zukunft, die individuellen Sterne, die tatsächlich diesen Raum ausfüllen – deuten die Art an, in der jede dieser zwölf Basistypen der Erfahrung erlebt werden *sollte,* ja tatsächlich erlebt werden *würde,* wenn es keine Störungen gäbe, keinen karmischen Druck, der desorientiert, verwirrt und den Erfahrungsprozess verändert. Das Geburtshoroskop als Ganzes stellt das »Dharma« des Individuums dar, was es sein soll – vorausgesetzt natürlich, daß das Horoskop auf eine holistische Art, das heißt, nicht auf dualistische und nicht auf ethische Art – das heißt, gut/schlecht, glücklich/unglücklich – interpretiert wird. Jedes Haus des Horoskops symbolisiert einen speziellen Aspekt dieses Dharma, einen der Buchstaben des ursprünglichen Wortes mit zwölf Buchstaben, *Logos,* das die »Wahrheit« des Individuums darstellt. Das heißt, seine spirituelle – und daher in einem individualisierten Sinne, seine natürlich – Identität als Person.

Solch ein Dharma bezieht sich auf irgendeine integrale Gruppe von Tätigkeiten, die die Umwelt, in der das Individuum geboren ist, *braucht.* Ein Mensch wird als Antwort auf dieses Bedürfnis geboren. Das Universum – und, spezifischer, der Planet Erde und die Menschheit-als-Ganzes ist in einem breiteren Sinne des Wortes, ein Organismus. So wie eine weiße Blutzelle produziert wird, und zu einem verletzten Teil des menschlichen Körpers geschickt wird, um eine mögliche Infektion zu bekämpfen – das heißt, um das Bedürfnis dieses Teils des Organismus zu befriedigen – so wird ein Mensch zu einer bestimmten Zeit und an einem bestimmten Platz geboren, um ein *besonderes Bedürfnis* der Menschheit zu befriedigen. Das ist das Dharma dieses Menschen, die »Wahrheit seines Seins«, seine essentielle Identität. Sein Geburtshoroskop ist das potente Symbol oder *Mandala* dieser Identität. Es ist sein himmlischer Name, die »Signatur« seines Schicksals.

Da die Natur fruchtbar und vorsichtig ist, können mehrere Menschen in einem Gebiet großer Menschendichte mit genau dem gleichen Geburtshoroskop geboren werden. Sie sind erschaffen, das gleiche Bedürfnis zu befriedigen. Da dieses Bedürfnis ihrer Gesellschaft komplex sein kann und wirksam auf verschiedenen Ebenen, können ihre Lebensläufe – in bezug auf äußere Geschehnisse und Resultate – sehr verschieden sein. Sie können sich unterscheiden, erstens, weil ihr genetischer und umweltlich-sozialer Hintergrund verschieden ist, zweitens, weil es einigen gelingen kann, ihre »Instruktionen« zu vollfüllen, während andere nur einen sehr teilweisen Erfolg erzielen, oder sogar vollständig versagen. Dieser Erfolg oder Mißerfolg hat essentiell nichts mit dem Horoskop zu tun. Was das Horoskop darstellt, ist *eine Gruppe von Potentialitäten.* Jede Freisetzung von Potentialitäten, überall und jederzeit, beinhaltet die bipolare Möglichkeit von Erfolg und Mißerfolg, von Erfüllung und von Frustration, die Desintegration nach sich zieht. Solcher Art ist das grundsätzlichste Gesetz der Existenz – einfach weil Existenz Dualität bedeutet und alle Energien bipolar sind.*

Dies heißt in bezug auf ein vollständiges Verständnis der Bedeutung der Häuser, daß – ich wiederhole – jedes Haus einen Basistypus der menschlichen Erfahrung darstellt. So lange ein Mensch lebt, trifft er auf diese zwölf Typen. Wie er mit ihnen umgeht, wird sein Leben, zumindest relativ, zu einem Erfolg oder Mißerfolg machen – in den meisten Fällen eine Mischung von beidem. Es steht ihm – im tiefsten Sinne – frei, sich entlang des positiven oder negativen Pfades zu bewegen. Die Positionen der Planeten – jetzt immer inklusive Sonne und Mond – *bedingen* nicht seine Wahl. Sie zeigen nur die *Art von Energie* an, die er am besten verwenden kann, um erfolgreich dem durch jedes Haus symbolisierten Erfahrungstypus zu begegnen.

Weder Mars noch Saturn deuten im Sinne des Dharma eines Individuums irgendetwas »Schlechtes«, oder »Unglückliches« an. Wenn der Saturn in dem Haus steht, das sich auf die Einstellung eines Menschen zu dem, was er besitzt, und auf die Verwendung seines Besitzes bezieht, bedeutet das einfach, daß dieser Mensch das, was er besitzt, vorsich-

* Für die Entwicklung dieses metaphysischen Konzepts, siehe »*The Planetarization of Consciousness*«, Kapitel 5 und 6.

tig, konservativ und mit einem scharfen Sinn für Verantwortung verwalten soll. Ob der Mensch, je nach den sozialen Standards seiner Gesellschaft, reich oder arm genannt werden kann, hat wirklich, oder sagen wir spirituell, nichts mit dieser Saturnposition zu tun. Womit sich nämlich eine personenzentrierte Astrologie beschäftigen sollte, sind nicht äußerliche Geschehnisse, oder irgendein *quantitativer* Faktor, sondern nur, zumindest essentiell, *Qualitäten* des Seins, des Fühlens, Denkens und des Verhaltens. Der essentielle Faktor, nicht nur psychologisch ausgedrückt, sondern auch in bezug auf die grundsätzlichste Auswertung jedes Aspekts der menschlichen Erfahrung, ist nicht, *was* eine Person tut, fühlt oder denkt, sondern die Qualität ihrer Handlungen, Gefühle und Gedanken; und diese Qualität ist natürlich mit der Motivation des Individuums verwandt, ist aber nicht notwendigerweise seine *bewußte* Motivation.

## ZWÖLF KATEGORIEN DER ERFAHRUNG

Man kann natürlich fragen, warum wir aus der riesigen Vielfalt menschlicher Erfahrung nur zwölf grundsätzliche Kategorien auswählen. Es gibt zweifelsfrei metaphysische und »numerologische« Gründe für diese Nummer zwölf, ich habe schon einige von ihnen erwähnt. Die Basiszahl ist vier und sie bezieht sich auf den Schnitt von Horizont und Meridian in unseren westlichen, zweidimensionalen astrologischen Horoskopen. Die Unterteilung des Kreises in vier Sektoren und alle Muster, die auf das vierfache Prinzip – selbst ein Ausdruck des in aller Erfahrung innewohnenden Dualismus – aufgebaut werden können, sind typisch für alle Mandalas.

C. G. Jung hat Mandalas große Aufmerksamkeit gewidmet, wegen ihrer weltweiten Verwendung in allen sehr alten Kulturen und weil sie das, was er »den Prozeß der Individuation« oder Ganzwerdung genannt hat, symbolisieren. Die grundlegende Aufgabe des Menschen ist, *bewußt* auf allen Ebenen seiner Existenz ein ganzes Wesen zu werden; und er kann nur ganz werden, indem er alle seine Erfahrungen auf ein gemeinsames Zentrum bezieht, welches er auch als den Umfang seiner totalen Person projeziert. In anderen Worten, er muß bewußt den Platz begreifen, den jede Erfahrung innerhalb der totalen Person einnimmt.

Aus diesem Prozeß der Ganzwerdung ragen zwei Faktoren heraus: Bewußtsein und Kraft. Alle menschlichen Erfahrungen und Werte können in bezug auf Bewußtsein und Kraft gewertet werden. Ohne Bewußtsein ist Kraft in ihren Manifestationen roh; ohne Kraft ist das

Bewußtsein eine Abstraktion, eine gebrechliche Essenz, oder ein Atem ohne existentielle Bedeutung. In der Astrologie sieht man das Bewußtsein als in bezug zur horizontalen Achse der Existenz operierend; Kraft und die Fähigkeit zur integralen Existenz beziehen sich auf die vertikale Achse.

In jedem existentiellen Ganzen operiert das Bewußtsein unausweichlich in dualistischer Form: Bewußtsein des Selbst und Bewußtsein, mit anderen in Beziehung zu stehen. Eigenpersönlichkeit und in-Beziehung-stehen sind die zwei fundamentalen Grundsätze in allen existentiellen Realitäten. Es gibt aber mehrere Ebenen von Eigenpersönlichkeit, und Beziehungen operieren auch auf verschiedenen Ebenen, und geben verschiedenen Qualitäten des Seins eine äußere Form.

Auch die Kraft operiert in dualistischer Form: die Kraft, als ein Selbst dazustehen, um die inhärenten Potentiale des individuellen Seins voll zu manifestieren, um in der konkreten Beschaffenheit der Existenz ein Ganzes zu werden, und die Kraft, dem Bedürfnis seiner Umwelt, Gruppe oder Gesellschaft zu begegnen, das heißt, sein Dharma und auch seinen Platz und seine Funktion innerhalb der Sphäre zu vollfüllen, die durch die individuellen Fähigkeiten festgelegt wird.

Eigenpersönlichkeit bezieht sich auf den Ostpunkt des Geburtshoroskops, den Morgendämmerungspunkt des Lichtes – und Licht ist ein kosmischer Ausdruck, wie auch eine Form des Bewußtseins in seinem existentiellen Aspekt. In-Beziehung-stehen gehört dem Westpunkt des Horizonts an – die symbolische Zusammenkunft von Menschen zum Zwecke des Nachdenkens über gemeinsame Erfahrung.

Kraft im Sinne von *persönlicher* Integration wird durch den Nadir dargestellt, der in heutigen Horoskopen ungefähr bei der Spitze des vierten Hauses liegt – das *Imum Coeli*. Kraft im Sinne von *sozialer und kommunaler* Integration wird durch den Zenith dargestellt, der in der modernen Astrologie ungefähr am Mittags-Punkt oder am Himmelsmeridian liegt.

Nach C. G. Jung hat der Mensch vier Basisfunktionen: Intuition, Empfindungsvermögen, Fühlen und Denken. *Intuition* steht mit dem astrologischen Aszendenten in Beziehung – dem symbolischen Sonnenaufgang – weil Intuition Bewußtsein und sich seiner Funktion gewahr ist. In der entgegengesetzten Richtung stellt das *Empfindungsvermögen* die Beziehung einer Person zu anderen, sie umgebenden Ganzheiten dar; wir beziehen es daher auf den Deszendenten oder die Spitze des siebenten Hauses. *Fühlen* wird offensichtlich durch den Nadir-Punkt symbolisiert, weil Gefühl die unmittelbarste Manifestation der Reaktion eines integrierten Organismus darstellt – die Reaktion auf das, was er als eine Zustandsveränderung erfährt. Zuerst ist es eine Veränderung des innerlichen, biopsychischen Zustands; später steht es in Beziehung zu den Variationen in der Einstellung oder Laune, die man Erfahrungen entgegenbringt, welche eines Menschen Basis-Sinn, von Eigenpersönlichkeit, von Sicherheit und von Kraft als Person verändern. *Denken* ist ein auf Worten und Syntax aufgebauter Prozeß. Worte und Syntax sind wiederum symbolische Ausdrücke einer bestimmten Kultur und sozialen Form menschlichen Zusammenseins. Denken wird daher durch den Zenith dargestellt – oder, in heutigen Horoskopen, durch die Himmelsmitte – da sich der Mensch an diesem Punkt bewußt wird, Erfahrungen zu machen innerhalb einer gemeinschaftlichen Situation.

Die Tabelle als ein Ganzes wird durch den Horizont in zwei Hälften geteilt – oder in Hemisphären, in der zweidimensionalen Projektion. Die Hälfte unter dem Horizont kann man durch die Schlüsselwörter ZU SEIN charakterisieren; die Hälfte über dem Horizont durch ZU FUNKTIONIEREN.

Ein bewußtes Selbst zu sein, schließt in sich das Entdecken seiner selbst als das »Subjekt« der Existenz ein, um graduell seine Kräfte zu begreifen, sie auszudrücken und sie mit der Zeit zu vergrößern, zu reformieren oder umzuwandeln. Im Bereich unter dem Horizont denkt, handelt und fühlt eine Person essentiell subjektiv; sie existiert in einer auf sich selbst zentrierten Welt und ihr Weg zu Erfahrungen ist auf Selbsterkenntnis und Selbstausdruck gerichtet – und natürlich auch auf den Umgang mit den Resultaten dieser *subjektiv bewerteten* Tätigkeiten.

Im Bereich über dem Horizont ist der Grundgedanke das in-Beziehung-stehen; so werden denn Partnerschaft und die Resultate von Zusammenarbeit und/oder Beteiligung hervorgehoben. Der Grundgedanke ist die Teilnahme – Teilnahme an einem Prozess, der mindestens zwei, und mit der Zeit viel mehr Menschen miteinbezieht. »Funktionieren« existiert, wenn das Bewußtsein, ein Teil eines Ganzen zu sein, vorhanden ist – einen bestimmten Platz in einem organisierten und strukturierten Prozess einzunehmen, ob das organisch im biologischen Sinne ist, oder sozial-politisch-kulturell.

In jeder Hemisphäre sind zwei grundsätzliche Punkte zu beachten: die von Horizont und von Meridian geschaffenen »Winkel«. Der Aszendent bezieht sich auf den ursprünglichen schöpferischen Impuls, der eine urbildliche Form verkörpert, eine schöpferische Welt. Dieser Impuls muß in einem konkreten, substantiellen Organismus »inkarniert« sein. Ein *stabiler und integraler* Seinszustand muß erreicht werden, durch den das Individuum »Kraft« verwenden kann – das heißt, biologische und psychische Energien – nicht nur bewußt, sondern auch wirkungsvoll. Dies bezieht sich auf den Nadir und auf das vierte Haus.

So können wir sagen, daß im vierten Haus *in einem subjektiven und strikt personenzentrierten Sinne* das verwirklicht wird, was am Aszendenten eine Freisetzung von Potentialität war. Dieser Prozeß der Verwirklichung findet in drei Abschnitten statt. Jedes der ersten drei Häuser stellt einen Typ von Erfahrung dar, der, wenn ihm erfolgreich begegnet wird, den Prozeß zu einem Kulminationspunkt bringen wird. Diese drei Phasen wiederholen sich in bezug auf jeden Winkel und manifestieren so die astrologische Reihenfolge von *angularen, sukzedenten und kadenten* Häusern. Das erste, vierte, siebente und zehnte Haus ist angular, weil diese die Schöpfung oder die Verkörperung der Bedeutung jedes der vier Winkel darstellen. Das zweite, fünfte, achte und elfte Haus sind sukzedent und die anderen kadent.

Man kann die grundsätzlichen Eigenschaften dieser drei Kategorien von Häusern durch den Gebrauch der folgenden Schlüsselwörter charakterisieren:

| | |
|---|---|
| Eck-Häuser: | *zu sein* |
| Mittel-Häuser: | *zu verwenden* |
| Kadente Häuser: | *zu verstehen oder umzuwandeln* |

So bezieht sich das erste Haus auf die subjektive Entdeckung des Seins oder der individuellen Eigenpersönlichkeit. Das zweite Haus bezieht sich auf die Verwendung dessen, was dem Individuum zur Verfügung steht, um sich zu veräußerlichen, im weitesten Sinne auch auf seinen Besitz bei der Geburt, inklusive aller angeborenen Fähigkeiten des Körpers und der Psyche. Das dritte Haus ist das Feld der Erfahrung, das uns zu einem Verständnis der Beziehung zwischen »sein« und »verwenden« bringt, zwischen dem subjektiven Sinn von Selbst und der objektiven Realität der Mittel für die Handlung, das heißt, des Besitzes des Selbst.

Wenn wir mit dem Nadir anfangen, fangen wir mit »zu sein« an – eine stabile, mehr oder weniger integrierte Persönlichkeit, die von irgendeiner Art von »Zuhause«, oder von einer Wurzelgrundlage der organischen Existenz aus operiert. Dies bezieht sich auf den Typ von Erfahrungen, der durch das vierte Haus dargestellt wird – angular. Das fünfte Haus – sukzedent – symbolisiert jene Erfahrungen, die einer Person gestatten, die biopsychischen Energien zu verwenden, die von jedem stabilisierten, organisierten Ganzen erzeugt werden. Das sechste Haus – kadent – ist das Feld der Erfahrung, das es einem ermöglicht, die Resultate dieses selbstabgebenden Gebrauchs von Energie zu verstehen, mit negativen Resultaten fertig zu werden, seine Handlungstechnik zu verbessern und seine Motive umzuwandeln.

Wir werden gleich sehen, wie sich die Schlüsselwörter auf die drei Kategorien von Häusern im Bereich über dem Horizont anwenden lassen. Ein Bereich, der sich mit dem Funktionieren in bezug auf menschliche Beziehungen, und mit der Teilnahme an den Tätigkeiten eines größeren Ganzen – einer Gruppe, Gesellschaft, Nation – auseinandersetzt. Sobald wir aber die ersten sechs Häuser betrachten – im Bereich unter dem Horizont – können wir ein breites Muster auftauchen sehen, das sich auch in der Reihenfolge der Häuser über dem Horizont wiederholen wird. Es können sechs grundlegende Operationen definiert werden, die sich unter dem Horizont auf das subjektive Bewußtsein des Selbst beziehen. Über dem Horizont beziehen sich diese gleichen grundlegenden Operationen auf die Entwicklung jener Art von Bewußtsein, das aus dem in-Beziehung-stehen, der Zusammenarbeit und dem Finden seines Platzes in der Gesellschaft hervorgeht. Diese sechs Operationen können folgendermaßen definiert werden: *sein, haben, informieren, wahren, ausdrücken und umwandeln.*

Die Erfahrung zu »sein« im ersten Haus führt zu und wird durch die Erfahrung zu »haben« verkörpert – einen Körper haben, Besitz haben, Talent haben, oder negativ, diese in geringer Qualität haben. Im dritten Haus findet weiterhin ein Prozeß der Formgebung durch Selektion, Klassifikation und Organisation statt. Das bedeutet, sich an die Umwelt anzupassen, Wahrnehmung mit Wahrnehmung in Beziehung zu bringen, Schlauheit und Intellekt zu entwickeln, Reaktionen auf seine Umwelt zu formulieren und mitzuteilen.

Das vierte Haus bezieht sich auf alles, was die individuellen Charakteristika des Selbst in einer stabilen Form aufrechterhält. Das fünfte Haus bezieht sich auf jede Erfahrung, durch die das persönliche Selbst versucht, seine Kraft zu veräußerlichen. Das sechste Haus bezieht sich auf Erfahrungen, die einen zwingen, das Bewußtsein des Selbst umzuwandeln, zu reformieren oder auszuweiten – in den meisten Fällen nur das »Ego«; es bezieht sich somit auf persönliche Krisen aller Ebenen und behandelt die möglichen Lösungen persönlicher Probleme.

Man kann die gleiche Art von Reihenfolge im Bewußtseinsbereich über dem Horizont operieren sehen, dessen archetypischer Ursprungspunkt der Deszendent ist – die Spitze des siebenten Hauses. Das siebente Haus bezieht sich auf das »Sein« von Beziehungen, das heißt, auf die Qualität unseres Weges zu Beziehungen – wie wir der Welt begegnen und, im besonderen, »dem anderen«, ob das nun ein Partner oder ein Gefährte sei – und vor allem, wie wir lernen *sollten,* andere zu treffen und mit ihnen zu arbeiten, ohne Rücksicht darauf, wie sehr es unsere Gesellschaft, Religion und Kultur angestrebt haben, uns mit ihren kollektiven Bildern, Idealen und Tabus zu formen. Das achte Haus bezieht sich auf unsere Verwendung der aus der Gemeinschaft entstandenen Energien – das heißt, aus gemeinsam verwendetem Besitz – wobei offensichtlich die kollektiven Regeln von Geschäft, Investition, Besitzübertragung, etc. in Betracht gezogen werden müssen. So eine Verwendung kann unter gewissen Umständen eine Regenerierung von selbstbezogenen Tätigkeiten bedeuten, eine Umwandlung des »Selbstbildes« – besonders dann, wenn ein Konflikt zwischen diesem Selbstbild und dem »Beziehungsbild« entsteht – was C. G. Jung als die *anima* im Leben eines Mannes und den *animus* im Leben einer Frau bezeichnet.

Das neunte Haus ist ganz spezifisch das Feld der Erfahrungen. Es ruft in uns ein tieferes Verständnis und eine größere Ausweitung des Bewußtseins hervor. Diese Erfahrungen geben unserer Würdigung und Wertung von sozialen und kosmischen Prozessen ihre Form. Sie beschäftigen sich mit unseren Versuchen, zu generalisieren und zu vermitteln, nicht mehr persönliche und umweltliche Geschehnisse und Belange, sondern Dinge, die alle Menschen und das Universum als Ganzes angehen. So wie der Himmelsmeridian erreicht wird, wird uns der fruchtbarste Weg gezeigt, um etwas zu »erreichen«, um Dinge von gemeinschaftlicher Wichtigkeit zur Lösung zu bringen, um unser individuelles Selbst durch Anteilnahme an der Arbeit der Welt zu erfüllen.

Das elfte Haus zeigt den besten Weg, um das, was wir erreicht haben, anzuwenden und uns daran zu erfreuen – um uns als Mitglieder einer Gemeinschaft und nicht als Individuen auszudrücken; und auch, um uns bessere Formen der Gemeinschaftlichkeit vorzustellen, neue Formen von Wirtschaft und sozialer Organisation. Dann beendet das zwölfte Haus den zyklischen Prozeß der Erfahrung essentiell auf eine von zwei Arten: es kann eine Erfüllung im Verstehen und in der Weisheit des inneren Lebens bedeuten, die sich bis hin zur Entleerung der Lebensinhalte, das heißt, zum »Tod« im symbolischen Sinne, erstreckt, was wiederum zum Anfang einer neuen und höheren Phase führt – oder es kann auf der anderen Seite zur Zerschlagung aller Beziehungen führen, zu einem tragischen Gefühl von Versagen, das sich über das Ende des Zyklus hinaus in geisterhaften, ungelösten Erinnerungen fortsetzt.

Und dann beginnt der Zyklus von vorne.

## WIE DIE HÄUSER VERWENDET WERDEN

Jede neue Erfahrung ist eine Herausforderung an die Fähigkeit des individuellen Menschen, er selbst zu sein, seine Persönlichkeit zu stabilisieren, um das, was ihn wachsen und reifen lassen wird, zu assimilieren, damit er auf die beste Weise an seiner Gemeinschaft und überhaupt an der Evolution der Menschheit Anteil nehmen kann. Er wird herausgefordert und von der Erfahrung geprüft. Er muß seine individuelle Wahrheit des Seins entdecken und alle seine angeborenen Fähigkeiten *durch* die Erfahrung entwickeln, diese voll akzeptieren und bereit sein, die Verantwortung für ihre Früchte zu übernehmen, zur selben Zeit aber soweit wie möglich »frei von der Bindung an diese Früchte« sein – wie es Krishna seinen Jüngern in der Bhagavad-Gita nahelegt.

Die erste große Erfahrung ist natürlich die Geburt, aber jede Erfahrung kann wie eine neue Geburt angegangen, und es kann ihr so begegnet werden. Tatsächlich ist das Leben ein Akt unaufhörlicher Geburt. Das Problem jeder Person, die versucht, wirklich als ein Individuum zu leben und nicht als Kopie eines sozialen, moralischen oder religiösen Prototyps, ist, *wie man am besten* diese sich immer erneuernden Wiedergeburten *angeht* – wie man jeder Art von Erfahrung in der, wie der existentialistische Philosoph sagt, »authentischen« Art zu begegnen hat, oder in der Hindu-Terminologie, wie man sein Dharma erfüllt. Sowie ein Mensch sein Dharma erfüllt, neutralisiert er ein altes Karma und stellt sich dem menschlichen Bedürfnis, das ihn ins Leben gerufen hat.

Für den humanistischen Astrologen, der die von mir hier und in allen meinen Werken dargestellte grundsätzliche Einstellung akzeptiert, ist die Astrologie ein Mittel zu diesem Zweck individueller Erfüllung. Das Geburtshoroskop und andere Horoskope, die sich auf die Anfänge von Zyklen der Existenz beziehen, klein oder groß, sind zu diesem Zwecke zu verwenden. Sie sind »Instruktionen«, die in einem himmlischen Code die besten Wege formulieren, um die Erfüllung seines Dharma durch authentische Reaktionen auf jede grundlegende individuelle Erfahrung zu erreichen.

Jede Person wird versuchen, diesen Code zu entschlüsseln, je nachdem was für Wissen oder Fähigkeit zu intuitiver Erleuchtung sie sich angeeignet hat. Sie sollte das Entschlüsseln selbst und für sich selbst vornehmen. Da wir aber normalerweise in verwirrten und unterdrückenden sozialen Umständen leben und unsere Psyche mit Konflikten und Zweifeln angefüllt ist, müssen oder wollen wir oft einen Interpreten konsultieren, der in der Entschlüsselung der himmlischen

Symbole geübt ist. Trotzdem handelt es sich um unser eigenes Leben, unsere eigene Vergangenheit und unser eigenes Dharma – und wir sollten versuchen, die Interpretation selbst vorzunehmen, denn jede Interpretation ist in sich selbst, zumindest potentiell, eine Wiedergeburt an Verständnis, die eine neue Phase in dem totalen Zyklus der Entfaltung unseres Bewußtseins eröffnen kann.

Das Geburtshoroskop sagt einem Individuum, wie es am besten sein Schicksal erfüllen kann. Natürlich ist das Studium und die Meditation des Geburtshorskops nicht der einzige Weg, um dieses Verständnis zu erreichen. Es gibt viele andere Wege, die Astrologie aber hat, wenn sie im richtigen Sinne angegangen wird, große universelle Gültigkeit. Alles in einem Horoskop bezieht sich auf den besten Weg, um den Lebenserfahrungen authentisch zu begegnen. Und die Häuser bilden die grundsätzliche Bezugsart, in deren Sinne wir die himmlischen Instruktionen interpretieren sollen.

Wie ich vorhin feststellte, gibt es viele Systeme zur Festlegung der Häuser, besonders, was die Spitzen der Zwischen-Häuser, das heißt, der Häuser zwischen Horizont und Meridian, betrifft. Das ruft natürlich vielerlei Zwiespältigkeit und Verwirrung hervor, und es gibt heute keinen Weg, um das Problem völlig zufriedenstellend zu lösen. Vielleicht ist das so, wie es in unserer hochindividualisierten Gesellschaft sein soll, denn diese lehrt uns ja, daß es heute für alles *Alternativen* gibt, daß keine Wahrheit »absolut« ist, und daß wir alles, was wir können, erlernen müssen, um es dann auch wieder zu vergessen und es dabei der Intuition überlassen – oder dem inneren Gott, dem inneren Führer – uns als Individuen die bedeutendsten Alternativen aufzuzeigen – hier und jetzt.

Einige Astrologen versuchen der Zwiespältigkeit zu entkommen, indem sie die Häuser völlig aus dem Spiel lassen und sich nur auf die Planeten verlassen. Aber eine ähnliche Zwiespältigkeit existiert, wie wir gesehen haben, auch in bezug auf die Frage, welcher von zwei oder mehr Tierkreisen der beste ist. Wenn man sich nur auf die Winkelbeziehungen zwischen den Planeten verläßt, und verschiedene Systeme erfindet, um die Analyse eines solchen allumfassenden Musters planetarer Beziehungen *ad infinitum* zu verfeinern, ist es wahrscheinlich, daß der grundsätzliche Punkt nicht zu beantworten ist: *Wer bin ich?,* was nicht identisch ist mit, *Was bin ich?*

Das *was* bezieht sich auf das Muster des gesamten Sonnensystems, wie es vom Ort der Geburt aus gesehen wird, weil dieses *was* von der besonderen Organisation der grundsätzlichen Lebensfunktionen und psychischen Triebe innerhalb der Person handelt, das heißt, von der

Art, in der die Lebensenergien in einer bestimmten Person wirken. Andererseits bezieht sich das *wer* auf das Kreuz der horizontalen und vertikalen Linien in unseren heutigen Horoskopen, da dieses Kreuz die besondere Orientierung des Individuums zum Universum definiert. Wenn wir an Sterne anstatt von Tierkreisgraden dächten, wäre dieses *wer* durch einen genau am Ostpunkt aufsteigenden Stern symbolisiert, durch einen Stern, der am Zenith genau zu dem Zeitpunkt kulminiert, an dem die Luft in die Lungen des Neugeborenen eindringt. Die Sterne am Westpunkt und am Nadir würden den komplementären polaren Aspekt dieses essentiellen *wer* enthüllen.

Heute ist die Astrologie noch immer grundsätzlich tierkreiszentriert, und der Sonnenfaktor beherrscht immer noch ihren populären Aspekt. Wir müssen mit dem uns zur Verfügung stehenden umgehen, wie auch ein Pianist mit dem gleichmütigen, zwölffachen, westlichen Tastensystem umgehen muß, wenn er auf einem Klavier spielen, komponieren oder improvisieren soll. In der Musik entwickelt sich langsam ein neuer Sinn des Tones, sie gebiert neue Instrumente und einen neuen Zugang zu Tonkombinationen. Das gleiche passiert in der Astrologie. Es gibt astrologische »Klassizisten«, die Modelle des 17. Jahrhunderts verehren, wie es auch Musiker gibt, die auf Barockmusik schwören.

Einige Astrologen, wie auch einige Musiker, schauen jedoch eher in die Zukunft als in die Vergangenheit – zur individuellen Person eher als zur traditionsgebundenen »stillen Mehrheit«. Man muß immer entscheiden, *wohin* man gehört.

Mit anderen Worten, wenn wir das heute vorliegende astrologische Material verwenden wollen – weil wir das wirklich müssen! – müssen wir den Charakter der Häuser durch die Tierkreiszeichengrade, die von den Spitzen angeschnitten werden, feststellen. Wir können auch den »Herrscher« des angeschnittenen Tierkreiszeichens beachten, und natürlich jeden Planeten, der sich im Haus befinden sollte.

Das Zeichen an der Spitze bezieht sich auf die Erfahrungsarten, die ein Individuum am besten befähigen, sein Geburtspotential innerhalb des durch das betreffende Haus definierten Bereichs zu verwirklichen. Wenn wir sehen, daß die Spitze des ersten Hauses in den Schützen geht, das heißt, der Aszendent Schütze ist, können wir davon ableiten, daß die Suche des Individuums nach »Sein« sehr erfolgreich sein wird in bezug auf Erfahrungen, die Charakteristika des Schützen beinhalten – Ausdehnung, breites Verständnis, soziales Bewußtsein, das Studium genereller Prinzipien, zu lehren, vielleicht reisen, vielleicht religiöse Forschungen, etc. Wäre der Schütze an der Spitze des zweiten Hauses, bezögen sich die Schütze-Charakteristika auf »haben« – das heißt, auf Besitzungen und auf ihre Anwendung.

Schneidet eine Hausspitze den Schützen, so ist Jupiter der »Herrscher« des Hauses. Der herrschende Planet eines Hauses bezieht sich auf *die Art der am meisten benötigten Energien,* um dem Typ von Erfahrungen, der dem Haus verwandt ist, erfolgreich zu begegnen.

Wenn ein Planet in einem Haus steht, deutet das an, daß die durch den Planeten ausgedrückte Funktion *ihren besten Bereich* der Manifestation in dem Erfahrungsfeld findet, das sich auf dieses Haus bezieht. Andererseits, wenn diesem Erfahrungstyp erfolgreich begegnet werden soll, wird die Art der durch die Planeten ausgedrückten funktionalen Tätigkeit *am meisten wirksam* sein.

Lassen Sie mich nochmals hervorheben, daß es diesem neuen personenzentrierten Wege zufolge keine »guten« oder »schlechten« Planeten gibt. Jeder Planet stellt wertvolle und notwendige Arten von Lebensenergie und funktionaler Tätigkeit dar. Mars und Saturn sind genau so gut und glücklich wie Venus und Jupiter. Das gleiche trifft auf interplanetare Aspekte zu, über die man nicht mehr als »glücklich« oder »unglücklich« denken sollte, sondern eher – um eine jetzt geläufige Terminologie zu verwenden – als »harmonisch« und »disharmonisch«, oder, wie ich es sagen würde, *formgebend* und *energiefreisetzend.*

So also nähert sich ein humanistischer Astrologe der Interpretation der Häuser. Im nächsten Teil dieses Buches werde ich die Bedeutung jedes der zwölf Häuser mehr spezifisch besprechen. Zum Abschluß dieses Teiles sollte ich vielleicht einen schon vorhin erwähnten Punkt noch mehr hervorheben.

Astrologie ist eine Sprache. Sie verwendet Symbole und diese Symbole müssen entschlüsselt und interpretiert werden. Kein Interpretationssystem ist vollkommen »wahr« – so wie keine wissenschaftliche Theorie oder irgendein System sozialer Moral absolut »wahr« ist. Seine ganze *Gültigkeit* hängt von der Zeit, dem Platz und der Person ab, oder von der integrierten und stabilen Gruppenpersönlichkeit. Um ihr Schicksal zum besten aller Möglichkeiten zu erfüllen, muß eine Person das verwenden, was ihr ihre Umwelt und ihre Kultur, einschließlich der Sprache, die sie spricht, zu der betreffenden Zeit anbieten. Sie kann ihre Umwelt verändern – das heißt, die urbildliche Struktur des Seins. Diese Struktur ist ihre eigene »Wahrheit«, alles sollte sich auf sie beziehen, nicht selbstzentriert, sondern im Sinne einer bewußten, effektiven Anteilnahme an einem größeren Ganzen.

Wir können nur effektiv an einem Ganzen teilnehmen, wenn wir gewillt sind, zumindest *einige* seiner Ausdrucksmittel und Formen des

Denkens und Wissens zu akzeptieren. Wenn wir also heute in der westlichen Welt Astrologie betreiben, gibt es Dinge, die wir akzeptieren müssen. Sie sind dazu vorhanden, um verwendet zu werden. Immer müssen wir sie verwenden, wie sie uns erscheinen, *um auf die beste Art den besonderen Anforderungen unserer Lebensphilosophie und den Bedürfnissen der Leute, mit denen wir kommunizieren wollen, zu begegnen.*

Wenn wir also an die Gültigkeit eines Häusersystems und eines bestimmten Tierkreises glauben, dann sollten wir diese verwenden – und sie so beständig wie möglich verwenden. Wir sind mit ihnen vertraut. Wir identifizieren unsere Geistesprozesse und Gefühlsreaktionen mit ihnen. Und, wenn wir das in bezug auf jede Situation, der wir begegnen, ehrlich und logisch tun, oder auch in bezug auf das, was die Menschen von uns fordern, dann werden wir erfolgreich sein. Es wird »funktionieren«.

Wissenschaft und Technologie »funktionieren«, weil die Menschheit unter der skrupellosen und agressiven Führung der westlichen Rassen die Art von Resultate, die sie bezüglich Ausdehnung, Komfort, Beherrschung der Umwelt, Ego, etc., bieten, gebraucht hat. Diese Resultate sind uns wertvoll, und wir haben mit ihnen große Dinge erreicht. Wir kommen jedoch jetzt zur Erkenntnis, daß solche Resultate sehr negative Aspekte haben können, und uns vielleicht sogar alle zerstören können. Viele von uns, vor allem junge Leute, haben diese negativen Aspekte erkannt und reagieren heftig gegen diese Zivilisation, in die hinein wir geboren wurden. Aber auch wenn wir versuchen, eine neue Welt ins Auge zu fassen, müssen wir immer noch die uns zur Verfügung stehenden Mittel verwenden, um für die Schöpfung und die Geburt der neuen Welt zu arbeiten

Dies ist immer der Fall. Kein Mensch wird alleine und ohne Vergangenheit geboren. Alles, was er tun kann, ist, seine Vergangenheit umzupolen, erst innerhalb seiner eigenen Natur, dann in seiner Umwelt. Kein Mensch kann eine Kultur *umwandeln,* ohne von ihren Inhalten *geformt* zu sein; er kann nicht etwas beeinflussen, an dem er nicht, auf irgendeine Art, Anteil nimmt.

# ZWEITER TEIL

# Das erste Haus

Im Sinne eines personenzentrierten Weges zur Astrologie definiert das Atmen den ersten Augenblick individualisierter Existenz. Im Augenblick des ersten Atemzuges schließt sich eine Herzklappe, Blut strömt in die Lungen, und beiden essentiellen Lebensrhythmen des menschlichen Organismus, die Rhythmen des Blutes und der Atmung, werden auf besondere Weise festgelegt. Ein dritter Rhythmus, von dem wir fast nichts wissen, könnte auch beginnen. Dieser bezieht sich auf Pulsierungen der zerebral-spinalen Flüssigkeit, die mit elektromagnetischen – »ätherischen« – Strömungen in Verbindung steht.

Die Identifikation von »Leben« mit dem Atem ist so alt, wie das menschliche Denken. Die Sanskritausdrücke *Prana* und *Atman* beziehen sich, auf zwei verschiedenen Ebenen, auf den Atem. Ebenso das griechische *Pneuma,* das sowohl Atem wie auch Geist bedeutet, und das lateinische *Anima,* die Seele. In einem breiteren Sinne bedeutet die Existenz Bewegung, Dynamik, rhythmische Veränderung.

Im biblischen Buch Genesis wird gesagt, daß die gesamte Existenz mit Gottes Befehl »Es werde Licht« beginnt. Dieses Licht ist aber nicht das Licht der Sonne, wie man aus späteren biblischen Bemerkungen ersehen kann. Es ist Bewegung, Vibration, und daher Rhythmus. Der ungeborene Fötus erfährt Rhythmen, aber diese Erfahrung findet in einer *geschlossenen* Umwelt statt, die von den Rhythmen der Mutter beherrscht wird. Erst wenn der menschliche Organismus in die *offene Umwelt* des Universums eingeht, kann er anfangen, aktiv und positiv als »individuelle Person« zu operieren. Die Geburt als potentielles Individuum ist gleichbedeutend mit Atmen. Aus diesem Grunde übt der Yogi, der den Zusammenfluß seiner Individualität mit dem universalen Ganzen anstrebt, *pranayama* – wörtlich – der Tod des Atems. Durch den Willen desindividualisiert und depersonalisiert er sein ganzes Sein, oder zumindest sein Bewußtsein.

Das Atmen ist daher die erste Tätigkeit der unabhängigen Existenz innerhalb der offenen Umwelt des Universums. Es ist die erste Selbstbehauptung des *Seins.* Das erste Haus eines Geburtshoroskops beginnt mit dem Aszendenten, dem Symbol des Sonnenaufgangs, des Anfangs von Tätigkeit auf unserem Planeten und, allgemein, aller Anfänge. Jede Erfahrung kann ein neuer Anfang sein. Jedes Individuum kann jeden Augenblick wiedergeboren werden. Es kann sich zu *seinem* Universum auf eine neue Art in Beziehung bringen, auf eine einmalige Art – seine eigene Art. Diese Art errichtet, oder manifestiert zumindest existentiell seine Identität – die auch die Art anzeigt, in der es sich zum Universum orientiert.

Was ich hier mit *Universum* meine, ist einfach die Existenz und wie die individuelle Person fähig ist, diese zu sehen, zu fühlen, zu erkennen und zu erfahren. Wir können von diesem Universum auf drei grundsätzlichen Ebenen sprechen. Der Mensch wird innerhalb der irdischen Biosphäre geboren – die erste Ebene. Er wird auch innerhalb des Sonnensystems geboren – die zweite Ebene. Er kann sich bewußt mit der Aktivität der Galaxis, von der das Sonnensystem nur ein kleiner Teil ist, in Beziehung setzen und an ihr teilnehmen – die dritte Ebene. Jenseits der Galaxis kann man sich entweder ein endliches Einstein'sches Universum oder ein unendliches Weltall vorstellen. Wahrscheinlich liegt in beiden Konzepten etwas Wahrheit. Für jegliche realistische und erfahrungsmäßige Verwendungszwecke sollte man mit der Galaxis enden – tatsächlich ist es immer wertvoll, zu wissen, wo und wann man mit seinen intellektuellen Spekulationen aufhören soll, damit man sein Bewußtsein nicht in einem Ozean reiner Nichtdifferenzierungen in existentiell leeren Abstraktionen verliert.

Diese drei Ebenen – die Biosphäre der Erde, das Sonnensystem und die Galaxis – sind sehr real, zumindest potentiell. Sie können von uns erfahren werden und man kann sie daher als Symbole eines dreistufigen Entwicklungsprozesses des individuellen Selbst verwenden. Diese Entwicklung findet theoretisch in drei Phasen statt, wenn sie überhaupt stattfindet, und zwar in bezug auf die menschliche Erfahrung und auf die Entwicklung des Bewußtseinstypus, der formuliert und in Aktion umgesetzt werden kann. Dieser dreistufige Prozeß kann auch, zumindest in einem archetypischen Sinne, auf die drei grundsätzlichen Perioden eines individuell und bewußt erfüllten Lebens in Beziehung gesetzt werden: von der Geburt bis zum Alter von 28; von 28 bis 56; von 56 bis 84. Der 84-Jahr Zyklus ist der Zyklus des Sonnenumlaufs des Uranus. Da der Uranus essentiell das Symbol der Umwandlung und der Metamorphose ist, bezieht sich dieser Zyklus auf den Menschen, der auf der Ebene operiert, auf der dauernde Umwandlungen möglich sind. Andererseits bezieht sich der traditionelle 70-Jahr Zyklus der Existenz – drei mal 20 plus 10 – auf ein von biologischen und sozio-kulturellen Traditionen beherrschtes Leben, beherrscht auch von den 20-Jahr Zyklen der Jupiter-Saturn Beziehung. Es sollte offensichtlich sein, daß die Mehrheit der Menschen noch immer auf dieser Ebene der Existenz und des Bewußtseins operiert. Die Zahl 28 wurde als »die Zahl des Menschen« angesehen. Sie steht mit 4 und 7 in Beziehung und repräsentiert somit die vollen, *konkreten* Werke des 7-Jahr Zyklus, wobei die 4 das Symbol des Konkreten ist. Drei 28-Jahr Zyklen beinhalten zwölf 7-Jahr Zeitspannen und führen diesen 7-Jahr Zyklus zu potentiell voller kosmischer Manifestation. In einem okkulteren Sinne bezieht sich dieser 84-Jahr Zyklus auf den Aufbau des unsterblichen Christus-Körpers, in buddhistischer Terminologie, der Diamantkörper, das Produkt der »Heirat von Himmel und Erde«.*

Ich werde in einem späteren Kapitel auf diese Zyklen zurückkommen. Was uns hier angeht, ist die Tatsache, daß den Erfahrungen, auf die sich jedes der zwölf Häuser bezieht, begegnet werden kann, zumindest potentiell, und, daß ihnen auf den drei grundsätzlichen Ebenen eine Bedeutung zugesprochen werden kann. Ein individueller Mensch kann auf jeder dieser Ebenen geboren und wiedergeboren werden. Ebenso kann er erfahren, und mit dem umgehen, was er in bezug auf mehrere Wertungsgruppen besitzt – zweites Haus – und er kann seine Erfahrungen zusammenfassen und überdenken, wie auch seinen besonderen Weg zur Umwelt entwickeln – drittes Haus – all das auf drei Ebenen. Dann, wenn er versucht, eine Basis zu finden, um auf ihr einen soliden und sicheren Sinn persönlicher Tätigkeit aufzubauen, kann er solch eine Basis entweder in den oberflächlichen Beziehungen und traditionellen Wegen seiner Familie finden, oder in den tieferen Ebenen seiner kollektiven, nationalen Kultur – symbolisiert durch die Pfahlwurzel großer Bäume. Er kann auch den symbolischen Kern der Erde erreichen, der das eigentliche Zentrum seines »globalen« Seins darstellt – das vierte Haus.

Um aufs erste Haus zurückzukommen: ein Mensch wird physisch aus der Gebärmutter seiner Mutter geboren. Er kann – muß jedoch nicht – psychologisch eine »zweite Geburt« als eine individualisierte Person erfahren, die sich graduell mehr und mehr ihres Platzes und ihrer Funktion in der Gemeinschaft bewußt wird. Das ist seine Geburt in die Individualität, während die erste Geburt eine Geburt in die »Organität« war. Einige Individuen erreichen die Ebene einer dritten Geburt – eine Geburt ins Licht oder in die spirituelle Realität.

Wenn man diesen dreistufigen Geburtsprozess als eine Zeitsequenz von Entwicklungen ansieht, kann man diese auf *die Anfänge* der drei

* Siehe meine Bücher *Astrologie der Persönlichkeit* und *Triptych (The Illumined Road)* für Hinweise auf solch einen Prozeß – Richard Wilhelms Übertragung und Kommentar *Das Geheimnis der Goldenen Blüte.*

28-Jahr Zyklen der bewußten individualisierten Existenz beziehen – theoretisch auf die tatsächliche Geburt, auf die Periode zwischen dem Alter von 27 1/2 und 29, und auf die Periode zwischen 56 und 59. Man kann aber auch diese drei Geburtsebenen ohne eine Zeitbezogenheit betrachten, denn die drei Ebenen sind, zumindest potentiell, immer vorhanden; der Mensch kann auf jeder, und auf allen Ebenen funktionieren, *wenn* sich sein Bewußtsein irgendwie auf die Vibrationen dieser Ebenen einstellen kann, und sich ihrer spezifischen Horizonte bewußt wird. Jeder Mensch lebt gleichzeitig in der Biosphäre, im solaren Bereich und im galaktischen Universum, aber nur wenige Menschen sind sich wirklich vollständig bewußt, was das bedeutet.

Das erste Haus des Geburtshoroskops einer Person deutet essentiell die Art von Erfahrungen an, durch die sie am besten entdecken wird, wer sie als einmaliges Individuum ist. Sie kann so eine Entdeckung auf drei grundsätzlichen *Gewahrseins-Ebenen* machen, die man instinktiv, mental-kulturell und spirituell-kosmisch nennen kann. Diese Ebenen können in einem tätigen und dynamischen, oder in einem reflektiven und passiven Bewußtseinszustand erreicht werden. Tatsächlich kann jede astrologische Indikation als positiv oder negativ, was hier reflektiv heißt, interpretiert werden.

Das erste Haus und sein Beginn, bzw. seine Spitze, der Aszendent, deuten an, wie das Erreichen eines Bewußtseinszustandes wirksamer und bedeutungsvoller vollzogen werden kann, damit die Gruppe der Potentialitäten eines Menschen, die ihn als eigene Person charakterisiert, besser freigesetzt wird. Später werden wir sehen, wie man die Anwesenheit jedes Tierkreiszeichens und jedes Planeten im ersten Haus interpretieren kann.

Ich habe im vorigen Absatz von Gewahrseins-Ebenen gesprochen. Jede Erfahrung kann als eine Prüfung in Selbst-Gewahrsein wie auch als eine Prüfung der Bereitschaft und des Gewilltseins, wiedergeboren zu werden, angesehen werden. Die meisten Menschen lehnen es jedoch ab – stillschweigend, wenn schon nicht ausdrücklich – wiedergeboren zu werden. Ein Mensch kann seine mental-spirituellen Augen vor der potentiellen Bedeutung einer Erfahrung verschließen – das heißt, dem gegenüber, was die Erfahrung mit sich bringen würde, das ihn zwänge, einen Akt der Selbstbefreiung zu vollziehen. Die hinduistische Philosophie spricht andauernd von der Befreiung oder Erlösung vom *Maya* der Triebe, die in der grundsätzlichen »Ignoranz« des menschlichen Zustandes wurzelt. Was aber essentiell ist, ist nicht so sehr die Befreiung, wie das zur-Geburt-bringen einer neuen Form von Bewußtsein, einer neuen Existenzform auf einer neuen Ebene.

Jede tiefe und total gelebte Erfahrung kann im Individuum einen Willen zu Wiedergeburt und zu Umwandlung oder Transzendenz erwecken, doch sind gewisse Arten von Erfahrungen angemessenere, bedeutungsvollere und wirksamere Mittel als andere, um dies herbeizuführen. Man muß zum ersten Haus, und besonders zum Aszendenten schauen, um herauszufinden, welche diese sein könnten. Natürliche Wachstumsprozesse können nicht, bzw. sollten nicht erzwungen werden, aber das Gewahrsein bedeutet ja nicht eine willentliche Handlung. Man kann »beobachten« und abwarten« – und, werden einige sagen, beten – ohne vom Leben zu fordern, daß die magische Erfahrung komme, ohne sie ungeduldig herbeizusehnen.

Das Unerwartete ist meistens das Offenbarendste, man kann aber sein Bewußtsein auf das Unerwartete polarisieren. Man kann eine Qualität bereiter Abwartung erschaffen *und aufrechterhalten* – was schwerer ist! – dann kann man es, weit gesehen, als »Gebet« bezeichnen, das die Falle umgeht, vom Leben ein *besonderes Geschehnis* zu fordern, äußerlich oder innerlich. Was jedoch zuerst und vor allem erkannt werden muß, ist, daß man keinen wahrhaft tiefen und lebensspendenden Atemzug tun kann, ohne *zuerst* seine Lungen zu entleeren und, auf anderen Ebenen der Existenz, sein psychisches Sein und Bewußtsein.

Leer zu sein, gefüllt zu werden, auf das Einströmen des zu Erfahrenden zu reagieren – dies sind drei essentielle Phasen eines fast schon dialektischen Prozesses. In bezug auf die menschliche Existenz sollten wir aber erkennen, daß zuerst das Vollsein kommt – voll von nichtauthentischen, unindividualisierten Inhalten, voll des Karma von *Homo Sapiens,* einer besonderen Rasse, Kultur, Familie und, könnte man hinzufügen, der unbewußten, spurenhaften Reste früherer Inkarnationen. Das Neugeborene ist mit dem Stoff der Mutter gefüllt; das erwachsen werdende Kind ist voll mit sozio-kulturellem Stoff. Wenn es die zweite Geburt erfahren soll, muß es von dieser kollektiven sozial-kulturellen Matrize auferstehen. Es muß den individuellen Ton seines Seins entdecken, sein eigenes *Mantra,* seinen himmlischen Namen. Da nun normalerweise kein Eingeweihter kommt, um ihm seinen geheimen Namen zu geben, muß es ihn in einer tiefen Aufwallung von Bewußtheit entdecken. Tatsächlich aber ist dieser himmlische Name sein Geburtshoroskop.

Die Kraft dieses Namens individualisiert und *isoliert* auch. Je größer die Intensität, die Schärfe und die Genauigkeit der Charakteristika dieses Namens – der Enthüller des individuellen Schicksals – desto stärker ist das unausweichliche Gefühl der Isolation, die seiner Enthüllung folgt. Jesus forderte von seinen Schülern: »Seid getrennt!« Die Patanjali-Yoga Aphorismen betonen das, was mit »Isolation« übersetzt wurde. In alten Tagen war es den Hindu-Schülern verboten, irgendeinen anderen Menschen zu berühren; sie schliefen auf Matratzen, die mit ihrem eigenen Atem gefüllt waren, so daß sie sogar vom Erdmagnetismus abgeschirmt waren.

Heute operieren wir auf einer anderen Ebene. Was im alten Indien überwunden werden mußte, war die tiefe, unbewußte Verbindung zu Stamm und Erde, während es heute, besonders in den USA, das bittere Gefühl ist, nirgendwo hinzugehören, Unverwurzeltheit und psychische Entfremdung. Der Brennpunkt einer neuen Lebensform ist daher *totale Beziehung*, und das Ideal ist ein Leben in einer Gemeinschaft mit total offenen Beziehungsformen. In dieser Situation könnte das Symbol des Deszendenten – die Spitze des siebenten Hauses – mit mehr Gültigkeit hervorgehoben werden als das Symbol des Aszendenten. Doch die reale »Kommune« der kommenden Tage sollte eine sein, in der sich *Individuen* bewußt und absichtlich zusammenfinden, um über ihr sozio-kulturelles Ego hinaus zu reichen und die Harmonie der ganzheitlichen, wechelseitigen Abhängigkeit zu erfahren, wobei jeder bereit und gewillt ist, sein Schicksal innerhalb der Ganzheit zu erfüllen.

Das Wort Isolation ist ethymologisch nicht nur mit *solus* verwandt, »alleine«, sondern auch mit *sol*, »Sonne«. Jede Sonne ist im All isoliert, das Zentrum einer Gruppe von Planeten, auf die sie ihre lebensspendende Energie strahlt; doch eine Sonne ist auch ein Stern, und ein Stern ist ein Gefährte unter vielen in einer Brüderschaft von Sternen in der Galaxis. Das ist tatsächlich ein sehr offenbarendes Symbol. Als Sonnen sind individuelle Personen isoliert, oder sie scheinen so und fühlen sich so. Das ist der Preis, den man für Individualisierung zu zahlen hat – ein oft schwerer Preis, gefordert für einen innerlichen, tragischen Prozeß. Aber isoliert zu sein muß nicht bedeuten, *sich einsam zu fühlen*, und noch weniger, entfremdet zu sein.

Keine Sonne strahlt Leben auf ihre Planeten im leeren Raum; kein Individuum wird auf einer fremden Erde geboren. Jede Sonne ist essentiell ein Stern in der Galaxis und jedes Individuum wird geboren, um eine Funktion zu erfüllen, um einem Bedürfnis der Menschheit und dem der Erde zu entsprechen, dem einen Zuhause der Menschheit. In solchen Zeiten wie den unseren aber, muß sich ein Mensch, um sein *Dharma* bedeutungsvoll auszuleben, zumindest für eine Weile von dem Teil der Menschheit, die ihn bemuttert hat, trennen. Ein alter okkulter Ausspruch lautet: »Wenn der Sohn die Mutter verläßt, wird er ein Vater«. Der Same muß die Pflanze, die ihm Form und Substanz gegeben hat, verlassen, ehe er zum Ursprung einer neuen Pflanze werden kann, vielleicht auf einem fremden Boden, auf den er von den Winden des Schicksals geweht wurde.

Der Mensch, der somit eine zweite Geburt als ein sich graduell seines Schicksals mehr bewußtes Individuum erfahren hat, muß in einem Sinne *anders* von anderen Menschen sein, die immer noch innerhalb der Matrize ihrer Gesellschaft zusammenkauern. Anderssein kann jedoch leicht ein negativer Ausdruck sein, da viele Individuen dazu tendieren, ihre Unterschiedlichkeit von der Gemeinschaft zu betonen und sie zu verherrlichen. Die Aufforderung »Seid getrennt!« ist nur als ein notwendiges Mittel zum Zweck gültig; wenn aber dieser Zweck einmal erreicht ist, entläßt er, wie es so oft der Fall ist, die Mittel als wertlos. Das Bewußtsein kann seine Aufmerksamkeit nicht mehr in gültiger Weise auf diese Mittel richten.

Ein Gefühl von Unterschiedlichkeit ruft ein Gefühl von Getrenntheit hervor, von Distanz, von Unverträglichkeit und vielleicht Fanatismus für das von einem Entdeckte. Das positive Gegenstück zu »Unterschiedlichkeit« ist *Besonderheit.* Besonders zu sein bedeutet, aus der Mitte einer Gruppe hervorzustechen – nicht weil man das will oder auf die Tatsache stolz ist, sondern einfach weil, während andere Mitglieder der Gruppe vielleicht verwirrend und auf eine unechte, ungeformte, uncharakteristische Weise handeln, das besondere Individuum ein echtes und geformtes Leben lebt, das den einzigartigen Charakter seines Seins und seinen Platz des Schicksals enthüllt. Sein Leben ist eine Reihe von »Signaturen«, mit denen er alles, was er berührt, mit seinem eigenen Genie markiert, in welchem Bereich von Tätigkeit auch immer er seine besonderen Taten setzen mag.

So ein Mensch ist originär, während der Mensch, dessen große Sehnsucht es ist, »originell« zu sein, sich hauptsächlich damit abgibt, den Unterschied, auf den sein Ego so stolz ist, hervorzuheben, sogar jenseits der Grenzen von Geschmack und Gültigkeit. Die Sehnsucht nach Originalität balsamiert und mumifiziert Unterschiede. Unterhalb aller Unterschiede aber steht der eine Boden der Menschlichkeit.*

Das Geheimnis der Wiedergeburt – Wiedergeburt am Kern jeder Erfahrung – ist, vom Selbst leer zu sein, und doch still und in Vertrauen einen geformten Sammelbehälter aufrechtzuerhalten, in den der Fluß des Geistes hinabfließen und dann hindurchfließen kann. Eine Ur-

* Siehe Dane Rudhyar, *The Planetarization of Consciousness* (zweiter Teil), für die metaphysische und kosmologische Grundlage dieser Behauptungen.

sprungsquelle ist ein Platz, durch den Wasser, versteckt in der riesigen Weite des Erdbodens, fließt. Jede Erfahrung kann der Ursprungsquell neuer und umwandelnder und daher schöpferischer Lebensentwicklungen sein. Jede Erfahrung findet sich am Aszendenten des Augenblicks, an dem sie stattfindet, enthüllt.

Vom Aszendenten und dem ersten Haus als von der »Persönlichkeit« repräsentierend zu sprechen, die als eine luftflüchtige und hauptsächlich illusorische Tatsache der Existenz aufgefaßt wird, wie es viele theosophisch geneigte Astrologen taten, und die Sonne im Geburtshoroskop als Symbol des »spirituellen Selbst« oder der Individualität zu verherrlichen, bedeutet, die zentrale Tatsache des spirituellen Lebens, wie es heute von individualisierten Personen gelebt werden kann, zu verpassen. Der Aszendent ist tatsächlich der schwerst erfaßbare und am schwersten zu erkennende Faktor in einem Geburtshoroskop, aber *gerade weil* er der flüchtigste und individualistischste Faktor ist, ist er der Manifestationspunkt des universellen Geistes – oder von Gott. Gott handelt nur durch Besonderheiten. Verallgemeinerungen und bloße Lebenskraft gehören den Zwischenbereichen an, der Ebene kosmischer Aufbau- und Formierungskräfte. Das Göttliche *inkarniert* nur im Individuum – dieses *überschattet* die Gruppe. Die höchste Verantwortung liegt immer beim Individuum. Zum genauen Augenblick, in der bestimmtesten Weise, spricht und handelt das Schicksal *durch* das Individuum.

Das erste Haus eines Geburtshoroskops bezieht sich auf den Erfahrungsbereich, innerhalb dessen sich das Schicksal zu bestimmten Augenblicken ausdrücken kann, um die Ausführung bestimmter Handlungen zu erzwingen. Was im individuellen Menschen, der so ein Vermittler des göttlichen Brennpunktes sein könnte, gebraucht wird, ist totale Bereitschaft, totale Offenheit gegenüber allen und jeden Umständen und Anforderungen der Existenz. Es ist perfekte Verfügbarkeit, Verfügbarkeit aber, die auf jenen Aspekt des Lebens der Welt orientiert ist, der für dieses besondere Individuum den Charakter der Echtheit besitzt.

Man kann oft das zur Geburt aufsteigende Tierkreiszeichen dadurch entdecken, daß man die Gesichtszüge eines Menschen studiert, besonders die Struktur seines Gesichts und seinen Gesichtsausdruck. Der Kopf symbolisiert den essentiellen Charakter der Individualität des Menschen als ein bewußtes Geschöpf. Alles »erreicht seine Spitze« im Gesicht, zumindest unter normalen Umständen, da das Gesicht die Form der Individualität veräußerlicht. Es wurde gesagt, daß die Augen die Fenster der Seele sind, aber der Kopf ist das Zuhause, das sich die Individualität erbaut hat. Er reflektiert das schöpferische Wort-am-Anfang.

Das Tierkreiszeichen am Aszendenten sagt uns normalerweise viel über das *Dharma* des Individuums – das heißt, über die zentrale Potentialität, die die Person bewußt anstreben sollte, um sie als Gefäß oder Linse zu verwirklichen, durch die das Göttliche handeln kann. Wenn im ersten Haus Planeten stehen, deuten sie die Art, oder die Arten von Funktionen an, die im Prozeß der Entdeckung seines echten Seins am wertvollsten sein werden.

Zu sein, zu atmen, anzufangen und immer und ewiglich wieder anzufangen, die Gegenwart Gottes zu treffen und zu enthüllen, wie auch die Kraft schöpferischer Selbstheit in jeder Erfahrung, um mit Autorität im Sinne seines Dharma zu sprechen: das sind Worte. Über diese Worte zu meditieren kann das wahrnehmungsfähige Individuum zum direkten Ursprung seines Seins führen.

# Das zweite Haus

Traditionell bezieht sich das zweite Haus auf den Besitz, und in unserer Gesellschaft auf Geld – Symbol der Fähigkeit, was immer eine Person braucht oder erwünscht, zu besitzen. Das Konzept des Besitzes ist jedoch sehr komplex; es hat verschiedene Bedeutungsebenen, und die meisten Astrologen tendieren unglücklicherweise dazu, dieses Konzept und »zweite-Haus-Belange« auf eine oberflächliche, hauptsächlich soziale Weise zu interpretieren. Was wirklich im Typus der individuellen Erfahrungen, die auf das zweite Haus eines Geburtshoroskops in Bezug gebracht werden können, auf dem Spiele steht, ist das Problem des *Besitzens* und was damit gemeint ist, wann immer ein Individuum die Worte »mein« und »mein eigenes« verwendet.

Wenn die meisten Babys gelernt haben ein paar Wörter zu sprechen, entdecken sie die Verwendung des Wortes »mein«. Das kann plötzlich geschehen, und eine Zeit lang ruft das sehr junge Kind, wenn es verschiedene Gegenstände berührt, aufgeregt »mein!« Tatsächlich bedeutet die bewußte Existenz eine grundsätzliche Art von Besitzung und einen rudimentären Sinn von Besitz – das heißt, den Begriff, daß einige materielle Substanzen »mein« sind. Die Person, die *ich bin* sagt, muß einen Kehlkopf und eine Zunge haben, mit denen sie es sagen kann. Das *ich* ist ohne das *bin* bloß eine Abstraktion, was die Existenz eines physischen Körpers impliziert. Dieser Körper ist der erste und grundsätzliche Besitz des Selbst. Er stellt die Mittel für die graduelle Verwirklichung der Potentialitäten, die im Bereich der Selbstheit inhärent sind. Er beinhaltet innerhalb seiner Zellen und Atome ein riesiges Reservoir potentieller Energie. Wie wird diese Energie *verwendet?* Wie *soll* sie verwendet werden, damit das Neugeborene *seine Funktion in der Biosphäre der Erde innerhalb der Menschheit* erfüllen kann? Dies sind Fragen, auf die das zweite Haus eines Geburtshoroskops einige gültige Antworten geben sollte.

Wie ich schon gesagt habe, ist das zweite Haus ein Mittel-Haus und das Motto dieser Art von Haus ist, *zu verwenden.* Der Geburtsprozeß zwingt einen neuen menschlichen Organismus hinaus in die offene Umwelt der Biosphäre; was immer hinter diesem Zwang steht, muß erwägen, wie die in diesem Organismus inhärenten Kräfte verwendet werden sollen. Auf der strikt biologischen Ebene ist das Leben der kausale Faktor der Geburt – das Leben, wie es wirksam ist, je nach der besonderen Form des Wirkens der Spezies *Homo Sapiens*, und durch die Eltern zum Brennpunkt gebracht. Diese Eltern fungieren bloß als Träger des Sperma und des Ovums. Ihre Rolle als individuelle Personen ist sehr gering, obwohl traditionell geglaubt wird, daß es möglich ist, vor und während der Schwangerschaft den Typus der spirituellen Einheit, die in der Gebärmutter Form annimmt, zu beeinflussen.

Das Leben operiert durch die, wie wir sagen, Instinkte. Der neue Organismus ist »programmiert«, um essentiellen Bedürfnissen und Notfällen auf besondere Art zu begegnen. Die Instinkte sagen ihm, wie er seine vielen zusammengesetzten Teile verwenden soll. In Tieren ist die Programmierung wirkungsvoll und gestattet keine Abweichung. Je höher eine Spezies entlang der evolutionären Stufenleiter steht, desto größer ist die Möglichkeit, sich radikalen Veränderungen in der Umwelt anzupassen, vorausgesetzt, daß sie nicht zu radikal oder zu plötzlich stattfinden. In den Menschen ist diese Möglichkeit auffallend entwickelt. Je fortgeschrittener der Prozeß der Individualisierung ist – ein Prozeß, der von der Stimulierung und Komplexwerdung der geistigen Eigenschaften abhängt – desto größer ist die Fähigkeit, instinktive Reaktionen zu transzendieren. Wenn der Geist beginnt, sich selbst zu betrachten – das heißt, sich bewußt zu werden, bewußt zu sein – beginnt das »ich bin« Gefühl im Bewußtsein des Organismus zu operieren und polarisiert und verwirklicht das, was wir als einen transzendenten Faktor ansehen können – eine Monade oder Seele –, als einen immanenten Rhythmus des Existenz-Selbst.*

In dem Augenblick, wenn das Kind sich bewußt gewahr wird, eine Ganzheit zu sein, gesondert von den anderen Ganzheiten um es herum, erkennt es unweigerlich, daß es einige Dinge gibt, die es »mein« nennen kann. Sein Bewußtsein trennt sich genügend von den verschiedenen Organen und Körperfunktionen, um fähig zu sein, von »meinen« Händen, »meinem« Kopf oder Bauch, etc., zu sprechen, besonders wenn ein Schmerz lokalisiert ist. Daß Peter einen starken Körper *hat*, kann von Eltern und Verwandten festgestellt werden. Das Kind *hat* einen Namen, einen Körper, ein besonderes Temperament und spezielle Fähigkeiten. Diese charakterisieren es; sie sind auf der persönlichsten und intimsten Ebene der Existenz seine Besitzungen.

Einer Art des Denkens zufolge sind diese Besitzungen das, was sie sind, auf Grund der genetischen Bedingtheit und der Vorfahren.

* Für eine vollständige Definition der Worte »Selbst«, »Seele«, etc., siehe mein Buch *The Planetarization of Consciousness*.

Sie sind seine ersten und grundsätzlichsten Besitzungen. Wenn man das Konzept der Reinkarnation einer transzendentalen Einheit akzeptiert, der Seele, dann stellt der Körper und alles, was latent in ihm vorhanden ist – Eigenschaften, Charakter, Tendenzen, angeborene Kräfte des Geistes, psychologische Veranlagungen, etc. – das dar, womit sich diese inkarnierende Seele beschäftigen muß, was sie besitzt und »ihr eigen« nennen kann. Das Problem für diese Seele ist, wie sie diese grundsätzlichen Besitzungen verwenden, behandeln, voll verwirklichen, sich sogar ihrer erfreuen soll.

Dies stellt die erste Ebene des Besitzens dar. Eine zweite Ebene befaßt sich mit Besitzgegenständen und mit der Fähigkeit, seine Besitzungen zu vermehren, um Bedürfnisse, Wünsche und Launen zu befriedigen, noch später mit der Fähigkeit, seinen Beziehungen zu anderen Personen und mit der Gesellschaft als Ganzes einen positiven Wert zu geben. Das ist die soziale Ebene des Besitzens, wobei der Ausdruck sozial in seinem breitesten Sinne verwendet wird, was die Beziehungen eines Kindes zu seiner Familie und zu seinen Freunden oder Partnern mit einschließt. Auf dieser Ebene wird der Erwerbstrieb eine treibende Kraft, in übertriebener Form wird er zur Gier des Milliardärs nach der Macht, die enormen Reichtum bescheren kann.

Alles, in dessen Besitz man kommt, ist auf die eine oder andere Art das Resultat der Tätigkeit lebender Organismen und sozialer Gruppen in der Vergangenheit. Jede Person, in einem sehr realen Sinne, erbt die Vergangenheit der Natur und der menschlichen Gesellschaft. Ihre Erbschaft mag klein und für wahre Selbstverwirklichung ungenügend sein, oder sie kann in ihrem potentiellen Wirkungsbereich überwältigend sein, immer aber stellt sie die Vergangenheit dar. Der Glaube an Reinkarnation bringt eine andere Dimension in diese Vergangenheit, das heißt, Tendenzen, Eigenschaften, also Karma, das in vergangenen Leben produziert und in die Gegenwart herübergebracht wurde. Was man mit all dieser Vergangenheit *jetzt* tun soll, stellt die grundsätzliche Frage des zweiten Hauses dar. Die Antwort basiert auf dem Konzept von *Handhabung;* das heißt, auf der intelligenten, wirkungsvollen und erfolgreichen Verwendung, die zur bestmöglichen Verwirklichung des Geburtspotentials führt und daher zur Individualität.

Der richtige Gebrauch von Besitzungen führt zu Offenbarung und Erfüllung, in bezug auf andere Menschen, auf Gesellschaft, und Individualität, das heißt, darauf, *wer* man ist. Eine Person erkennt, wer sie ist, indem sie das verwendet, was sie besitzt; sie demonstriert, was sie ist, sich selbst und allen Menschen, unter Verwendung dessen, was ihr bei der Geburt gegeben wurde und zusammen mit dem, was sie später besitzen wird. Idealerweise sollte sie diese Besitzungen für ihre individuellen Zwecke und für ihr Schicksal umwandeln. Das kann jedoch kaum erreicht werden, wenn eine Person nicht über die traditionelle Verwendung von Besitzungen hinausgeht, denn andernfalls fungiert sie nur als Diener der Vergangenheit, als der Agent von Geistern, von Karma – ob individuell oder sozial. Ihr Leben wird dann von ihren Vorfahren gelebt, entweder im Sinne der Perpetuierung der von jenen ererbten Privilegien, oder indem man von altem sozial-religiösem Haß und Ängsten getrieben wird.

Tierische Instinkte werden von den vergangenen Erfahrungen der Spezies bedingt und so sind auch die Reaktionen primitiver Menschen. Sogar mehr individualisierte Personen werden von traditionellen Verhaltensmustern programmiert, die ihnen von Eltern, Staat oder Religion aufgestempelt wurden. Muster von Besitzgier und Forderungen nach exklusivem Besitz sind in unserer Gesellschaft immer noch grundsätzlich. »Es gehört mir; niemand anderer kann es haben« ist der große Ausruf unserer modernen individualistischen und kapitalistischen Gesellschaft. Der vorherrschende Trieb ist die Sehnsucht nach Profit und Reichtum, sowie nach den weniger klar definierbaren Besitzungen wie Prestige, sozialer Einfluß, Ruhm und sogar »Liebe«. Fast jeder klammert sich an irgendeine Art von Privileg – der negative Aspekt von Besitzungen. Er ist negativ, weil er auf der Vergangenheit fußt, normalerweise auf Unsicherheit, Angst und Stolz. Der positive Aspekt von Besitzungen ist andererseits die Fähigkeit, die Energien der Natur und die Werte der Vergangenheit auf eine neue Ebene von Wirksamkeit und Fruchtbarkeit zu bringen – Wirksamkeit und Fruchtbarkeit *nicht* im Sinne von speziell privilegierten Individuen, Gruppen oder sozialen Klassen, sondern im Sinne der gesamten Menschheit.

Besitz soll verwendet werden. Nicht verwendete Fähigkeiten oder Reichtum – zum Beispiel Grund und Boden – sind Hindernisse für das menschliche Wachstum, sei es nun individuelles oder gemeinschaftliches Wachstum. Aber der Mensch muß sich nicht mit dem, was er besitzt, *identifizieren*, da er sonst von seinen Besitzungen verwendet wird – die automatisch Ausweitung fordern – statt daß er sie verwendet. Das Individuum soll dem, was es besitzt, den Rhythmus seiner Individualität aufdrücken; es sollte seinen Besitzungen eine individuelle und nicht bloß eine kollektive, soziale *Bedeutung* geben. Der Mensch sollte sein Besitzen in bezug auf seinen individuellen Charakter und auf sein Schicksal bedeutungsvoll machen. Er sollte das, was er *hat*, dem, was er *ist*, widmen. Es ist nämlich alleine das *Sein*, welches dem *Haben* eine Bedeutung gibt. Nichts ist so unnütz und spirituell leer wie haben ohne sein, und das trifft auf alle Arten von Besitz zu. Eine gesunde und förderliche Gesellschaft sollte ein grundsätzliches Prinzip aufstellen: *Kein Besitz ohne individuell signifikante Verwendung.* Was signifikant ist und was nicht, muß eine persönliche Sache bleiben; die Gemeinschaft kann jedoch vom Individuum verlangen, daß es das, was es besitzt, bewußt und absichtlich einem Zwecke widmet, der *ihm* signifikant ist. Nur der Zweck, zu dem Besitzungen verwendet werden, gibt ihnen einen Wert und dem Besitzen eine Bedeutung.

Es liegt nichts Heiliges in der bloßen Tatsache des Besitzens. Nur eine essentiell unspirituelle Gesellschaft, wie unsere westliche Gesellschaft heute, und vielleicht noch mehr während der letzten Jahrhunderte, kann die Tatsache des Besitzens verherrlichen, ohne Beachtung der Art, in der die Besitzungen verwendet werden, oder ob sie verwendet werden oder nicht. Auf der dritten Ebene der menschlichen Existenz, auf der spirituelle und gesamtmenschliche Werte als Lebensstandard akzeptiert werden, werden alle Besitzungen natürlich und spontan dem Prozeß der menschlichen Evolution gewidmet – was, in einem engeren Sinne, das Wohlergehen der Gemeinschaft bedeutet, zu der diese Besitzungen in Beziehung stehen, denn Reichtum erwächst aus menschlicher Zusammenarbeit, implizit oder explizit, wie es der Fall auch sein möge.

Ein Vermögen durch eine neue Erfindung oder durch die Entdeckung von Bodenschätzen auf seinem Land anzusammeln, ist spirituell und materiell ein Verbrechen gegen die soziale Harmonie und die gemeinschaftliche Gesundheit. Die Besitzungen eines Menschen sind die direkte Folge von durch Jahrhunderte andauernden menschlichen Bemühungen und Wechselbeziehungen; alle Besitzungen sind die Früchte natürlicher und sozialer Prozesse der Vergangenheit. Der Besitzer erbt alles, was er besitzt, von der Geschichte der Biosphäre und der menschlichen Gesellschaft. Alleine die Verwendung, die er seinen Besitzungen angedeihen läßt, gibt ihnen Bedeutung und Wert. Was von ihm gefordert wird, ist, daß diese Verwendung der immensen Flut irdischen Lebens und der menschlichen Gesellschaft einen neuen Wert und neue schöpferische Bedeutung hinzufügt.

In der letztendlichen Analyse realisiert der individuelle Mensch, der nach spirituellen Werten lebt, das Selbst als lebende Person, die eine höchste Besitzung, die er der Menschheit auf dem Altar der menschlichen Evolution darbietet. Mit diesem Geschenk vollfüllt er sich selbst, indem er sich von der Besitzgier der Besitzungen befreit.

Indem er nichts besitzt, kann er endlich sein Sein mit den großen Rhythmen des Universums verbinden. Er läßt sich vom Universum weitertragen und sein Bewußtsein kann zu einem magischen Spiegel werden, auf dem jedes Geschehen Bedeutung und Wert erhält. Das Universum besitzt ihn, um dem letztendlichen Zweck aller Existenz zu dienen – der Offenbarung von Bedeutung.

Gott ist die allumfassende Bedeutung aller Möglichkeiten der Existenz.

Ein Mehr an Besitz ist nur möglich im Sinne eines „Vertiefens der Fähigkeit, Besitzen zu können".
Erhalte ich etwas Neues, so handelt es sich weniger um ein Vermehren meiner Besitztümer, als um ein Ersetzen bzw. Austauschen von Besessenem.
(Nichts zu besitzen ist auch eine Art des Besitzens)

---

Beachte die Verwandtschaft des Worts „der Besessene" mit dem Wort „Besitz"!

---

spez. zu Rudhyar: i.a.W.
Weit gedacht ist es unmöglich irgendetwas sein eigen, seinen Besitz zu nennen. Besitz bezeichnet irgendetwas, das der Verwendung dient.

# Das dritte Haus

Wenn ein astrologisches Textbuch vom dritten Haus als dem Haus der »Brüder und Schwestern und nahen Verwandten« spricht, meint es eigentlich die früheste Umwelt des Neugeborenen und die Beziehung des heranwachsenden Kindes mit dieser. Alles in dieser Umwelt beeinflußt das Baby. Im Kontakt zu ihr kommt es zur Entdeckung des Ausmaßes seiner Kräfte, zur Differenzierung dessen, was es ist als lebendiger Organismus, der mit einer besonderen Art von Bewußtsein ausgestattet ist gegenüber einer äußeren Welt. Diese Welt beinhaltet Objekte, und vielleicht Tiere und wachsende Dinge, wie auch Mitglieder seiner nahen Familie. Tatsächlich gehören astrologische Hinweise auf Mitglieder dieser Familie – Eltern, Geschwister, Verwandte – einer Art von Leben an, das noch immer eng mit Stammesbeziehungen und Blutsverwandtschaft verknüpft ist. In einer Gesellschaft, in der die alten Familienmuster den Großteil ihrer Bedeutung verlieren, müssen mehr fundamentale Werte bedacht werden, Werte, die sich auf die Bedeutung beziehen, wie sich die Umwelt-als-Ganzes dem wachsenden Bewußtsein des Kindes darstellt.

Die Beziehung des Kindes zu seiner Umwelt ist in der Formierung seines Charakters und seiner Reaktionen auf das Leben grundsätzlich. So eine Beziehung existiert einfach, weil kein lebender Organismus in einer Leere geboren wird. Er wird geboren unter dem Einfluß von allem, das den Raum um die Grenzen seiner inneren Welt ausfüllt, das heißt, um seine »Haut«, oder wir könnten sagen, um das Feld der alle seine Organe und Zelltätigkeiten durchströmenden Kräfte. Jeder Organismus muß erst seinen »Lebensraum« erobern. In vielen Fällen bedeutet diese Eroberung einen Kampf, auch wenn es nur der Kampf darum ist, den mütterlichen Spender der nötigen Nahrung anzuziehen und seine Aufmerksamkeit zu erwecken – auch die Liebe der Mutter, die ein Gefühl der Sicherheit und des Wohlergehens spendet.

Brüder und Schwestern können dieser Erweckung von Aufmerksamkeit scheinbar oder wirklich Hindernisse in den Weg stellen und können daher als Konkurrenten angesehen werden. Andere Leute, Objekte, und die dem Kind unverständlichen Tätigkeiten des Nahrung-und-Liebe-Spenders, wenn dieser von ihm weg ist, wetteifern auch, um ihm die vollständige Aufmerksamkeit zu entziehen. Es muß nicht einmal die eigentliche Mutter sein, deren Aufmerksamkeit das Kind braucht und instinktiv fordert. Wirkliche physische Blutsverwandtschaft könnte viel weniger wichtig sein, als traditionell geglaubt wird. In Fällen, in denen das Baby seine Milch von einer Amme erhielt, die sich auch ganz seiner annahm, hat die Blutsverwandtschaft eine sekundäre Rolle eingenommen. Trotzdem kann ein tiefer, unbewußter Instinkt am Werke sein, der den Organismus eines Kindes an seine enge Familie bindet, doch wird die Wichtigkeit dieses Instinkts, wenn er existiert, zweifellos von allen traditionellen Kulturen übertrieben und verschönert – von traditionellen Kulturen, die der Blutsverwandtschaft und allen Idealen, die in stammesartigem Bewußtsein und sozialer Organisation wurzeln, eine geheiligte Bedeutung geben.

Dieser Instinkt findet sein hauptsächlichstes Manifestationsfeld im vierten Haus, aber *ehe* er das Bewußtsein des Kindes beeinflussen kann, muß dieses lernen, mit der Umwelt umzugehen, und die Einwirkung der Umwelt auf das Kind stellt eine Herausforderung dar. Auf diese Herausforderung gründet sich die Entwicklung des Nervensystems, denn das Nervensystem jedes lebendigen Organismus stellt die konkrete organische Manifestation der Fähigkeit dar, mit der Umwelt zurechtzukommen.

Im Kind ist dieses »Zurechtkommen« zuerst völlig unbewußt, zumindest ist es instinktiv und verlangt nicht nach dem, was wir in einem menschlichen Sinne Bewußtsein nennen. Es operiert zunächst als »Eindrücke« und als die spontanen muskulären Reaktionen auf diese. Der erste Schrei des Neugeborenen ist eine Muskelreaktion auf die Wahrnehmung der in die Atmungsmembrane einströmenden Luft. Graduell wird ein bestimmtes System von Verbindungen zwischen Nervenzellen stabil hergestellt, die Grundlage der menschlichen Intelligenz. Mit Intelligenz meine ich die Fähigkeit, mit jeder Umwelt zurechtzukommen – erst physisch, dann auch psychisch – und sich damit ihren unvermeidlichen Forderungen anzupassen und sie mit der Zeit so weit wie möglich umzuwandeln. Auf ihrer tiefsten Ebene ist die Intelligenz die Schlauheit von Tieren, wie auch von primitiven Menschen und Kindern. Schlauheit ist die Fähigkeit, einen Faktor in der Umwelt gegen einen anderen auszuspielen – wenn zum Beispiel das Kind einen Elternteil gegen den anderen ausspielt.

Dies stellt in einem Sinne ein »Spiel« dar. Das Spiel des Lebens wird zunehmend komplexer und subtiler, je mehr die soziale Umwelt an Komplexität zunimmt – und auch, sowie der Mensch versucht, in Umgebungen zu überleben, die sehr verschieden von seiner Geburtsumwelt sind, wie auf der Oberfläche des Mondes. Jedes Spiel bedeutet

Regeln, und die Natur bestimmt im normalen biologischen Spiel des Lebens die Regeln. Der Mensch macht jedoch seine eigenen Regeln, in verfeinerten sozialen Spielen, und sogar in nationaler und internationaler Politik. Um zurechtzukommen muß man die Regeln kennen und sie verstehen. Das bedeutet, in der biosphärischen Umwelt und im Sonnensystem, die Kenntnis und das Verständnis der »Gesetze« des Universums. Vom traditionellen hinduistischen Gesichtspunkt aus, ist das Universum das *Lila* (Spiel oder Sport) des Schöpfers. Der Mensch muß daher die von Gott gesetzten Regeln des universellen Spieles entdecken. Er befragt Gott nach Hinweisen durch Anflehung oder durch Gebet, oder, indem er versucht, seine Intelligenz dem Geiste Gottes anzupassen. Gott wiederum belohnt freundlicherweise den Suchenden und die gesamte Menschheit durch verschiedene Arten von »Offenbarungen«.

Das dritte Haus bezieht sich daher nicht nur auf die Natur der Umwelt und auf die in dieser handelnden Menschen – nahe Verwandte, etc. – sondern auch auf die Entwicklung der Intelligenz, sowie im weiteren des analytischen Intellekts und der empirischen Wissenschaft. Was dieses Haus von seinem Gegenüber, dem neunten Haus, unterscheidet, ist, daß sich das dritte Haus auf Erfahrungen bezieht, die den direkten persönlichen Kontakt mit der nahen Umwelt des Individuums zum Inhalt haben, während sich das neunte Haus mit Erfahrungen beschäftigt, die nur in bezug auf eine Zusammenarbeit unter Menschen stattfinden können. Erfahrungen des neunten Hauses setzen Sprache, einen kulturellen Hintergrund und, wie Korzybski* sagte, eine zeitbindende Eigenschaft im Menschen voraus. Solche Erfahrungen setzen eine Übertragung von Wissen von Generation zu Generation voraus. Sie gründen auf einem komplexen und sozial gefestigten Typus von Verständnis. Im dritten Haus ist »verstehen« noch sehr unvollkommen, es ist auf charakteristische Weise empirisch; es stückelt persönliche Wahrnehmungen zusammen, klassifiziert sie und reiht sie in eine praktische Reihenfolge von Regeln ein. Diese sind jedoch nur einfach Regeln und nicht universale Gesetze. Die Art des Geistes des dritten Hauses generalisiert so wenig wie möglich. Sie ist verhaltensbetont, pragmatisch, technikorientiert. Sie will nur das »wie« kennen, um Dinge aus praktischen Gründen zu tun. Sie ist die am meisten Fragen stellende und erfinderische Art, aber auch subtil und schlau in der Entwicklung von Experimenten – man denke an die

* Alfred Korzybski (1879–1950), in Polen geborener Gründer des Instituts für Allgemeine Semantik.

unglaublich komplex entwickelten Experimente von Laborwissenschaftlern, ob Physiker oder Psychologen. Doch ist sie nicht philosophisch, und noch weniger metaphysisch oder religiös. Sie ist der Geist des Spezialisten, nicht desjenigen Menschen, der Probleme auf einen allgemeinen Nenner bringt.

Trotzdem, um seine Umwelt zu kontrollieren oder umzuwandeln, muß ein Mensch seine Erkenntnisse formulieren, zumindest auf eine primitive und pragmatisch-technische Weise. Er lernt mit anderen Menschen zu kommunizieren, doch bezieht sich diese Kommunikation essentiell auf praktische Ziele, auf »wie man überlebt«, mit der Zeit auch auf wie man sich glücklich fühlt, und wie man sich in seiner Umwelt persönlich verwirklicht.

Wir sollten das dritte Haus als den unvermeidlichen Nachfolger des ersten und des zweiten Hauses sehen. Im ersten Haus ist der Grundsatz betont *zu sein* – das heißt, zu entdecken, was und wer wir sind und unsere Individualität zu behaupten. Im zweiten Haus entdecken und erfahren wir die Art materieller Substanz – biopsychische, sozial-kulturelle und finanzielle Substanz –, die wir besitzen und die daher uns gehört, um sie *zu verwenden*. Im dritten Haus erreichen wir das Wissen, wie man sie am *besten* in der Umwelt verwendet, in der sie verwendet werden muß. Dieses Wissen kann uns nur zukommen, zumindest auf dieser Stufe, indem wir versuchen, das zu spielen, was wir sind, und indem wir unsere Besitzungen verwenden – das heißt vor allem, unsere Körper – *bis zu dem Punkt, an dem wir vom Widerstand der uns umgebenden Objekte und Leute blockiert werden.*

Vom Augenblick der Geburt an versucht jedes Kind instinktiv herauszufinden, wie weit es in jede Richtung gehen kann, physisch wie auch psychologisch, ehe seine Gestik oder Handlung von etwas oder von jemandem gestoppt wird. Es lernt, daß es nicht in eine Leere geboren wurde. Es muß seinen eigenen »Lebensraum« definieren, wissen, was zur Befriedigung seiner Bedürfnisse zur Verfügung steht, und was innerhalb der Grenzen seiner Tätigkeit erlaubt ist.

Das Bedürfnis nach so einem Wissen wiederholt sich auf einer höheren Ebene, und auch der Erwachsene muß erlernen, wie weit er in sozialen und intellektuellen Bereichen gesichert gehen kann. Oft lehnt es das Individuum ab, seine Begrenzungen oder Gefährdungen in der Verwendung seines Besitzes zuzugeben, und Neurose, Psychose oder soziale Tragödie können die Folge sein. Heute steht die Menschheit so einer Art potentieller Tragödie gegenüber, weil der westliche Mensch es abgelehnt hat, die Beschränkungen dessen, was er in und zu seiner planetarischen Umwelt tun kann, zu akzeptieren. Wir müssen das wahre Ausmaß unserer Kraft als physische und geistige Menschen erlernen, den wahren Wert dessen, was wir besitzen – unsere Technologie und unseren Wohlstand. Der einzige Weg zu lernen, könnte leider der sein, objektiv herauszufinden, was die Endresultate dieses Besitzes sein werden. Ein größenwahnsinniges Eigenbild, welches versucht, sich durch enorme, von der Natur abgetrotzte Kräfte zu schützen, wird höchstwahrscheinlich eine sehr kräftige Reaktion seitens unserer planetaren, bzw. kosmischen Umwelt hervorrufen.

Wir sollten schnell lernen, wenn wir eine Katastrophe vermeiden wollen. Wissen auf der Ebene des neunten Hauses tendiert dazu, theoretisch und sehr allgemein zu sein, die Erfahrungen des dritten Hauses aber haben einen Charakter der Unmittelbarkeit. Das Überleben könnte auf dem Spiele stehen. Die Suche nach Wissen im Erfahrungsbereich des dritten Hauses ist, oder sollte durch das Bedürfnis bedingt sein, in einem praktischen Sinne zu wissen, wie alles funktioniert, so daß der individuelle Mensch das wirksamer darstellen kann, was er essentiell ist. Wenn jedoch die Person in dieser Suche nach Wissen von sozial festgelegten Zielen und von Druck geleitet wird, dann hört das erworbene Wissen auf, für sie als Individuum eine echte Bedeutung zu besitzen. Ihr Intellekt kann aufgebläht werden, angefüllt mit bedeutungslosen Informationen, die sie nicht assimilieren kann. Wenn die Person ihre Schritte nicht zurückverfolgt, oder aus ihrer Umwelt »herausfällt«, die ihre wahre Individualität durch ein falsches Ideal ersetzt, dann könnte eine Tragödie unvermeidbar werden.

Das dritte Haus wird – und das ist von Bedeutung – ein kadentes Haus genannt, weil es die Möglichkeit besitzt, sich davon abzusetzen, was durch das vorangegangene Eck-Haus angedeutet wurde. Ein kadentes Haus kann Integration und Synthese bedeuten, oder aber, daß es zu Desintegration, Zusammenbruch oder zu Verzerrung führt. Es kann darin ein Prozeß der Umwandlung wirksam sein und die Erfahrungen, die zu allen vier kadenten Häusern in Beziehung stehen, können – und sollten – der Auftakt zu einer Reorganisation in einem neuen Bereich der Existenz sein. Aber der Prozeß kann sich rückwirkend schlecht auswirken, wenn die Erfahrungen in bezug auf die Eck-Häuser – erstes, viertes, siebentes, zehntes – nicht in Ordnung und nicht zuträglich waren, und/oder, wenn die in den Mittel-Häusern – zweites, fünftes, achtes, elftes – zum Tragen kommenden Kräfte mißbraucht oder falsch verwendet wurden. Dies ist besonders in Zusammenhang mit dem sechsten und dem zwölften Haus offensichtlich, ebenso offensichtlich aber auch in bezug auf die mentalen Prozesse, die mit dem dritten und dem neunten Haus zusammenhängen. Unsere gegenwärtige Gesellschaft verherrlicht das Wissen, besonders das technologische, wie auch alle »wie-man-tut«-Arten von Information. Mit den Computern hat sie die Fähigkeit erworben, enorme Mengen von Information aufzubewahren, sie untereinander in Beziehung zu setzen und sie zum Gebrauch anzubieten. Diese Fähigkeit ist eine Angelegenheit des dritten Hauses. Sie kann ein Segen oder ein Fluch sein, abhängig von der Stärke und Gültigkeit des Bildes, das der Mensch von sich und vom Universum hat. Leider ist das Bild, das sich der westliche Mensch auf offizieller Ebene von seinem Denken gemacht hat, essentiell grob und größenwahnsinnig. Wenn es nicht grundsätzlich verändert wird, scheint ein Niedergang unvermeidlich. Es mag noch nicht zu spät sein, um es zu verändern, aber die Zeit ist kurz, extrem kurz.

# Das vierte Haus

Mit dem vierten Haus erreichen wir einen der bedeutungsvollsten, jedoch allgemein am wenigsten verstandenen Abschnitte des heutigen astrologischen Horoskops. Der Grund, weshalb das vierte Haus nur in seinem oberflächlichsten Sinne berücksichtigt wird – im Sinne seiner Beziehung zu Haus und Hof und allen Immobilienwerten – ist, weil die meisten von uns immer noch auf einer Welt wohnen, die in unserer grundsätzlichen Gefühlserfahrung flach geblieben ist, trotz allem entgegengesetzten Wissen unseres Intellekt. Die Astrologie bezieht immer noch einen großen Teil ihrer Symbolik und ihrer Bedeutungen von der ptolemäischen Weltanschauung; so assoziiert sie immer noch das vierte Haus mit der Idee, daß es unter der Erdoberfläche nichts als solide Substanz gibt, die sich unendlich in die Tiefe erstreckt und die keine andere Bedeutung hat, *als daß sie solide ist, und, daß sie eine Grundlage darstellt, auf die man Häuser baut, auf der man Feldfrüchte anbaut, und aus der man unterirdische Reichtümer zieht.*

Das vierte Haus hat tatsächlich diese Bedeutung. Da wir aber nicht nur mit unserem Gehirn, sondern auch mit der Ganzheit unserer Persönlichkeit wissen – Körper *und* Psyche – und fühlen, daß die Erde eine Kugel ist, daß wir auf ihrer gerundeten Oberfläche leben, so nimmt das vierte Haus eine neue und viel tiefere Bedeutung an. Es nimmt eine globale Bedeutung an, da es nicht nur den produktiven Erdboden darstellt, das Fundament von einem Heim, und die Erde, in die man Gräber gräbt – das »Ende« aller Dinge – aber es trägt in sich vor allem die Bedeutung des *Zentrums der Erdkugel.* Im vierten Haus kann und soll die Person zur Erfahrung des Zentrums kommen – des Zentrums ihrer eigenen, globalen, totalen Persönlichkeit, wie auch des Zentrums der globalen Menschheit, einer fest niedergelegten und konkret realen Bruderschaft des Menschen. Ohne solch eine Erfahrung von *Zentrum* kann ein individueller Mensch niemals seine *menschliche* Gestalt in ihrer vollen Gesamtheit demonstrieren. Er bleibt eine Kreatur der flachen Schicht produktiven Bodens, der die Oberfläche der Welt darstellt, ob er sich nun darauf wie ein überlegenes Tier bewegt, oder ob er sich in starrer pflanzenhafter Verwurzelung an einem bestimmten Platz niederläßt, den er »mein Heim« oder »mein Land« nennt.

Man kann daher sagen, daß das vierte Haus zwei grundsätzliche Bedeutungen besitzt, je nach der Ebene, auf der das Bewußtsein eines Menschen operiert. In einem primären und biologisch-psychischen Sinne bezieht es sich auf den Erdboden, in dem die »Mensch-Pflanze« (ein Ausdruck, wie er in alten esoterischen Traditionen verwendet wurde), *verwurzelt* ist. Die Spitze des vierten Hauses ist der Punkt der stärksten Stütze und der sichersten Grundlage für die Erbauung von allem, das sich über den Erdboden erheben soll. So bezieht sie sich auf die Ahnentradition und auf die großen Bilder und Symbole, auf denen eine Kultur erbaut ist – Spengler's »Primärsymbole« und Jung's »Archetypen des kollektiven Unbewußten« –, tatsächlich auf all das, was eine Person als selbstverständliche Wahrheiten ansieht, inklusive der Postulate der Wissenschaft ihrer Konstanten.

Um sich erfolgreich über die Matrize einer besonderen Kultur und religiös-ethischen Tradition zu erheben, braucht der Mensch eine tiefere und individualisiertere Form von Unterstützung. Symbolisch ausgedrückt, reichen seine Pfahlwurzeln bis zum Zentrum der Erdkugel. Individualität kann nur als Zentrierung im Selbst erfahren werden. Mit Selbst meine ich nicht irgendein transzendentes, allumfassendes Prinzip, sondern eher eine rhythmische Kraft, die dem eigentlichen Zentrum der konkreten Existenz innewohnt. Diese Kraft wurde als dem »Herzen« innewohnend dargestellt, da die Herzschläge den fundamentalsten Rhythmus des lebendigen Organismus darstellen. Im Symbolismus der Rosenkreuzer wird dieses Zentrum bildlich als die im Zentrum blühende Rose dargestellt – ein im menschlichen Körper durch die vertikale Linie des Rückgrates und durch die horizontale Linie der ausgestreckten Arme gebildetes Kreuz.

In solch einem Zentrum, wo auch immer es liegt, sah und fühlte der hinduistische Mystiker und Yogi die Präsenz des *Atman,* das Zentrum aller Realität. In der Bhagavad-Gita sagt Krishna, der inkarnierte Gott: »Im Herzen jeder Kreatur wohnt der Meister, Ishvara, der mit seiner magischen Kraft alle Dinge und Kreaturen veranlaßt, sich auf dem universalen Rad der Zeit zu drehen. Bei ihm alleine nimm deine Zuflucht, mit all deiner Seele; durch seine Gnade wirst du das höchste Glück finden, den ewigen Platz....«

Tatsächlich ist es im symbolischen Nadir – der auch der Mitternachtspunkt des Bewußtseins ist – daß die »Gott-Erfahrung« stattfinden kann. Dort wohnt der immanente Gott, der Gott-in-der-Tiefe, der die Herrlichkeit des Gott-in-der-Höhe polarisiert, des leuchtenden Mittags-Gottes, dessen Gesicht nicht gesehen werden kann, ohne den Betrachter zu blenden. Jede wahrhaft individualisierte Person »weiß«

durch ein inneres, existentielles und umwandelbares Wissen, daß es keine sichere Grundlage geben kann, bis man einen Zustand unerschütterlicher Zentriertheit erreicht hat. Bis dieser Zustand erfahren wird, bleibt ein Mensch an irgendeine Art von Matrize gebunden. Es muß nicht mehr die eigentliche Mutter sein, oder der Ersatz eines Mutterbildes; die kulturelle Tradition, die organisierte Kirche, für alte Kommunisten sogar die Partei, können eine umschließende psychische oder ideologische Gebärmutter weiterhin darstellen. Alle »soliden« Grundlagen können zerfallen, der fest verwurzelte Baum kann gefällt werden, aber die Erdkugel behält für immer ihr Zentrum. Der »globale Mensch« ist in der Zentriertheit seiner individualisierten Selbstheit sicher.

Man kann die Symbolik der das Zentrum der Erde erreichenden Pfahlwurzel einen Schritt weitertragen. Die vertikale Linie des Geburtshoroskops (Zenith/Nadir) zeigt – von den Antipoden aus gesehen – zum Himmel. Wenn alle Menschen aufrecht auf der Oberfläche der Erde stünden, träfen sich die abwärts verlängerten Linien ihrer Rückgrate im Zentrum der Erde und erreichten weitergehend die Antipoden. Wenn alle genau nach oben in den Himmel sähen, würde jeder Mensch einen anderen Stern sehen. Die Köpfe der Menschen sind auf verschiedene Punkte des Himmels gerichtet; ihre Füße sind zum Zentrum hin orientiert, wo alle irdischen Dinge Eines sind. Im Zentrum der Erde herrscht die Union, nicht im Himmel. Die gemeinschaftliche Menschlichkeit des Menschen wird in den Tiefen erfahren; es sind seine Kopffunktionen, die differenzieren und trennen.

Deshalb ist die sogenannte Tiefenpsychologie heute so bedeutungsvoll (in unserem Zeitalter der Individualisation), die auf dem oberflächlichen Pseudozentrum des Bewußtseins und des Triebes gründet, das wir Ego nennen. Die Tiefenpsychologie verwendet das Konzept und die Erfahrung von Tiefe, um das Zentrum zu erreichen. Wenn ein Mensch sein eigenes Zentrum erreicht, entdeckt er auch, daß er eins mit allen anderen Menschen ist, denn alle Dinge treffen im Zentrum zusammen. In der Tradition der Freimaurer wird dies symbolisch als die Meditation über die Mitternachtssonne bezeichnet, denn zu Mitternacht ist die Sonne an der Spitze des vierten Hauses und beleuchtet die Antipoden. Der individuelle Mensch realisiert das, was er ist, indem er sich mit seinem Gegensatz vereint. Philosophen haben oft, in einem abstrakten Sinne, von der Versöhnung der Gegensätze gesprochen. Jeder Wert und jede Qualität kann durch das, was sie nicht sind, definiert werden. Das Konzept vom Guten beruht auf dem Konzept vom Bösen. Der berühmte Satz von Shakespeare, »Sein oder

Nichtsein: das ist hier die Frage«, ist ein typischer Ausdruck der tragischen Dualität, die der westlichen Gesellschaft innewohnt. Trotzdem sind Sein und Nichtsein, Leben und Tod, *Yang* und *Yin,* untrennbar. Ein globales, ganzheitliches Bewußtsein – durch das *Tao* symbolisiert – beinhaltet diese Gegensätze in unterschiedlichen Proportionen.

Astrologische Textbücher, von den Aussagen theosophischer Bücher inspiriert, behaupten oft, daß das erste Haus das Haus der »Persönlichkeit« ist. Wie ich es sehe, kann dies sehr irreführend sein, wenn man durch den zwiespältigen Ausdruck Persönlichkeit die totale Person und ihre Ausstrahlung meint. Der Aszendent und das erste Haus repräsentieren tatsächlich den *ursprünglichen Impuls des individuellen Seins,* oder wir könnten sagen, das Selbst als eine besondere Schwingung und als Rhythmus und als das einzigartige Schicksal des Individuums, so wenig unterschieden von allen anderen Individuen. Dieser Impuls muß um sich herum erst eine beträchtliche Menge Material erwerben, um als ein wahrhaft funktionierender Mensch zu existieren. Das Neugeborene, mit seinem unvollkommenen Bewußtsein, muß erlernen, was es als Körper, als Fähigkeiten und als Besitzungen verwenden kann – zweites Haus – im weiteren, was die Grenzen sind, die von seiner Umwelt dieser Verwendung auferlegt werden können, wie auch, was die Möglichkeiten sind, die ihm offenstehen – drittes Haus. Erst dann kann das Bewußtsein, das *Ich,* als eine »Person« voll organisiert und gefestigt werden.

Die Erfahrungen des vierten Hauses beschäftigen sich mit diesem Prozeß der Integration und Stabilisierung. Auf der primären Ebene des biologischen und psychisch-kulturellen Bewußtseins wird die Integration theoretisch und ideell in einem Heim erreicht und in bezug auf eine bestimmte, gefestigte Tradition. Die normale, erfolgreich integrierte Person ist ein gesundes Exemplar eines Familientypus, wie auch eines kollektiven Ideals der Kultur und eines sozialen Benehmens. Als eine wahrhaft integrierte Person ist sie innerhalb des einzigartigen Rhythmus und der Kraft ihrer individuellen Selbstheit und ihres Schicksals zentriert. Auf einer noch höheren Ebene wird diese Individualität bewußt und total den Bedürfnissen der Menschheit angepaßt und die Person wird eine »Persönlichkeit«, mit irgendeiner Mission als ein Vermittler des Menschen oder Gottes. Der astrologische Charakter des vierten Hauses und der Planeten, die vielleicht in diesem Abschnitt des Horoskops stehen, sollten eine Hilfe dazu bieten, um den besten Weg zu entdecken, einen Zustand der Integration zu erreichen, wie auch eine feste, wirksame Basis für die Persönlichkeit zu erschaffen.

Persönlichkeit, wie das Wort hier verwendet wird, ist mehr als nur ein biopsychischer Organismus, der fähig ist, wirksam unter anderen Organismen zu funktionieren; sie kann als ein *Motor* angesehen werden, der die Kraft zur Arbeit entwickeln kann. Tatsächlich ist jeder Organismus ein Motor, durch den die Lebensenergie operiert. Die funktionale Integration von Teilen innerhalb eines lebenden Ganzen erzeugt Kraft. Diese Kraft muß auf irgendeine Weise verwendet werden, und die damit verbundenen Erfahrungen gehören dem Bereich des fünften Hauses an, welches daher der Bereich des persönlichen Selbstausdrucks genannt wird.

Die vertikale Achse einer astrologischenTabelle bezieht sich auf Kraft; die horizontale Achse auf Bewußtsein. Die Art der Kraft in Beziehung zum vierten Haus ist privat in dem Sinne, daß sie durch das biopsychische Ganze, welches wir eine individuelle Person nennen, erzeugt wird. Sie ist die Kraft einer partikularisierten Manifestation eines Typus von Leben, wie er allgemein durch die menschliche Spezies, *homo sapiens,* dargestellt wird. Sie ist die im Zustand »eine Person sein« miteingeschlossene Kraft. Diese Person ist meistens durch die Ahnenfamilie und durch sozio-kulturelle Muster grundsätzlich bedingt, wenn nicht völlig bestimmt. Sie ist ein Motor, hauptsächlich massenproduziert auf den Fließbändern, die wir Tradition, Familie, Schule und Umwelt nennen. In manchen Fällen jedoch, heute sogar in riesig anwachsenden Zahlen, verlassen diese kulturell massenproduzierten Personen die Fabrik zu einer weiteren besonderen Behandlung, wobei sie nicht nur individuelle Charakteristika erhalten – sogar massenproduzierte Motoren operieren nicht alle gleich – sondern auch unabhängig und selbstverwirklicht werden. Eine Person ist dann nicht mehr bloß ein biosoziales Exemplar, sie ist dann wahrhaft individualisiert.

Das bedeutet, daß eine auf einer anderen Ebene als das Leben operierende Kraft auf den Motor der Persönlichkeit Einfluß nimmt, vielleicht anfangs sehr zögernd und unvollständig. Diese Kraft kann Geist, Seele, Selbst oder sogar Gott genannt werden, je nach der Art von Metaphysik, die man akzeptiert. Sie operiert *durch* den Geist, der wiederum den biologischen Organismus beeinflußt, es handelt sich aber nicht um Geist im gebräuchlichen Sinne des Wortes. Manche Philosophen und Psychologen sprechen von Wille, aber auch hier muß man unterscheiden zwischen der gebräuchlichen Verwendung des Wortes Wille, die bloß dem Bereich biologischer Triebe und emotionaler Wünsche angehört, und dem spirituellen Willen, der alleine wahrhaft individualisieren kann.

Der Wille ist Kraft, die bereit für den konkreten Ausdruck ist. Er ist das, was das verwirklicht, was bis dahin nur ein Potential war. Der Aszendent bezieht sich auf das Potential des Seins. Er ist symbolisch »das Wort, das am Anfang stand«, der *Logos.* Aber ein Wort ist nur ein Bild, *das potentiell eine Kraft mobilisieren kann;* von sich aus kann es nichts tun, bis es in einem konkreten, wirklichen Organismus ein Gefühl auslöst. Dann wird die dem Organismus innewohnende Kraft von einem Gefühl bewegt, und es folgt eine Handlung. Der Aszendent gibt das Wort: der Nadir und das vierte Haus beziehen sich auf den Organismus und auf seine Fähigkeit, durch ein Bild, ein Wort, bewegt zu werden, allgemein durch die Art von Gefühl, die die Energien des menschlichen Organismus spontan mobilisiert und lenkt, ob auf der rein physiologischen oder auf der psychologisch-intellektuellen Ebene.

Man kann daher sagen, daß sich das vierte Haus auf die grundsätzliche psychische Funktion bezieht, die C. G. Jung *Fühlen* genannt hat. Das erste Haus bezieht sich auf Jungs' *Intuition*, was wirklich ein definitives Empfindungsvermögen gegenüber überpersönlichen Lenkungen bedeutet, oder gegenüber Bildsymbolen, womit sofort der Charakter und die Bedeutung einer ganzen komplexen Situation enthüllt wird. Beide, Fühlen und Intuition, wie sie in der Astrologie definiert werden, sind essentiell persönlich in dem Sinne, daß sie innerliche und unwiderrufliche Erfahrungen auslösen, die das Individuum betreffen und seine Entwicklungsstufe widerspiegeln.

Diese Entwicklungsstufe wird im zweiten Haus durch den Besitz des Individuums ausgedrückt – natürlich jeglichen Besitz auf allen Ebenen – und im dritten Haus durch die Art, in der der individuelle Mensch seiner Umwelt gegenübertritt, auf sie reagiert, und wie er Informationen sammelt und diese dann für sich selbst formuliert. Ein Computer kann mit einer großen Menge von Information gefüttert werden; auf die gleiche Weise können Familienumwelt, Gesellschaft, Fernsehprogramme, Zeitungen und ein paar Jahre auf der Universität das wachsende Gehirn eines Kindes und Jugendlichen mit einer Masse von Information füttern – all das sind Erfahrungen des dritten Hauses. Diese Erfahrungen sind unnütz und können in der Tat oft psychologisch giftig werden, außer wenn sie koordiniert, integriert und assimiliert werden und sich so auf das Selbst samt seiner einzigartigen Fähigkeit zur *Zentrierung des Bewußtseins* beziehen (symbolisch, der Aszendent). Daher gibt es am Ende der durch das dritte Haus beherrschten Zeitspanne eine Zeit – in einem normalen Leben theoretisch die spätere Jugend – zu der man wissen sollte, wann man aufhört, mehr und mehr

Information aufzunehmen und statt dessen am Prozeß der Festigung und der selbstauferlegten Grenzen arbeitet. Früher war das die Zeit der Heirat und des Hausbaus, das hieß, genau zu definieren, wo man aus freier Wahl oder dazu gezwungen, seßhaft sein wollte, um »Wurzeln zu schlagen«, am vom Schicksal bestimmten Platz. Das Konzept des Heims und des Aufbaus einer Familie hat offensichtlich einen großen Teil seines Wertes verloren in unserer technologischen Gesellschaft von entwurzelten Wanderern und von Intellektuellen, die gierig sind auf mehr und mehr Information und Anregung. Unabhängig aber von der Verbindung der Erfahrungen des dritten und des vierten Hauses mit einem bestimmten Zeitabschnitt des Lebens, bleibt die Tatsache bestehen, daß das Verlangen nach neuen Erfahrungen und nach der Ansammlung von Information bedeutungslos ist, wenn wir diese Dinge nicht, als individuelle Personen, vorsichtig assimilieren und sie zu Bausteinen unseres eigenen »Hauses der Persönlichkeit« machen. Der Aszendent kann uns Auskunft darüber geben, *wer* wir sind; der Nadir aber deutet an, *was* wir sind, zumindest potentiell, und wo wir stehen.

Wissen des dritten Hauses sollte in Kraft des vierten Hauses umgewandelt werden. Es ist möglich, daß man zu früh damit aufhört, sich nach mehr Wissen umzusehen, so daß die persönliche Integration und die Kraft, um individuelle Handlungen auszuführen, zu schmal und zu gewöhnlich sein kann. Es ist auch möglich, daß man damit fortfährt, Informationen zu sammeln, die nicht konstruktiv und bedeutungsvoll in das eigene System des Lebens und der Weltanschauung integriert werden können, und dies kann in der Folge zu allen möglichen Katastrophen führen. Unsere ganze westliche Gesellschaft verfolgt letzteren Kurs, und sie könnte eine Stufe erreichen, an der sie ersticken wird – ersticken wird in einer Masse von nicht mehr assimilierbaren Informationen und auch an dem neurotischen Zwang, zu besitzen und mehr und mehr zu wissen von Dingen, die sie nicht mehr länger innerhalb einer zuträglichen und harmonischen Philosophie des Seins integrieren kann.

In dem Abschnitt des Horoskops, der mit dem vierten Haus beginnt – normalerweise der Nordsektor genannt, wegen des zweidimensionalen Charakters des Horoskops – hängt alles von den Faktoren ab, die zum vierten Haus und besonders zu seinen Spitzen in Beziehung stehen – dem *Imum Coeli,* bzw. dem Nadir. Die Erfahrungen des vierten Hauses besagen grundsätzlich, was der Mensch als eine konkrete, wirkliche Person ist. Diese persönlichen Grundlagen bedingen, was das Individuum fähig sein wird auszudrücken, zu lieben oder zu hassen, zu zeugen oder zu schöpfen. Alle diese Tätigkeiten werden entweder einen gefestigten oder einen unsicheren Charakter haben, eine harmonische oder eine blockierte Qualität von Kreativität – oder gar keine Kreativität. Und dies wird wiederum zum Einsammeln der Ernte führen – oder zu keiner Ernte – und zwar bezogen auf die Art von Erfahrung, auf die sich das sechste Haus bezieht.

# Das fünfte Haus

Was im vierten Haus assimiliert, gefestigt, integriert oder aufgebaut wurde, produziert potentielle Energie. Kraft steht einer Verwendung zur Verfügung. Auf der biologischen Ebene ist dies nicht nur Energie, die für den interzellularen Austausch und für die Anpassung des Körpers an die Veränderungen von Hitze, Feuchtigkeit oder Magnetismus, die in der physischen Umwelt vorkommen, benötigt wird, sondern auch die Nerven- und Muskelenergie, die man braucht, um Nahrung zu beschaffen, Hindernissen und Feindschaften zu begegnen, und um die grundsätzlichen physischen Bedürfnisse zu befriedigen, wie zum Beispiel das Bedürfnis einer Spezies, sich durch Paarung fortzupflanzen. In einem geistig und emotional entwickelten Individuum steht die persönliche Kraft in einem größeren oder geringeren Ausmaß dem Selbstausdruck zur Verfügung, in bezug auf soziale oder kulturelle Werte.

Kreativität bezieht sich auf das fünfte Haus, denn schöpferisch wirksam zu sein bedeutet, in einem menschlichen Sinne, seiner menschlichen Umgebung einige Charakteristika seiner eigenen Persönlichkeit aufzustempeln. Es heißt, sein eigenes Zeichen in seiner Gesellschaft zu hinterlassen, oder auch in der Menschheit im allgemeinen. Das kann offensichtlich auf verschiedene Art und Weise getan werden. Ein Kind zu gebären und es aufzuziehen, um eine sozial-kulturell wichtige Person zu werden, ist der biologische Weg. Ein Werk der Kunst oder der Literatur schaffen, eine kulturelle Institution zu gründen, sich eine große Erfindung, die den Lebensweg der Menschheit beeinflußt, vorzustellen und zu entwickeln, seine Nation zu einer bemerkenswerten Errungenschaft zu führen – alle diese Tätigkeiten veräußerlichen und verwenden die Kraft des Schöpfers, Erfinders oder Führers.

In einigen Fällen entstammt jedoch die veräußerlichte Kraft und die projezierte Vision einem Bereich, der eigentlich überpersönlich ist. Die Person wird zum *Agenten* eines großen gemeinschaftlichen oder planetarischen und evolutionären Zweckes; sie ist wie eine durchstrahlte und perfekt geformte Linse, *durch* die Licht verdichtet und zum Brennpunkt gebracht wird. An diesem Brennpunkt kann Kraft operieren, Arbeit kann durchgeführt werden. Diese Arbeit – die schöpferische Handlung und ihre Produkte – ist zweifellos von der Natur und dem Temperament der Person *bedingt,* doch noch grundsätzlicher ist sie von Faktoren bestimmt, die persönliche Eigenarten transzendieren, vielleicht sogar persönliche Wünsche oder Versuche, den kreativen Prozeß zu kontrollieren oder ihn auf ein bewußt definiertes Ziel hinzulenken.

Wir sollten jedoch erkennen, daß, wenn jemand eine Arbeit von sozialer Bedeutung ausführt (in bezug auf den Beruf und unter dem Druck eines kollektiven Bedürfnisses), und diese Arbeit sozusagen die bewußte oder unbewußte Unterstützung einer sozialen Institution, einer Geschäftsfirma oder der ganzen Gemeinschaft hat, dann bezieht sich solch eine Arbeit – so kreativ sie auch erscheint – in ebensolchem Maße oder noch stärker auf das elfte Haus. Im fünften Haus handelt die Person theoretisch so strikt wie nur immer möglich als ein Individuum. Sie beschäftigt sich nicht mit den kollektiven sozialen Folgen, oder, wenn doch, dann hauptsächlich dahingehend, daß diese Folgen ihr Ruhm, Prestige und Befriedigung des Ego einbringen. Im fünften Haus strebt eine Person danach, ihre eigene Natur zu erhöhen. Sie ist mehr damit beschäftigt, »originell« zu sein, als etwas hervorzubringen. Ob sie dies bewußt erkennt oder nicht, so liegt hinter ihren Handlungen doch die Frage »was kann ich da herausholen, wie kann mich diese Handlung mehr vollfüllt, glücklicher und größer machen?« Dies trifft auf Nationen ebenso wie auf individuelle Personen zu, wie es am Beispiel der amerikanischen Haltung internationalen Angelegenheiten gegenüber illustriert wird.

Wenn das fünfte Haus traditionell als der sich auf Liebesaffairen beziehende Abschnitt des Geburtshoroskops angesehen wird, während sich das siebente Haus auf Heirat bezieht, so geschieht dies deshalb, weil zumindest in der alten Gesellschaft eine Liebesaffaire bloß als die Freisetzung emotional-sexueller Spannungen und/oder persönlicher Frustration und Unzufriedenheit angesehen wurde, oft nur als ein Spiel oder als ein Zeitvertreib oder als ein durch persönlichen Ehrgeiz bestimmter Kontakt. Andererseits bedeutete eine Heirat oder eine ausgeglichene Geschäftspartnerschaft die permanente Verbindung von Leuten, die diese Verbindung als einen Weg ansahen, um biologische, soziale oder kulturelle Ergebnisse zu produzieren – Ergebnisse, die in Beziehung zur ganzen Gemeinschaft als *funktional* angesehen wurden. Heirat bedeutete bis vor gar nicht allzu langer Zeit *nicht* die frei angestrebte Verbindung zweier unabhängiger Personen, die durch diese Union einen Weg zu größerer persönlicher Erfüllung in Liebe anstrebten, denn eine Heirat wurde in den meisten Fällen in bezug auf Klassen- und Finanzstatus arrangiert. Sie wurde arrangiert zum Zwecke der Aufrechterhaltung der menschlichen Rasse und der Werte einer bestimmten Kultur und Religion, durch die Zeugung von Kindern, die gezielt unterrichtet wurden, um auch diese Rolle zu spielen – eine Tatsache, die heute sehr oft mißverstanden oder bequemerweise vergessen wird.

Das fünfte Haus ist der Bereich von Erfahrungen, die essentiell die Folge von Emotionen sind, und wir sollten sorgfältig *Emotionen* von *Gefühlen* zu unterscheiden wissen. Gefühle werden im vierten Haus erfahren, da sie die spontanen Reaktionen eines ganzen Organismus auf eine Lebenssituation darstellen, ob nun auf der rein biologischen und instinktiven Ebene oder auf der psychologischen und individualisierten Ebene. Es kann eine *innere* Situation sein – wie wenn eine Person in einem Teil ihres Körpers Schmerz fühlt, weil ein Organ verletzt wurde – oder eine *äußere* Situation, die durch das Aufeinandertreffen mit einer anderen Person hervorgerufen wird. Fühlen ist ein ganzheitlicher Prozeß, der einen organischen Zustand von Bewußtsein miteinschließt, zumindest von Halbbewußtsein. Dieser Zustand strebt dann nach Veräußerlichung, und der Prozeß der Veräußerlichung ist *zugleich* eine Emotion – eine »Hinaus-Bewegung« (Motion = Bewegung, Anm. des Übersetzers) – auf der psychologischen Ebene, und eine Art von muskulärer oder chemischer Reaktion auf der physischen Ebene. Der Lügendetektor und ähnliche Instrumente haben überzeugend gezeigt, daß alle Emotionen – ob Furcht, Liebe, Depression, Glück oder Zorn – mit organischen Veränderungen und Muskelbewegungen synchron verlaufen, wie schwach und unbewußt diese auch sein mögen. Es sind solche Reaktionen auf die Konfrontation oder auf innere Geschehnisse – von diesen kann eines die Erschaffung von bestimmten geistigen Bildern in der Meditation sein – die die Erfahrungen des fünften Hauses berücksichtigen sollten.

Das fünfte Haus wurde mit »Glücksspielen« jeder Art in Zusammenhang gebracht, vom Glücksspiel in der Liebe bis zum Tragen von Risiken in der Propagierung künstlerischer oder finanzieller Unternehmungen. Solch ein Zusammenhang ist solange gültig, solange der Glücksspieler seine Ahnungen oder seine Vorstellungskraft strikt befolgt, oder auch dem Druck einer inneren Frustration oder eines Komplexes erliegt. Aber wenn die Hinnahme von Risiken mit einem Partner diskutiert wird und auf einer intellektuellen Bewertung von sozialen und geschäftlichen Prozessen fußt, dann sollte das in Beziehung zum achten Haus oder in manchen Fällen zum elften Haus gebracht werden.

Man spricht traditionell vom fünften Haus auch in Zusammenhang mit dem Gebären von Kindern und mit der Erziehung, zumindest in deren früher Phase. Der Grund dafür ist der, daß die meisten Eltern dazu tendieren, ihre Kinder als Projektionen und Erweiterungen ihrer eigenen Persönlichkeiten anzusehen; sie erwarten oft von ihren Kindern, das zu werden, als was sie versagt haben. Sie können danach trachten, ihnen Möglichkeiten zu bieten, die sie in ihrer eigenen Jugend nicht hatten, oder sie projezieren ihre eigenen Bestrebungen und ihren Ehrgeiz auf sie, vielleicht damit sie sich an deren Leistungen und sogar an deren Liebe stellvertretend erfreuen können. Eltern könnten auch glauben, daß es ihre Pflicht ist, ihren Kindern mehr oder weniger gewaltsam die Kultur und die Arten von Benehmen beizubringen, die sie selbst von ihren eigenen Eltern erhalten haben.

So wird die Erziehung zu einem Prozeß, um dem angeblich jungfräulichen Geist und der Gefühlsnatur eines Kindes eine kollektive Sammlung von sozio-kulturellen Regeln und Reaktionsmustern aufzudrücken. Wenn er auf diese Weise verstanden wird, dann nimmt der Erziehungsprozeß die Individualität des Kindes und die Einzigartigkeit seines Seins und seines Schicksals nur minimal zur Kenntnis. Dies ist mehr als irgendetwas anderes der Grund für die heutige Jugendrevolte. Diese Revolte ist teilweise die Folge der Tatsache, daß viele Eltern nicht mehr davon überzeugt sind, daß ihre kulturelle und religiös-ethische Tradition es wert ist, überliefert zu werden, oder, daß die sich verändernden Lebensumstände in unserem technologischen Zeitalter dies unmöglich machen. Sie ist auch die Folge des großen Anwachsens vieler Arten von äußerlichen Einwirkungen – Fernsehdramen und Nachrichten, Elternszenen zuhause, dauernde Umweltveränderungen, etc. – die eine frühreife sensorische und intellektuelle Entwicklung hervorbringen, während sie die Gefühlsnatur ohne jegliche Wurzel und ohne Beispiele für ein integriertes und solides Gruppenleben lassen.

Auf der biologischen Ebene kann sich das fünfte Haus immer noch, sogar in unserer chaotischen Gesellschaft, auf unsere Nachkommenschaft beziehen. Es beschäftigt sich jedoch heute zunehmend mit Versuchen des emotionalen Selbstausdrucks und der Kreativität von Männern und Frauen, die »Dampf ablassen« müssen, während sie langweiligen und automatischen Beschäftigungen nachgehen und die irgendeine Art von Ventil für ihre Frustrationen und neurotischen Zwänge finden müssen. Dieses Haus ist trotzdem auch der Bereich der Erfahrungen, die sich auf wahrhaft schöpferische Tätigkeiten großer Künstler, großartiger Musiker, Schauspieler und Filmstars beziehen.

Jedes Haus des Geburtshoroskops bezieht sich auf irgendeine große Prüfung, da jede Kategorie grundsätzlicher Erfahrung die sich entwickelnde Person zwingt, sich selbst auf eine neue Art gegenüberzustehen und sich mit einer speziellen Kategorie von Problemen zu beschäftigen.* Das Zeichen an der Spitze eines Hauses, und der Charakter der in diesem Hause stehenden Planeten, sollten dem Astrologen Hinweise auf *die beste Art* geben, in der er diese Probleme lösen kann. Man kann keine Planeten in dem Sinne sehen, daß sie Hinweise geben, die an sich negativ sind, da sie sich alle auf eine Art von Energie beziehen, die essentiell wertvoll ist, auch wenn der Mensch in seinem gegenwärtigen Stadium der Evolution in vielen Fällen dazu tendiert, sie nicht perfekt zu verwenden oder dazu, um kathartische und vielleicht desintegrierende Wirkungen zu erzeugen.

Wir können die in den Erfahrungen des ersten Hauses miteingeschlossene Prüfung als die der *Isolation* bezeichnen, das heißt, das Auferstehen von der Masse als ein einzigartiges Individuum. Im zweiten Haus geht es um die Prüfung von *Besitz*. Die dritte-Haus-Prüfung dreht sich ums *Denken,* das heißt, wie man bewußt und intelligent den Herausforderungen seiner Umwelt entgegentritt. Im vierten Haus finden wir die Prüfung in punkto *Stabilität.* Im fünften Haus beinhaltet die große Prüfung die Fähigkeit, die eigene innerste Natur auszuagieren, in bezug auf *Reinheit* des Motivs, und indem man die für die Freisetzung seiner Energien zur Verfügung stehenden Mittel auf »reine« Art verwendet.

Die Worte rein und Reinheit sind auf traurige Weise mißbraucht worden. Rein zu sein bedeutet, ausschließlich das zu sein, was man als einzigartiges Individuum im Sinne seines eigenen Schicksals ist. Reines Wasser ist ein Wasser, das keine Ablagerungen oder fremde chemische Substanzen enthält; es ist pures $H_2O$. Eine reine Handlung ist eine, die den essentiellen Charakter oder die Natur des Darstellers in Szene setzt. Rein zu sein, bedeutet, sein Dharma perfekt und außergewöhnlich darzustellen – die Bhagavad-Gita fügt »ohne persönliche Berücksichtigung der Früchte der Aktion« hinzu, denn solch eine Berücksichtigung deutet Anteilnahme des Ego an dem an, was die Handlung dem Darsteller erbringen oder antun wird.

Jede Handlung bedeutet eine Freisetzung, und eine bewußte oder unbewußte Verwendung von Kraft. Energie fließt aus dem Darsteller.

* Diese zwölf grundsätzlichen Prüfungen der Existenz werden im zweiten Teil meines Buches »Triptych« beschrieben unter der Kapitelüberschrift: »The Way Through«.

Eine reine Handlung ist eine, die Energie in Übereinstimmung mit dem eigentlichen Charakter und mit dem Rhythmus dieser Energie verwendet. Auf der strikt biologischen Ebene ist die Natur und die Funktion sexueller Energie essentiell die der Zeugung von Kindern, die die menschliche Rasse fortsetzen werden. Das Resultat der Zeugung – das Kind und seine Bedürfnisse – verlangt mit der Zeit eine riesige Verausgabung von Energie und Arbeit seitens der Eltern. Die männlichen und weiblichen Organismen fungieren im Akt der Zeugung als Träger von Spermium und Ovum – das ist ihre natürliche sexuelle Funktion. Sie fungieren also als *Diener des Lebens*. Das Leben reagiert auf ihre Hingabe, und sei sie auch unbewußt, indem es *in ihnen ihre vitalen Rhythmen veredelt,* was die Bedeutung des Orgasmus ist.

Der Augenblick der Veredelung »fühlt« sich wunderbar an, und Menschen wollen ihn daher wiederholen. Sie wollen ihn aber unter Umständen wiederholen die den Zeugungszweck ausschließt, was bedeutet, *auf der biologischen Ebene* das Leben zu beschwindeln; deshalb stehen religiöse Institutionen wie die römisch-katholische Kirche, die die biologischen Faktoren als die essentiellen Grundlagen für grundsätzliche Riten und allgemein für menschliche Werte ansehen – ob sie diese Tatsache zugeben oder nicht – verhütenden Praktiken ablehnend gegenüber.

Der Mensch funktioniert jedoch nicht nur auf der biologischen Ebene, auf der er der menschlichen Spezies dient; er operiert auch nicht ausschließlich auf der sozial-kulturellen Ebene, auf der er der Träger von Werten und Traditionen ist. Der Mensch kann wahrhaft individualisiert werden. Zu diesem Zeitpunkt wird sein naheliegendstes Ziel seine Erfüllung als eine ganze Person. Sex nimmt auf dieser Ebene eine vollständig verschiedene Bedeutung an, denn er bezieht sich hauptsächlich auf die Möglichkeiten von zwei Personen, ineinander das zu finden, was sie brauchen – das heißt, was sie individuell missen – für ihre persönliche Erfüllung und kreative Freude. Das gegenseitige Eindringen ihrer biopsychischen Energien kann jedem Partner in großem Maße dazu verhelfen, einen gesünderen Weg zur Existenz und zu sozialen Kontakten oder Problemen zu finden. Dies ist der psychologische und sekundär der soziale Wert von Sex. Dieser Wert kommt nicht zum Tragen, wenn der sexuelle Akt die bloße Selbstbefriedigung bedeutet, eine bloße Freisetzung von Drüsenenergien, oder die Erfüllung irgendeines egozentrischen persönlichen oder sozialen Zweckes. Die Handlung verliert dann ihre Reinheit. Sie wird vergewaltigt.

Für den Menschen, dem okkulte Energien oder subtile biopsychische Kräfte reale und bedeutungsvolle Faktoren sind – in ihrer potentiellen Entwicklung – kann Reinheit in bezug auf sexuelle Handlungen noch eine andere Bedeutung haben. Er könnte im sexuellen Akt einen Prozess von Einstimmung und vielleicht von Identifikation mit den großen Polaritäten der kosmischen Existenz sehen – dem *Yin* und *Yang* der chinesischen Philosophie, dem *Shiva* und *Shakti* der hinduistischen Tantras. Wenn dieser okkulte oder mystische Weg ernsthaft verfolgt wird, dann stellt jegliches persönliche oder ichbdingte Gefühl und auch Gedanke während der rituellen Handlung eine Unreinheit dar. Auf diesem Wege verlieren die persönlichen Charakteristika der Partner jegliche Bedeutung: was zählt, ist die Fähigkeit der Partner, keine persönlichen Begierden oder unterbewußte Zwänge in die Handlung einzubringen. Sehr selten kann ein westlicher Mann oder eine Frau Sex so betrachten oder Sex so erleben; es kann aber sein, daß einige Leute heute versuchen, ungeschickt und intuitiv so eine Ebene sexueller Erfahrung zu erreichen.

Alles, was ich in den obigen Abschnitten über die sexuelle Erfahrung gesagt habe, kann ebenso gut auf die Ausführung jeglicher Handlung bezogen werden. Das mittelalterliche christliche Ideal, jede Handlung, auch die oberflächlichste, so auszuführen, als wäre man in der Gegenwart Gottes, stellt einen anderen Weg dar, um das gleiche zu sagen. Jede Handlung kann entweder aus bloßer biologischer oder sozialer Notwendigkeit erfolgen oder in bezug auf die Anforderungen, Triebe, Frustrationen oder Stimmungen des persönlichen Ego. Auf einer höheren Ebene kann die Handlung vollständig Gott gewidmet sein, oder – was essentiell das gleiche ist – sie kann so offen und auf die größeren Rhythmen des Universums abgestimmt sein, daß sich der Handelnde wahrhaft als ein Vermittler kosmischer Kräfte erfährt, als ein einzelner Faden innerhalb des erhabenen Gewebes des Universums.

# Das sechste Haus

Das sechste Haus ist ein »kadentes« Haus. Es ist das letzte der drei Häuser, die ihren symbolischen Ursprung im Nadir (IC) haben, das heißt, am tiefsten Ende der vertikalen Achse eines Geburtshoroskops, der IC/MC-Achse. Die kadenten Häuser sind das dritte, sechste, neunte und zwölfte Haus. Es gibt aber einen grundsätzlichen Unterschied zwischen dem sechsten und dem zwölften Haus, die jeweils im Deszendenten und im Aszendenten enden – die westlichen und östlichen Punkte des Geburtshorizonts – und dem dritten und neunten Haus, die jeweils mit dem Nadir und dem Zenith enden.

Der Horizont ist eine unmißverständliche Tatsache der Erfahrung. Er trennt das oberhalb der Erdoberfläche Liegende von dem, was unter der Erdoberfläche liegt. Keine Trennung könnte vollständiger sein. Die vertikale Linie des Meridians ist jedoch nicht so leicht zu erkennen. Die östliche und die westliche Hälfte des Himmels und des ganzen Horoskops sind nicht durch irgendeine offensichtliche Trennungslinie voneinander unterschieden. Man bewegt sich leicht vom dritten zum vierten Haus, der Übergang vom sechsten zum siebenten Haus und vom zwölften zum ersten Haus aber ist scharf. Es wird tatsächlich eine *Krise der Erkenntnis* angedeutet, eine »Revolution im Bewußtsein«. Das sechste Haus bezieht sich auf eine Periode von persönlicher Wiederanpassung; das zwölfte Haus bezieht sich auf eine Periode sozialer und existentieller Repolarisation. Doch die Art der Erfahrung des sechsten Hauses führt natürlicherweise zum siebenten Haus, und während ein Mensch im zwölften Haus die Endphase eines Erfahrungszyklus erfährt, so sät er auch, ob er es weiß oder nicht, die Samen, die im ersten Haus den Anfang eines neuen Zyklus produzieren und bedingen werden.

Warum sollte es Erfahrungen der Wiederanpassung im sechsten Haus geben und was hat solch eine Wiederanpassung zu bedeuten? Diese Frage kann in Hinblick auf die Tatsache beantwortet werden, daß das sechste Haus dem fünften Haus, also dem Selbstausdruck und der emotionalen oder kreativen Tätigkeit, folgt. Es kommt im Leben jedes Menschen eine Zeit, wenn er gezwungen ist zu erkennen, daß das, was er tut, fühlt oder denkt, nicht dem von ihm selbst aufgestellten Ideal bezüglich seines Ausdrucks, seiner persönlichen Leistung und seines Erfolges entspricht. Sogar die selbstzufriedenste Person ist sich eines Mangels bewußt; ihre Selbstzufriedenheit ist sehr oft ein Vorhang, hinter dem sie ein nicht anerkanntes Gefühl von Minderwertigkeit, Unsicherheit oder Angst vor Versagen verbirgt. Wenn es solch ein Ding wie eine vollständig selbstzufriedene Person gäbe, dann würde ihr das Leben eines Tages beweisen, daß ihr Körper oder ihr Geist, ihre Emotionen oder ihre Nerven nicht in der Lage wären, einem Notfall oder einer Herausforderung zu begegnen. Krankheit, Schmerz, innerliche Zweifel und Konflikte sind charakteristische Beweise für eine zumindest relative Niederlage oder Unvollkommenheit.

Aber wer kann völlig in der Verwirklichung der seiner Persönlichkeit innewohnenden Potentialitäten erfolgreich sein? Wenn einmal die schöpferische Arbeit vollendet ist, wird sich der Komponist, Schriftsteller oder Künstler oft bewußt, daß er eine größere Arbeit hätte produzieren können. Der Liebhaber kommt an den Punkt, wenn die Liebe verebbt oder plötzlich endet, und sich die quälende Frage aufwirft: »War ich unfähig, diese Liebesbeziehung leuchtend und erfüllend zu erhalten? Was habe ich gesagt oder getan, was das Gefühl der Gemeinsamkeit gestört oder getötet hat?« Der Elternteil oder Erzieher, der die Rebellion und vielleicht die Verachtung oder Feindschaft des Kindes erfährt, das er erziehen wollte, kann nicht darum herum sich zu wundern, was er falsch gemacht hat, oder ob das von ihm auf das Kind projezierte Ideal wirklich irgendeinen Wert hatte. So entsteht eine Erfahrung des Versagens, wenn der Selbstausdruck und die kreative Bemühung auf Hindernisse stoßen und der Geist und die Seele sich leer und vom Leben besiegt fühlen – tatsächlich, zumindest in einem gewissen Maße, selbstbesiegt.

Unter solchen Umständen ist das wahre Problem, was der individuelle Mensch mit seiner Erfahrung von Versagen und den Ergebnissen zumindest relativer Niederlagen tut. Wie reagiert er auf die Erkenntnis, daß ihm Kraft, Durchhaltevermögen, Anpassungsfähigkeit, technische Fertigkeit oder Weisheit, Kultiviertheit und die Fähigkeit rein zu lieben, abgehen? Wie begegnet er der Erkenntnis der Notwendigkeit, sich zu verbessern? Wie *sollte* er ihr begegnen, um so die bestmöglichen Ergebnisse zu erzielen?

Oft wird der wahre innere Wert eines Menschen erst dann enthüllt, wenn er sich Erfahrungen von Unvollkommenheit, Mangel, Frustration oder Niederlage gegenüber sieht. Solange er die normalen Tagesbedürfnisse befriedigen kann und dem, was das Leben und die Gesellschaft – oder seine Familie – von ihm fordern, angenehm begegnet, sehen wir nur *seine Fähigkeiten* am Werke. Wenn diese versagen oder ihrer Aufgabe nicht gerecht werden, wenn sein Körper erkrankt oder sein Geist seine normale Stabilität verliert, dann sehen wir *die Person selbst.* Wir erkennen aber das wahre Selbst dieser Person nicht so sehr durch das, was sie leistet, sondern durch die Art, wie sie einem Notfall begegnet, durch die *Qualität ihrer Reaktion* auf Mangel und Niederlage.

Wenn eine Person mit großen Lebenskraftreserven erkrankt und eine erstaunliche Genesung eintritt, wenn sich eine mit Krieg oder Katastrophe konfrontierte Nation erfolgreich in ein Programm enormer Produktivität stürzt, dann enthüllt das nicht notwendigerweise die Größe des inneren Selbst der Person oder der Seele des Volkes. Was geistig zählt, ist die Qualität der Bemühung und was diese Bemühung in der Person oder in der Nation erschafft. Es ist die Zeit nach dem Sieg, die die geistige Qualität des Sieges prüft. Es ist, was der Sieg dem Geist oder der Seele des Siegreichen antut.

Krisen sind Gelegenheiten für Wachstum wie auch Herausforderungen, es gibt jedoch zwei Arten von Wachstum! Ein Mensch kann größer und fetter, reicher und selbstgefälliger werden. Befähigt ihn dies, der nächsten Krise besser gegenüberzutreten? Bringt ihn dies der Erfüllung seines wahren und grundsätzlichen Lebenssinnes näher? Wenn es dies nicht tut, dann handelt es sich nur um eine falsche Art von Wachstum. Wachsen bedeutet zu werden – tatsächlich und wirkungsvoll – was man potentiell als ein spirituelles Wesen ist, an der Schwelle zur Geburt. Es bedeutet, den grundsätzlichen Sinn seines Lebens als ein Ganzes zu erfüllen – Gottes Sinn für einen selbst, wie der religiöse Mensch es ausdrücken würde.

Die grundsätzliche Frage besteht also darin: Wie kann ich mich am besten einer kommenden Krise gegenüber orientieren? Wenn sie unangemeldet eintritt (wie eine plötzliche Krankheit, ein Unfall oder der Tod), was ist die grundsätzlichste Kraft, Funktion oder Bewegung, die ich in Bewegung setzen soll, um dieser Krise zu begegnen – und, darüber hinaus, ihr so zu begegnen, daß ich durch die dabei gesetzte Anstrengung wachse.

Die meisten Leute halten offensichtlich nicht inne, um sich diese Fragen zu stellen oder um die Antworten zu finden; es ist gut, daß sie dies nicht tun, zumindest *am Anfang*, weil es gut für einen jungen Menschen ist, sich zu prüfen, seine Grenzen durch ein tatsächliches Versagen zu erkennen. Dies baut den Charakter auf, wie auch die Erkenntnis des »Selbst«. Aber wenn Menschen älter werden und erkennen, daß etwas falsch ist in der Art, wie sie ihren Krisen begegnet sind und mit ihren Krankheiten oder ihrem Minderwertigkeitsgefühl umgegangen sind, dann ist die Zeit gekommen, mehr über sich selbst und über seine angeborene Fähigkeit, diesen Krisen zu begegnen, herauszufinden. Die Reorientierung ist erwiesenermaßen notwendig geworden. Vielleicht müssen neue Techniken erlernt werden, oder es muß ein neuer Weg gefunden werden, um die Fähigkeiten zu verwenden, die man schon beherrscht.

Dies ist der Punkt, an dem die Idee der Disziplin ins Spiel kommt. Man kann die Fertigkeiten von geschriebenen Instruktionen oder aus einer unpersönlichen Feststellung erlernen. Man kann sich eine Reihe von Reaktionen auf eine kritische Situation merken – zum Beispiel, was man beim Autofahren in einem Stau zu tun hat. Das ist technisches Wissen; in Amerika verehren wir heute diese Art von Wissen. Aber ein technisch geschickter Fahrer kann – durch Ungeduld, emotionale Rücksichtslosigkeit oder durch Übermüdung und nervöse Anspannung – trotzdem einen ernsthaften Unfall verursachen. Die Technik mag ausreichend vorhanden sein, um die bevorstehende Krise zu bewältigen, aber die persönliche, emotionale oder körperliche Einstellung zur Möglichkeit der Krise kann die Fähigkeit, diese Technik anzuwenden, außer Kraft setzen. In einigen Fällen kann die Anwesenheit eines unterbewußten Wunsches, zu versagen oder zu sterben, eine Niederlage fast zwingend machen.

Jüngerschaft, wenn sie richtig verstanden wird, bedeutet nicht einfach, eine Fertigkeit zu erlernen. Sie bedeutet, sich der »Ansteckung« des Beispiels einer Person auszusetzen, die nicht nur die Fertigkeit besitzt, aber sie auch zu Krisenzeiten voll einzusetzen imstande ist.

Ein Schüler eignet sich von seinem Lehrer Wissen an; ein Lernender erhält von seinem Meister die Kraft, seine persönliche Einstellung dem Leben gegenüber umzuformen, zu sich selbst und zu Gott, so daß er jegliches Wissen, das er besitzt, verwenden kann – oder eine Inspiration, die ihm kommt – wirkungsvoll und kreativ.

Diese Kraft, die der Lernende sich aneignet, erhält er jedoch nicht, *außer er qualifiziert sich dafür*. Er muß die Art erkennen, wie er sich am besten dafür qualifizieren kann, und dies setzt immer irgendeine Art von vorangegangener Reorientierung voraus. Ehe der Lernende tatsächlich – mit der Hilfe des Meisters – die Kraft zu erfahren erhalten kann, also die Kraft für eine wahre innere Metamorphose, muß er sich verändern und wachsen *wollen*. Er muß bereit sein, zu dienen und zu gehorchen, da wahrhafter und eifrig akzeptierter Dienst die einzige Heilung von Egozentrik und Selbstsucht ist. Die Fähigkeit zu gehorchen und Anleitungen zu akzeptieren, ist notwendig, wenn der Schüler erfolgreich Krisen überstehen soll, die eine Herausforderung an die direkte Existenz seines Egos darstellen.

Da das sechste Haus grundsätzlich alles repräsentiert, was sich mit *persönlichen Krisen* und mit der Art, wie man ihnen begegnen soll, beschäftigt, zeigt es mehr als irgendein anderer Faktor im gesamten astrologischen Bereich, wie ein Individuum wachsen und sich umwandeln kann. Es deutet durch seine Inhalte die grundsätzliche Art oder die Arten von Herausforderungen an, die man, wann immer sich Gelegenheiten bieten zu wachsen, erwarten kann. Diese Gelegenheiten können vom Leben selbst erzeugt werden oder durch die Anwesenheit des Meisters oder spirituellen Führers, *dessen Aufgabe es ist, die Gelegenheiten greifbarer zu machen und daher die Krisen schärfer und akuter.*

In den traditionellen astrologischen Textbüchern wird das sechste Haus zum Beruf in Beziehung gesetzt – entweder zu Dienern, die man beschäftigt, oder zum eigenen Arbeitgeber – zur täglichen Arbeit, zu allen Arten von Ausbildung, zu Dingen, die die Gesundheit und die Hygiene betreffen – und besonders zum Militärdienst. Wie gewöhnlich, sind solche traditionelle Bedeutungen an sich oberflächlich, begrenzend und können die grundsätzliche Bedeutung dieses äußerst wichtigen Hauses nicht enthüllen.

Die grundsätzliche Bedeutung ist die des persönlichen Wachstums. Wachstum bedeutet Umwandlung oder Veränderung des Zustandes. Diese Veränderung erfordert einen neuen Schritt nach vorne, oder, wenn die Bewegung negativ ausfällt, nach hinten. In jedem neuen Schritt, den eine Person unternimmt, gibt es einen Moment, in dem sie außer Balance ist, nachdem sie einen vorherigen Zustand des Gleichgewichts (oder der Stabilität) verlassen und den kommenden Zustand noch nicht erreicht hat. Dieser ungleichgewichtige Zustand deutet eine Krise an. Alle Krisen sind Übergänge zwischen zwei Zuständen oder Gegebenheiten der Existenz oder des Bewußtseins. Die meisten Übergänge sind schwierig und schmerzhaft; kaum jemand wird absichtlich und bewußt durch sie hindurchgehen, außer er kommt dahin, das Risiko zu suchen, durch eine scharfe und heftige Erkenntnis, daß ihm irgendeine Fähigkeit abgeht oder er, zumindest teilweise, versagt hat oder besiegt wurde.

Krankheit kann die direkte Folge einer Niederlage der Lebensenergien sein, die mit einer Herausforderung, stärker zu werden, nicht fertig werden, oder auch ein Versuch der Seele, dem Bewußtsein die Notwendigkeit aufzudrängen, daß eine Umkehr der Einstellung notwendig ist, oder auch das normale Anzeichen körperlicher Auflösung im hohen Alter. Sie kann auch dem Körper oder dem Geist aufgezwungen werden – durch den heftigen Aufprall irgendeiner allgemeinen sozialen Krise, durch Krieg oder Revolution. In diesem Falle ist jedoch das zwölfte Haus der Hauptbereich der Störung; das sechste Haus, sein polarer Gegensatz, zeigt in erster Linie die Reaktion eines Individuums auf eine soziale Situation.

Man sollte jedoch nicht vergessen, daß die Reaktion eines Menschen auf ein soziales oder nationales Bedürfnis den normalen Weg des Wachstums darstellt; dieser normale Weg erfordert nicht automatisch, daß er diesen Wachstumsprozeß durch akute Krisen oder Krankheit erfahren muß. Was gefordert wird, ist, daß er zur Produktivität und zum Wachstum seiner Gemeinschaft beisteuert, und dieser Beitrag besteht normalerweise aus einer Art von Betätigung oder aus einem Dienst. Solch ein Beitrag kann eine Vielzahl kleiner Krisen beinhalten, wie auch entschlossene Anstrengungen, die sozialen Umstände richtigzustellen – sogar, wenn es sich nur um die tägliche Pendelfahrt in überfüllten U-Bahnen handelt, oder um die Anstrengung, jeden Morgen beim Läuten des Weckers – der moderne Sklavenhalter! – die Müdigkeit zu überwinden, wenn er einen aus dem Schlaf peitscht.

Wenn die Beziehung eines Menschen zu seiner Gemeinschaft negativ ist, bedeutet Berufstätigkeit Sklaverei, roh oder gemäßigt; wenn die eigene Gesellschaft von Krieg oder Revolution zerrissen ist, bedeutet das Gebiet der Erfahrungen des sechsten Hauses erzwungenen Militärdienst irgendeiner Art. Krisen spitzen sich dann zu, auch wenn sie nur klein sind. Doch diese Krisen können für den einzelnen immer noch Wachstum bedeuten – der Sklave kann ein wesentlich größeres Wachstum vorweisen, als sein gewissenloser Meister! Was zählt, ist die angenommene Einstellung und der Grad, in dem der innere Geist, das innere Selbst, erweckt wurde und fähig war, in der gesamten Persönlichkeit Umwandlungen auszulösen. Diese sollte, zumindest in einem gewissen Maße, die Umwandlung der körperlichen Reaktionen und der instinktiven Triebe und Wünsche beinhalten.

Im Grenzbereich ist die Alternative zur Umwandlung der Tod. Tod kann ein sehr langsamer und gradueller Prozess sein, dem gegenüber sich die individuelle Seele zustimmend verhält oder den sie sogar, aus Ermüdung oder Verzweiflung, herbeiführt. Wachstum bedeutet immer irgendeine Art von Umwandlung. Die Botschaft des sechsten Hauses lautet: *Sei Du umgewandelt*! Keine Person mit einem betonten sechsten Geburtshaus sollte versuchen, dieser Aufforderung nach Umwandlung zu entfliehen, oder es ablehnen, ihr Folge zu leisten.

Sich anzupassen bedeutet, einen statischen Zustand zu akzeptieren; es bedeutet, die Unausweichlichkeit der Kristallisierung zu akzeptieren, die Degradierung des Lebenden zu Unbelebtem, zu Stein. Jedes dynamische Leben beinhaltet Umwandlung – die Umwandlung der Persönlichkeit wie auch den kreativen Beitrag zur Umwandlung der Gesellschaft und der Zivilisation. Schöpferisch zu sein, bedeutet, ein Bestandteil der Umwandlung zu sein; es bedeutet, Krisen vollständig auszunützen, so daß sie zu effektiven und erfolgreichen Metamorphosen werden.

Geburt, Reinigung und Metamorphose weisen meistens auf Leiden hin. Die große Prüfung des sechsten Hauses ist die Prüfung des Leidens – wie auch die der Geduld und der Ausdauer. Die Fähigkeit, mit so einem kräftigen und gleichmäßigen Glauben auszuharren, daß die Krise zu einer neuen Art von Erfahrung und daher zu einer Art von Wiedergeburt oder neuerlicher Integration führen wird, bedeutet die Sicherstellung des Erfolges. Trotzdem macht der Glaube Schmerz oder psychischen Druck und Anspannung um nichts weniger real; er kann ihnen jedoch eine konstruktive Bedeutung geben, auch kann der Mensch fast alles ertragen, was er als bedeutungsvoll erkannt hat, außer wenn die Lebenskräfte seines Körpers verbrauchte Organe nicht mehr aktivieren können.

In einer wohlbekannten gnostischen Hymne der frühen christlichen Jahrhunderte läßt man Jesus sagen: »Wenn ihr gewußt hättet, wie man leidet, hättet ihr die Kraft gehabt, um nicht zu leiden.« Leiden ist der Pfad zu Repolarisation oder zu Wiedergeburt. Die Auferstehung bedingt die vorangegangene Kreuzigung. Man muß erlernen, der Niederlage mit Mut und klarem Denken zu begegnen – ob dies jetzt die eigene Niederlage sei, oder die nahestehender Personen, oder die seiner Gesellschaft als ein Ganzes. Man muß den Gründen für Niederlagen oder Frustrationen *objektiv* und *gelassen* gegenübertreten, wie aus einiger Entfernung gesehen, jedoch mit Erbarmen und ohne Schuldgefühl. Das ist die Losgelöstheit und auch das, was wirklich mit Trennung gemeint ist. Trennung lehnt Einfühlung nicht ab; sie schafft Distanz, und Distanz ist in der Bewertung dessen, was geschehen ist, essentiell.

Man sagt, daß die Zeit alle Wunden heilt, dies aber nur, weil die vielen subtilen Bindungen von Gefühlen und Erinnerungen, die den Täter mit der Tat verbanden, eine nach der anderen vom Bewußtsein verschwinden, während andere Erfahrungen auf den Geist eindrängen – Augenblick für Augenblick, Jahr für Jahr. Der Täter löst sich von der Tat und das Leiden ist vergessen – bis zum Tag vielleicht, wenn man einer neuen Prüfung seiner Fähigkeit, sich umzuwandeln und die Befreiung der Persönlichkeit nochmals abzuwägen und sich zu reorientieren, begegnet. Ihr muß an genau dem Punkte innerhalb des Bewußtseinsfeldes begegnet werden, an dem einmal eine ähnliche Prüfung erfahren wurde. Es hängt dann alles von der Qualität des Heilungsprozesses ab, der damals stattfand. Völlige Heilung stärkt die gestörte Funktion; unvollständig kann sie den Organismus geschwächt und verletzbar zurücklassen.

Das sechste Haus bezieht sich auf alle Erfahrungen der Heilung und auf die Angst vor Krankheit und Niederlage. Wenn die Wurzeln der Persönlichkeit nicht tief und weitreichend sind, neigt der Mensch, welcher Selbstausdruck und emotionale Erfüllung in Tätigkeiten des fünften Hauses sucht, eher dazu, in seinen Versuchen zu scheitern – wenn er Selbstausdruck dazu verwendet, sein Verlangen nach Hilfe zu verschleiern. Niederlage führt dann zu Selbstmitleid. Das verletzte Bewußtsein schreit: »Warum ist mir das passiert?« Es ist passiert, weil der Mensch seine ganze Kraft und sein grundsätzliches Schicksal noch nicht erkannt hat.

Solch eine Erkenntnis kommt oft durch die Hingabe an eine Arbeit zustande. Sie kann durch Dienst zustandekommen, da man nur durch das Dienen Meisterschaft erlangen kann. Der tiefste Wert eines Menschen wird durch seine Fähigkeit und Bereitschaft zu dienen enthüllt – was seine Fähigkeit bedeuten kann, Größe in anderen zu erkennen und sich demütig zu fühlen. Der große Mensch ist demütig, weil er weiß, tief in sich selbst, um wie viel größer er hätte sein können. Wahre Größe schließt Selbstzufriedenheit aus. Nur der große Mensch kann über sich selbst hinaus sehen; die Vision dieses Jenseits muß durch den »Schatten«, der allem Erreichten anhängt, hindurchgehen. Im sechsten Haus kann der Mensch seinem Schatten begegnen – nicht dem letztendlichen »Wächter der Schwelle«, der mehr dem zwölften Haus angehört, aber dem Schatten seines Wunsches, groß, edel und stark zu sein. Dies kann sich durch Demütigung und Krankheit entwickeln oder durch unkontrollierbare Angst, wenn die Herausforderung des Schicksals kommt. Es kann eine äußerst reinigende Erfahrung darstellen; es kann sich auch um eine erhabene und umwandelnde Eingebung handeln. Die Qualität der Reaktion des *gesamten Seins* auf diese Eingebung bestimmt die Qualität der wahrhaft produktiven Beziehungen, in die der Mensch mit anderen Menschen eintreten kann.

Die Anwesenheit eines Planeten im sechsten Haus eines Geburtshoroskops bedeutet nicht, daß dieser Planet in einer ungünstigen Position steht. Das sechste Haus hat nichts, was in sich negativ oder schlecht wäre. Wenn sich ein Planet darin befindet, bedeutet dies, daß die grundsätzliche Funktion, die durch diesen Planeten ausgedrückt wird, *verwendet werden soll,* um möglichst erfolgreich den Erfahrungen in bezug auf Arbeit, Dienst, Krankheit, Selbstumwandlung und dem Erlernen von Neuem zu begegnen, wie auch der Repolarisierung seiner Energien und des Egos, welches bis dahin teilweise unwirksam verwendet wurde. Diese Erfahrungen sind für den gesamten Prozeß individuellen Wachstums notwendig. Sie finden auf zwei oder drei Ebenen statt, von der der materiellen Arbeit und der Gesundheit bis hin zu wahrer Jüngerschaft bei einem »Meister der Werke«. Diesen Erfahrungen sollte nicht ausgewichen werden, nur weil sie normalerweise Anstrengungen und Druck, Schmerz und Leiden beinhalten. Wie ich schon an anderer Stelle schrieb: »Schmerz ist der Wächter unserer unentdeckten Schätze ... die Menschen sind noch nicht ganz ›der Mensch‹. Sie bewegen sich hin in Richtung auf die Meisterschaft, die richtige Verwendung von ›menschlicher‹ Kraft ... Das Leiden ist der Schemel unserer Göttlichkeit. Wir können über ihn stolpern und zurück in die Gebärmutter der Zeit fallen, um noch einmal unseren tragischen Anlauf in Richtung Metamorphose zu wiederholen. Oder wir können auf ihn steigen und unser Antlitz erheben, indem wir den Strom unserer Tränen eindämmen und das Leiden dazu verwenden, um die ausgestreckten Hände von Ihm zu erreichen, der unser wiederauferstandenes Selbst ist. Leiden kann nur mit Auferstehung enden, in jedem Menschen, der wahrhaft menschlich ist. Denn ein Mensch zu sein, bedeutet, ununterbrochen mehr von dem zu sein, was man ist. Bis sich Menschlichkeit mit Göttlichkeit mischt. Bis das Individuum zum Menschen wird. Bis alle siegreichen Menschen, die richtig gelernt haben, die Kraft, die die ihre ist, *in* Gott zur Gänze zu verwenden und daher das Leiden nicht mehr brauchen.«*

---

Siehe: *Triptych*, The Test of Suffering, Seite 167.

# Das siebente Haus

Indem das siebente Haus erreicht wird, befassen wir uns mit Erfahrungen, die aus einer Art von Tätigkeit resultieren und die nicht mehr länger in erster Linie auf dem individuellen Selbst fußen, sondern stattdessen auf dauerhaften Formen von Beziehungen zu anderen Persönlichkeiten, auf Beziehungen, die einen grundsätzlichen Sinn für Zusammenarbeit und Anteilnahme, zusammen mit anderen Personen, voraussetzen. Aber einfache Zusammenarbeit stellt nicht den gesamten Inhalt dar, da sie an sich nur einen flüchtigen und oberflächlichen Wert haben kann. Die Zusammenwirkenden sollten spüren, daß ihre »gemeinschaftliche Handlung« einem Zweck innerhalb eines größeren Ganzen der Existenz dient, normalerweise innerhalb einer besonderen sozialen Gemeinschaft oder innerhalb der als ein planetarischer Organismus angesehenen Menschheit. Es sollte eine *funktionale Anteilnahme* sein. Man sollte in der Beziehung zwischen zwei Partnern eine zumindest schwache Erkenntnis dessen angedeutet sehen, *wofür* die Beziehung besteht, was ihre Aufgabe ist; durch diese Aufgabe sollte dann der Partner in der Lage sein, seine individuelle Aufgabe zu entdecken. Ein Leben ohne Aufgabe, ohne Zweck – oder, wie es der amerikanische Indianer sagen würde, ohne eine »Vision« – ist kaum lebenswert; es ist vom Leben eines Tieres nicht sehr verschieden. Aber offensichtlich können Menschen in bezug auf eine Vielzahl von Aufgaben leben, handeln und kooperieren, bewußt oder instinktiv.

Diese Frage der Aufgabe oder des Zwecks ist astrologisch sehr wichtig – wie auch psychologisch und sozial – denn sie allein kann die grundsätzliche Beziehung zwischen dem ersten, dem vierten, dem siebenten und dem zehnten Haus aufklären. Im ersten Haus kann ein Mensch gefühlsmäßig erkennen – zuerst in einem instinktiven Sinne unterhalb der Grenze dessen, was wir Bewußtsein nennen – daß er ein individuelles »Ich« ist. Diese Erkenntnis, in bezug auf tatsächliche und effektive Existenz, führt im vierten Haus zu einem bewußten und mehr oder weniger gefestigten Gefühl, eine eigene Person mit einem besonderen Charakter und gewissen grundsätzlichen Anschauungen und Werten zu sein, auf dessen Grundlage die Person handelt, sich ausdrückt, erfolgreich ist oder versagt, lernt und leidet, auf dem Pfad der Selbstumwandlung. Diese Selbstumwandlung bringt eine Veränderung der Polarität mit sich. Das Individuum kommt zur Erkenntnis, daß es wohl oder übel ein Bestandteil eines größeren Ganzen ist. Dies ist oft eine verwirrende Erkenntnis, die einen in der Folge ziemlich verunsichert zurückläßt, einem großen Fragezeichen auf dem Horizont des Bewußtseins gegenübergestellt. Was soll ich machen? Werde ich fähig sein, es gut zu machen?

Das Kind fragt höchstwahrscheinlich diese Fragen nicht, zumindest nicht in einem grundsätzlichen Sinne, weil es normalerweise seine Zugehörigkeit zu einer Familie und zu einer Umwelt als etwas Gegebenes betrachtet. Es versucht, sich in diesem Rahmen auszudrücken, wird verletzt, lernt, etc. Normalerweise geschieht es in der Pubertät, mit dem Anstieg der sexuellen Energien, daß das Gefühl entsteht, daß es eine Kraft gibt, die viel größer als das eigene limitierte Bewußtsein ist. Die menschliche Spezies beansprucht das Kind – es muß eine soziale Funktion erfüllen, es hat eine biologische, die Persönlichkeit transzendierende Aufgabe. Der Jugendliche wird auch in zunehmendem Maße von seiner Gesellschaft beansprucht, während er die höhere Schule und die Universität besucht. Er befindet sich auf einem Gebiet der Tätigkeit, in dem er sich nicht ganz sicher ist, was von ihm verlangt wird, und ob er diese Anforderungen mag und sich ihnen anpassen kann. Er kann sich emotional verloren fühlen, er kann blind rebellieren, er kann in intensiven religiösen Eifer flüchten und sich dem Gott der Frömmler verschreiben – dem sublimen Du, das praktischerweise immer zur Stelle ist, um zuzuhören und zu besänftigen, vorausgesetzt, daß Er uneingeschränkt verehrt wird.

In der Stunden-Astrologie wird gesagt, daß das siebente Haus eines Horoskops, das zu einer bestimmten Zeit erstellt wird, um die Frage eines Fragenden zu beantworten, »das Resultat der Sache« aufzeigt, nach der gefragt wurde. Die *Funktion* eines Organismus ist das Resultat seiner *Identität* – erstes Haus. Alles wird geboren, um eine bestimmte Funktion zu erfüllen. Diese Funktion kann jedoch nur dann erkannt werden, wenn die neue Einheit zu den anderen Einheiten in Beziehung gesetzt wird, mit denen sie zusammenarbeiten muß. Das »Leben« erzeugt Männer und Frauen, aber diese sind für die menschliche Spezies wertlos, außer wenn sie miteinander zusammenarbeiten. Jeder Mensch erlernt nur was er ist, nicht nur biologisch, sondern auch im Sinne der sozio-kulturellen Gemeinschaft, während er mit anderen Menschen zusammenarbeitet.

Diese funktionale Zusammenarbeit produziert mit der Zeit etwas für die menschliche Rasse Wertvolles, für die Rasse allein oder für beide zusammen.

Wenn ein primitiver Mensch in Neu-Guinea einen alten Flugzeugpropeller auf einem Feld liegend fände, könnte er seine Form im Detail beschreiben und sogar irgendeine Art plastischer Dekoration um ihn herum bauen; er hat »Form« und ist aus Substanzen hergestellt, die festgestellt werden können. Er ist eine Einheit; aber der Stammesangehörige in Neu-Guinea weiß nicht, *wofür* er dient. Das könnte er nur wissen, wenn ihm gelehrt werden könnte, wie er *in Beziehung* zu anderen Objekten funktioniert, von denen alle funktionale Bestandteile eines organisierten Systems mit einer bestimmten Aufgabe sind: dem Fliegen. Wenn man einen Menschen, der die Elendsviertel der Stadt nie verlassen hat, in einen Wald schickt und er von der Form einer auf dem Boden liegenden Eichel angezogen wird, kann er damit spielen, sie sogar zerteilen, aber er wird nicht fähig sein, in ihr die Potenz einer großen Eiche zu sehen. Er kann die Funktion nicht erkennen, ihren Platz innerhalb des Vegetationszyklus, außer er kann sie irgendwie mit dem Baum in Beziehung setzen. Nur in Beziehung zu anderen Teilen erlangt der einzelne Teil seine Bedeutung, in bezug auf Lebensprozesse oder in bezug auf die organisierten Tätigkeiten eines kommunalen oder nationalen Ganzen.

Das gleiche trifft, mit einigen wichtigen, jedoch vielleicht nicht so grundsätzlichen Unterschieden, auf einen Menschen zu. Wir mögen wissen, woraus er strukturell und biologisch besteht, aber solch ein Wissen ist notwendigerweise unvollständig, bis wir es in Beziehung zu anderen Menschen in Handlung begriffen sehen und innerhalb eines kollektiven sozio-kulturellen Tätigkeitsbereiches.

Funktion unterstellt Aufgabe, und beide sind in dem, was ein Mensch *ist,* innewohnend und potent; sie enthüllen sich aber erst, während er *handelt* innerhalb eines größeren Ganzen, innerhalb dessen er ein teilnehmender Bestandteil ist. Theoretisch wird die Aufgabe einer individuellen Existenz im zehnten Haus erfüllt, aber diese Erfüllung – positiv oder negativ, teilweise oder vollständig – resultiert aus dem, was auf der Ebene des siebenten Hauses festgelegt oder bewußt erkannt wurde. Die Qualität der Beziehungen einer Person zu anderen, auf der funktionalen Ebene, ist die Grundlage, auf der sie das erreichen oder nicht erreichen wird, was-auch-immer der ursprüngliche Sinn ihrer Existenz seit sie geboren wurde war, ob sie sich nun dessen überhaupt bewußt war oder nicht.

Individuelle Erfahrungen, die mit dem siebenten Haus in Beziehung stehen, sollten alle auf Tätigkeiten hinweisen, die zumindest potentiell einen funktionalen Charakter aufweisen. Die letztendliche Schlüsselbedeutung dieser Erfahrungen ist die *Anteilnahme;* doch der

Erfahrende mag sich erst nicht bewußt sein, daß er an einem größeren Ganzen teilnimmt – an einer Gemeinschaft oder an der menschlichen Spezies. Er mag von seinem Partner bezaubert sein oder von der Erregung der Partnerschaft, oder er kann durch sie verwirrt sein. Das leuchtende Gefühl, vollständig ein anderes menschliches Lebewesen zu erkennen und zu erfahren, in dem man sein kann und durch das man Selbsterfüllung erreichen kann, beeinflußt die Hochzeitsreise der Beziehung gewaltig. Es geschieht jedoch oft, daß, wenn die Partner zu einer mit der Beziehung verbundenen tagtäglichen Arbeit übergehen, die funktionale Bedeutung klar hervortritt. Der Wert einer öffentlichen und rituellen Heiratszeremonie ist der, daß zu Anfang der ehelichen Beziehung ihre soziale Bedeutung – daß sie ein Teil von familiären und Gruppen-Prozessen sein kann – eindeutig feierlich festgelegt wird. Die vorgegebene Erwartung eines Resultats, das sich aus der ehelichen Beziehung entwickeln wird – Kinder, oder zumindest irgendeine Art von gemeinschaftlicher Leistung – wird dahingehend verwendet, um die rein emotionale Spannung zu überragen, wie auch die Extase, die der Beziehung innewohnt. Aus eben diesem Grunde unterzieht man einen Menschen, der ein wichtiges öffentliches Amt bekleiden soll, einer öffentlichen Zeremonie oder Krönung. Er tritt in eine Beziehung ein, die eine bestimmte öffentliche Funktion erfüllt – eine Beziehung zu neuen Mitarbeitern, mit denen er zur Erfüllung seiner Aufgabe zusammenarbeiten muß. Er wird mit einem sozialen Zwecke verheiratet.

Dieser Akt der Verheiratung mit einem Zweck wohnt allen Beziehungstypen des siebenten Hauses inne, auch wenn – ich wiederhole – die in Beziehung stehenden Individuen sich kaum der Grundlage ihrer Beziehung bewußt sind. Aber erst im achten Hause wird den Partnern die Verantwortung, die solch eine Beziehung mit sich bringt, klar, vielleicht auf eine lebendige und emotionale Weise. Da dies den »Tod« einiger Illusionen bedeuten kann, wie auch die Wiederbelebung der Egos der Partner, wurde das achte Haus das Haus des Todes und der Regeneration genannt.

Heute hat sich das Konzept der Heirat so weit verändert, daß es so aussieht, als ob die Beziehung zwischen einem Mann und einer Frau keine andere Funktion erfüllt, als die, den Partnern persönliches Glück, Sicherheit und emotionale Erfüllung zu bringen, ohne besondere Beziehung, weder zu Nachkommen – Dienst an der Rasse – noch zu sozio-kultureller Leistung – Dienst an der Gemeinschaft. Dies ist die Folge des überindividuellen und analytischen Charakters unserer Zivilisation und ihres zerstückelten Bewußtseins, welches die Bestandteile so betrachtet, als ob es kein Ganzes gäbe, in dem man sich betätigen sollte. Diese Teile sind nichtsdestotrotz auch Ganzheiten, die selbst aus vielen miteinander in Beziehung stehenden und untereinander abhängigen Teilen bestehen.

Heute lautet die Antwort hierauf, oft als selbstverständlich angesehen, daß ein menschliches Wesen eine sehr besondere Art von Ganzheit ist, welche funktional keiner größeren Einheit angehört. Vom Gesichtspunkt eines Philosophen gesehen, der an »Personalismus« glaubt, ist jede Person ein Endpunkt an sich, eine Art von Absolutem. Sie verkehrt mit anderen Personen, diese Beziehung ist aber *essentiell* personalistisch; das heißt, daß sie kein Teil einer kosmischen Operation ist und somit nicht »funktional«. Die Gesellschaft, die Menschheit und der Planet Erde stellen keine »Organismen« dar, in denen man die menschlichen Einzelwesen als ihnen zugehörige Zellen ansehen kann. Grundsätzlich steht jedes Individuum alleine da und genügt sich selbst, es wird eine *Monade*. Mit anderen zustandekommende Kontakte besitzen einen rein existentiellen Charakter; sie haben Wert und Bedeutung nur im Sinne von dem, was sie jedem Individuum *separat* erbringen.

All dies könnte recht metaphysisch und wie ohne weitere Konsequenzen für den Astrologen klingen, tatsächlich aber repräsentieren die vorangegangenen Abschnitte den grundsätzlichen Widerspruch zwischen den zwei wichtigsten Einstellungen zu Beziehungen zweier oder mehrerer einzelner Personen, wie auch zugleich zur Beziehung zwischen diesen Personen und der organisierten sozialen Gemeinschaft, in der sie leben, wie auch zur menschlichen Rasse als einem Ganzen. Ob man den einen Weg beschreitet oder den anderen, grundsätzlich wird dadurch die Bedeutung menschlicher Beziehung, von Heirat und Partnerschaft, beeinflußt werden. Traurig daran ist, daß die Leute heute mehr oder weniger bewußt versuchen, teilweise im Sinne eines dieser Wege und teilweise im Sinne des anderen zu leben. So herrscht auf allen Gebieten der menschlichen Beziehungen eine grundsätzliche Verwirrung – dies alles betrifft das siebente Haus.

Die alte religiöse Einstellung zur ehelichen Beziehung und zu jeder, zumindest relativ dauerhaften, Partnerschaft auf dem Gebiet der Arbeit, die einen sozialen oder kulturellen Charakter besaß, war eine grundsätzlich funktionale. Heute fehlt diese funktionale Grundlage in sehr vielen Fällen. Ein Individuum trifft auf ein anderes Individuum, aber bloß zur Entwicklung der respektiven Persönlichkeiten. Dies mag natürlich sehr wichtig und konstruktiv sein, aber die Beziehung wird zu einem Selbstzweck oder eher noch zu einer Methode, um die

Entwicklung der grundsätzlich getrennten Persönlichkeiten des vierten Hauses zu unterstützen, oder die Freisetzung von Energien des fünften Hauses. Wenn dies der Fall ist, dann ist es fast unausweichlich, daß die Erfahrungstypen des achten Hauses für die Beziehung früher oder später den Tod bedeuten werden – oder, wenn alles gut geht, die umwandelnde Wiedergeburt.

Um zusammenzufassen: Erfahrung in bezug auf das siebente Haus – das heißt, zu Heirat und zu allen Formen mehr oder weniger stabiler Partnerschaften – kann bloß die *Zusammenarbeit* von Individuen bedeuten, oder sie kann die *Teilnahme an einem größeren Ganzen* bedeuten, dem anzugehören sich die in Beziehung stehenden Personen tief bewußt sind, im Sinne eines gemeinsamen Schicksals oder im Sinne einer bestimmten sozio-kulturellen Aufgabe. Die Hauptfrage in diesen Beziehungen besteht nicht darin, ob es die große Liebe oder ein tiefgefühltes gemeinsames Interesse zwischen Geschäftspartnern gibt, sondern darin, was die *Qualität* dieser Liebe oder dieses gemeinsamen Interesses ist. Heirat kann das bedeuten, was die Franzosen *l'égoisme à deux* nennen – ein schwierig zu übersetzender Ausdruck, der aber die Verbindung von zwei Personen bedeutet, einzig für ihre eigene gegenseitige Befriedigung und für ihr eigenes persönliches Wachstum*; die geschäftliche Partnerschaft kann einzig für den Profit der beiden Partner eingegangen werden, ohne Rücksicht auf soziale Konsequenzen. Andererseits kann eine Beziehung einem mehr-als-persönlichen Zwecke geweiht sein, auf welcher Ebene auch immer.

Kein Astrologe kann mit Sicherheit sagen, welchen der beiden Wege ein Mensch in seinen engen und stabilen Beziehungen beschreiten wird, aber das Sternbild an der Spitze des Hauses, der Platz und die Aspekte zum Herrscher dieses Zeichens, und die Natur der Planeten, die sich im siebenten Hause befinden mögen, können eine beträchtliche Aussage machen, die einer ehrlichen Person, die mit Eifer an einem größeren Bereich der Existenz teilnehmen will, hilfreich anzeigen kann, was die besten Umstände für solch eine Anteilnahme sind,

* Vor vielen Jahren wurde ein russischer Film, der sich mit einem jungen Mann und einer jungen Frau befaßte, die beide an zwei Kriegsfronten kämpften, im Magazin *Sowjet Russland,* Januar 1943, besprochen. Ein Brief des jungen Mannes an seine geliebte Kameradin wurde zitiert: »In unserer Zeit wird das Schicksal der Welt entschieden und dieses Schicksal muß von uns entschieden werden. Wir stehen einem harten und militanten Leben gegenüber und ich möchte dieses Leben mit Dir teilen.« Wie wichtig es war, daß der Junge nicht sagte »*mein* Leben teilen«, sondern »dieses Leben mit Dir teilen«. Eine geteilte Anteilnahme an einem neuen Leben: wie verschieden von *l'égoisme à deux!*

und die sie vielleicht auch auf einige der darin mitinbegriffenen Gefahren und Prüfungen aufmerksam macht. Dies mag die Beziehung nicht einfacher machen; es könnte sie aber bedeutungsvoller und fruchtbarer machen.

Der astrologisch wichtigste Punkt ist, wie gerade angedeutet, daß man das siebente Haus – oder irgendein anderes Haus – nie *alleine* betrachten sollte, wenn man eine Sache interpretiert, die sich auf Erfahrungen oder Probleme bezieht und die sich mit diesem Bereich menschlicher Existenz und Tätigkeit befaßt. Das Prinzip des in-Beziehung-stehens, der Deszendent, und das Prinzip der Selbstheit, der Aszendent, stellen zwei unabhängige Polaritäten dar. Was man als individuelles Selbst ist, wird in der Art veranschaulicht werden, wie man mit anderen Personen und mit der Welt im allgemeinen verkehrt; gleichermaßen führen die Resultate von Beziehungen zu einer Rückkoppelung, die das beeinflußt, was die Psychologen heute das »Selbst-Bild« eines Menschen nennen.

Das Muster individueller Selbstheit – welches sich auf der biologischen Ebene im genetischen Code innerhalb aller Zellkerne manifestiert – ist ein permanenter Faktor im Kreislauf der Existenz eines Menschen. Veränderung innerhalb der Persönlichkeit findet mittels aller möglichen Arten von Beziehungen statt. Beziehung ist die kreative – und in manchen Fällen die destruktive – Antwort auf die existentielle Tatsache des in-Beziehung-stehens. Das siebente Haus ist somit potentiell das dynamischste aller Häuser. Es liegt in diesem Bereich der menschlichen Existenz, daß die Person am grundsätzlichsten umgewandelt werden kann. Hier ist es auch möglich, daß der Mensch seine größte Freiheit erfahren kann – außer es stehen gewisse Planeten sehr nahe am Deszendenten, Planeten, die zwingende Einflüsse des Schicksals symbolisieren, des Schicksals, das alleine, durch die Magie der Beziehung, die Art von Grundlagen aufbauen kann, die für die Erfüllung einer kraftvollen Aufgabe, die dem individuellen Selbst innewohnt, notwendig sind. In solch einem Falle kann der Mensch von dieser Aufgabe gedrängt werden, eine gewisse Art von Beziehung oder eine Beziehung mit einem gewissen Typus von Person einzugehen, was Erfahrungen herbeiführen kann, die am besten der Dynamisierung der Aufgabe des Schicksals dienen, auch wenn dies durch Stress und Anstrengung oder sogar durch Tragödie geschieht.

Heirat – ebenso wie auch andere Arten von Partnerschaften – kann ein Bereich unlösbarer Spannungen sein. Die von diesen Spannungen ableitbaren Erfahrungen können auch dem Zwecke des persönlichen Wachstums dienen und zur Erfüllung eines Menschen Schicksal führen. Der dem Deszendenten nahestehende Planet ist normalerweise eine starke Indikation dafür, wie man am besten solchen Erfahrungen gegenübertreten soll. Ihnen wird auf verschiedenen Ebenen, je nach der Entwicklungsstufe eines Menschen, begegnet werden und, könnte man hinzufügen, auch je nach der Evolutionsphase der »Seele«, die dieses besondere Leben verkörpert. Man kann einen dialektischen Prozeß hier an der Arbeit sehen, wie tatsächlich überall, der drei grundsätzlichen Ebenen von in-Beziehung-stehen enthüllt.

Auf der grundsätzlichsten biologischen und Stammesebene sind alle Beziehungen den zwingenden Diktaten des Lebens und auch dem Wohlergehen der gemeinschaftlichen Gruppe untergeordnet. Beziehungen sind eindeutig zweckgebunden und sozial durch starke Tabus reguliert, die grundsätzlich mit einem Blick auf das, was natürlich wertvoll und konstruktiv für das Stammes-Ganze ist, formuliert werden, obwohl andere Voreingenommenheiten den ursprünglichen Sinn verzerren können.

Wenn ein Mensch das Stadium erreicht, an dem der Individualisierungsprozeß beginnt, stark wirksam zu werden, nehmen Beziehungen einen mehr persönlichen Charakter an; die grundsätzliche Beziehung der Ehe ist aber immer noch dem biologischen Zwang unterworfen, wie auch das Bedürfnis, kulturelle und religiöse Werte zu wahren und mitzuteilen. Erst seit die industrielle Revolution damit anfing, die traditionellen Muster von Beziehungen aufzulösen – eigentlich nicht vor dem Anfang dieses Jahrhunderts – haben eine intensive Art von Individualismus und die Erhebung der Frauen gegen patriarchalische Regeln die Institution der Ehe völlig umgewandelt. Die Heirat hat ihren sozialen und institutionell-religiösen Charakter weitgehend verloren. Sie hat aufgehört, in den meisten Fällen eine durch Eltern, durch soziale Klassen und durch finanzielle Werte bestimmte Affäre zu sein. Sie stellt heute hauptsächlich ein Zusammenkommen von zwei Individuen aus deren freiem Willen dar, um ein reicheres gemeinsames Leben zu genießen. Somit haben die Faktoren von Selbstheit und in-Beziehung-stehen fast die ganze Aufmerksamkeit auf sich gezogen, und jene Faktoren, die sich auf das zehnte und sogar auf das vierte Haus beziehen, haben ihre hauptsächliche Bedeutung verloren – dies, weil die Mehrheit der Ehen, zumindest in den Vereinigten Staaten, einen Sinn von Schicksal und einen sozialen oder transzendierenden Zweck (zehntes Haus) entbehren und praktisch keine sehr lebendigen und festen Wurzeln, sozial wie auch geographisch, besitzen.

Jetzt sollte eine dritte Ebene erreicht werden, auf der vielleicht alles, was vom Ehemuster übrig ist, noch mehr umgewandelt werden wird. Auf dieser Ebene wird die Beziehung noch einmal von einer gemeinsamen Aufgabe beherrscht werden – sozial und übersozial, spirituell oder planetarisch. Wahrhaft autonome und echte Menschen werden ihre Energie vereinen, vielleicht auf eine rituelle Art, um für eine wahrhaft gemeinsame und bewußt untereinander geteilte Aufgabe zu arbeiten – eine funktionale Aufgabe, gesehen in bezug auf Anteilnahme an der totalen Evolution der Menschheit und der Erde.

Es scheint offensichtlich, daß diese dritte Ebene von enger und kreativer Beziehung – sie kann auch prokreativ sein, muß aber nicht – immer noch inakzeptabel und vielleicht undenkbar ist für die riesige Mehrheit der Menschheit. Aber große Veränderungen mögen immanent sein, und die aufstrebenden nicht-weißen Länder mögen in ihren uralten Kulturen Ansätze finden, die es *allen* Leuten einfacher machen werden, eine neue Art von fruchtbarem und überpersönlichem Zusammensein zu akzeptieren.

# Das achte Haus

Das Leben eines Menschen ist wie eine Ellipse mit zwei Brennpunkten, im Gegensatz zum Kreis, der bloß ein Zentrum besitzt. Diese beiden Brennpunkte, Prinzipien oder Neigungen, um die herum das Leben und das Bewußtsein eines menschlichen Wesens kreisen, sind, wie wir gesehen haben, *Selbstheit* und *Beziehung*, respektiv dargestellt durch den Aszendenten und den Deszendenten. Weil die Astrologie alle ihre Symbole und Interpretationen zu den Anfängen von Zyklen in Beziehung setzt – der erste Punkt individualisierter Existenz, der erste Atemzug, der den neugeborenen Organismus mit einer Umwelt verbindet – werden die Häuser des Geburtshoroskops vom Aszendenten ausgehend numeriert, eins bis zwölf. Zyklen der Existenz sind jedoch keine geschlossenen Kreise; von zwei Kräften, die von den Prinzipien der Selbstheit und der Beziehung abgeleitet werden, beherrscht jede eine Hälfte des Zyklus. Der Halbzyklus unter dem Horizont wird durch die Bestrebung beherrscht, soweit wie möglich die im einzelnen, bei der Geburt innewohnenden Potentialitäten zu realisieren; der Halbzyklus über dem Horizont wird, während er noch immer tief von diesem Prozeß der Selbstverwirklichung und dem Bestreben nach Selbsterfüllung beeinflußt wird, kräftig durch den Charakter und durch die Resultate von Beziehungen bedingt, in die der einzelne eintreten muß, wenn es zu einer vollständigen persönlichen Erfüllung kommen soll.

Aus diesen Gründen, während es völlig logisch ist, die Häuser von eins bis zwölf zu numerieren, sollte man auch die Tatsache in Erwägung ziehen, daß am Deszendenten eine neue Reihe von Faktoren anfängt, die Aufmerksamkeit der Person einzunehmen – Faktoren bezüglich der Herbeiführung von Veränderungen und, zumindest auf einer Ebene, sinnvoller Beziehungen. Daher ist der Deszendent auch in diesem Sinne der Anfangspunkt einer Reihe von Erfahrungen, die produktive Beziehungen erfordern – Beziehungen, die unausweichlich die Ansichten und das Bewußtsein des Individuums auf eine grundsätzliche Art umwandeln. Das Haus mit der Zahl acht, angefangen vom Aszendenten, sollte auch als ein zweites Haus interpretiert werden, wenn man vom Deszendenten ausgeht. Man kann daher von jedem der sechs Häuser über dem Horizont sagen, daß sie zwei grundsätzliche Bedeutungen besitzen: eine in bezug auf den Aszendenten – das Prinzip der Selbstheit – die andere in bezug auf den Deszendenten – das Prinzip der Beziehung. Der einzelne entfaltet und verwirklicht seine Kräfte durch die ersten sechs Häuser, und die Erfahrungen, denen man in diesen sechs Bereichen begegnet, werden in erster Linie am individuellen Selbst erfahren und gewertet.

Auf die gleiche Weise ist das, was in den ersten sechs Häusern, die am Deszendenten beginnen, realisiert wird und produktiv ist, hauptsächlich das, was immer dem Individuum im Sinne von Beziehungen begegnet – Beziehungen, die einen zunehmend beherrschenden Schwung und Kraft besitzen, was sowohl auf eheliche wie auch auf strikt soziale Beziehungen zutrifft. Der Mensch richtet von dann an seine Aufmerksamkeit weniger auf das eigene Selbst als auf das, was ihm Beziehungen in seinem Leben bringen. Mit der Zeit wird natürlich das, was diese Beziehungen bringen, zurückgeführt zu seinem Gefühl von Selbst und auf einer mehr bewußten und reifen Ebene von persönlicher Existenz – oder, negativ, auf einer verschlechterten Ebene – wird ein neuer Zyklus beginnen.

Dies bedeutet *nicht*, daß ein Mensch in seinem Leben zu einer bestimmten Zeit immer nur Erfahrungen im Bereich *eines* einzelnen Hauses macht. Alle Häuser sind zu jedem Augenblick des Lebens potentiell wirksam – so wie der Sommer im Winter angedeutet ist und die eisigen polaren Ödländer im tropischen Dschungel. Was ein Astrologe tut, wenn er dem Bereich eines Hauses bestimmte Bedeutungen im Sinne eines zyklischen Prozesses von Persönlichkeitsentfaltung zuschreibt, ist eine Festlegung von grundsätzlichen Kategorien von Erfahrungen, das heißt, die Art, wie sie miteinander zusammenpassen und wie eine Art von den anderen abhängt und sie selbst bedingt. Jede Art von Erfahrung ist potentiell in jeder anderen Art angedeutet und jede wichtige Erfahrung kann zu einem grundsätzlichen Archetypus in Beziehung gesetzt werden. Es ist die Beziehung von der Erfahrung zu diesem Archetypus, die ihr ihre essentielle Bedeutung im Sinne des *ganzen* Lebens des Individuums gibt.

Dies ist zumindest das, was ein holistischer Annäherungsweg zur Existenz behauptet. Eine wahrhaft vollständige Erfahrung kann im Jetzt gelebt werden, aber wenn es in der Erfahrung einen Sinn von wahrhafter Vollkommenheit gibt, dann wird jeder Tätigkeitsbereich – jedes Haus – in gewissem Maße daran teilhaben. Nichtsdestotrotz wird ein Bereich betont sein, und es ist diese Betonung, dieser Brennpunkt von bewußter Aufmerksamkeit, der die Bedeutung der Erfahrung tief beeinflussen und ihre Resultate bedingen wird.

Wenn der traditionelle Astrologe vom achten Haus spricht als dem Haus des Todes und der Regeneration, ist seine Interpretation hauptsächlich auf die Entsprechung aufgebaut, die so oft – und meiner Meinung nach zu unrecht – zwischen Tierkreiszeichen und Häusern hervorgehoben wird; das heißt, das erste Haus entspricht dem Widder, das zweite dem Stier, das achte dem Skorpion. Es besteht eine gewisse Gültigkeit, solche Entsprechungen herzustellen, diese sind aber normalerweise nur verwirrend. Tierkreiszeichen und Häuser repräsentieren grundsätzlich verschiedene Wertsysteme. Sie beziehen sich auf unterschiedliche Faktoren, auch wenn die zwei Wertsysteme Beziehungen zueinander aufweisen – besonders unter dem numerologischen Gesichtspunkt. Im Falle des achten Hauses kann aus solch einer Entsprechung kein Gewinn gezogen werden, da der Skorpion eines der wenig verstandenen Zeichen des Tierkreises ist, und das, was ziemlich plump schlecht gemacht wurde.

Im jahreszeitlichen Zyklus des solaren Jahres bezieht sich der Skorpion auf den mittleren Herbst. Im gemäßigten Klima erfährt zu dieser Zeit des Jahres die jahresgebundene Pflanzenwelt normalerweise tatsächlich den »Tod«. Aber innerhalb des Prozesses der Auflösung, inmitten der verfaulenden Blätter, gibt es auch Samen, die nicht sterben. Sein Bewußtsein mit dem Samenprozeß zu identifizieren, bedeutet für den einzelnen, sich über den zyklischen Tod zu erheben und vielleicht, wenn er schon nicht eine umwandelnde *Mutation* oder grundsätzliche Repolarisierung erfährt, zumindest an der kommenden Wiedergeburt der Vegetation im Frühjahr teilzunehmen. Numerologisch und nach der gnostisch-christlichen Tradition ist die acht, auf drei Ebenen wiederholt, die symbolische Zahl des Christus (also 888). Da der Christus-*Mythos* um die Kreuzigung und die Wiederauferstehung zentriert ist, paßt diese Zahl 8 gut zusammen mit dem Haus des Todes und der Regeneration.

Aber die zyklische Reihenfolge der Häuser hat noch eine andere wichtige Bedeutung. Sie bezieht sich auf zwölf grundsätzliche Phasen in der Entfaltung des Bewußtseins eines Menschen. Das Bewußtsein, im westlichen Sinne des Wortes, deutet zwei entgegengesetzte Pole an: Selbstheit und Beziehung. Da kein Mensch alleine oder ohne eine Vergangenheit geboren wird, bedingen die Resultate von vergangenen Beziehungen – Karma – das neue Selbst, welches wiederum sein Selbst sich selbst und der Welt beweist durch die Art, in welcher es neue Beziehungen erfährt und ihnen begegnet. Diese Beziehungen bedingen später ein neues Selbst. Daher sollte der Deszendent, astrologisch gesprochen, im Sinne eines Beginns eines neuen Prozesses gesehen werden, von dem das siebente Haus die erste Phase und das achte Haus die zweite Phase darstellt. Das achte Haus bezieht sich auch auf Besitzungen, aber – außer vielleicht in der Stunden-Astrologie, in der jedes symbolische Konzept personalisiert wird und im Sinne separater Geschehnisse interpretiert wird – die traditionelle Interpretation dieser Besitzungen der Art des achten Hauses als »die Besitzungen des Partners« ist unrichtig. Was angedeutet wird, sind die Besitzungen *der Beziehung;* das heißt, daß sich das achte Haus auf die gesamte existentielle Situation bezieht, der *die Beziehung* gegenübertreten muß, um *ihre* Möglichkeiten zu realisieren. Es enthüllt auch, was der Beziehung zur Verfügung steht, damit sie zu einem wirksamen Faktor in der Gesellschaft werden kann.

Was die Beziehung »besitzt«, ist offensichtlich das, was die Partner in sie einbringen. Aber sie ist *nicht nur* die Summe von zwei Beiträgen, da von dem Augenblick an, wo eine Partnerschaft der Art des siebenten Hauses besteht, die stabilen und zielorientierten Wechselwirkungen zwischen den beiden Partnern einen *Mehrwert* zu diesen einzeln betrachteten Beiträgen beisteuern. Die Qualität der Partnerschaftsbeziehung wird ein aktiver und produktiver – oder einschränkender und vielleicht destruktiver – Faktor. Dies ist ein sehr wichtiger Punkt. Wenn sich zum Beispiel ein Planet im siebenten Haus einer Person befindet, wird er nicht nur auf die Fähigkeit zur Beziehung von diesem Menschen einwirken, sondern auch auf die Fruchtbarkeit oder die Probleme, welche sich auf das achte Haus beziehen.

Darüberhinaus – so wie keine Person in einem Nichts geboren wird – findet auch keine Beziehung im leeren Raum statt. Der Raum ist *zugleich* die Biosphäre als ein Ganzes und die besondere Gesellschaft, der die Partner angehören oder in der ihre Beziehung beginnt und sich entwickeln wird. Die Biosphäre versorgt die Partner – je nach Klima, Land und Jahreszeit – mit ihren grundsätzlichen physischen Bedürfnissen; die Gesellschaft hat Wege festgelegt, wie jedwede Partnerschaft vollzogen werden soll. Die Heiratsbeziehung muß sich sozialen und religiös-ethischen Tabus stellen, wie auch eine geschäftliche Partnerschaft inkorporiert werden muß, einer ganzen Reihe von Verordnungen folgen muß, um Steuern zu zahlen, etc. Die Beziehung muß sich *Präzedenzfällen anpassen, die in ihrer Umwelt gültig sind.* Die Gesellschaft stellt ihr viele Möglichkeiten zur Verfügung, aber ebenso viele Einschränkungen. All dies bezieht sich auf das achte Haus.

Das Haus, seine Spitze, und die sich darin befindenden Planeten deuten an, wie ein Mensch am besten und am realistischsten zugleich an die Möglichkeit wie auch an die Einschränkungen herangehen kann, die darin verwickelt sind, um die Beziehungen, die er eingeht, fruchtbar werden zu lassen. Fruchtbarkeit kann Geld bedeuten, Wachstum, Einfluß, oder sie kann andeuten, daß der Mensch durch diese Beziehung eine wertvolle Selbstumwandlung erfahren hat und fähig sein wird, Tiefen von Bewußtsein und Erfahrung zu erreichen, die er alleine nie zustandegebracht hätte.

Beziehung sollte nicht nur angesehen werden als die Einbeziehung von zwei Partnern in eine exklusive Form von Heirats- oder Geschäftsverbindung. Mehrere Partner, oder sogar eine Gruppe können sich auf einer relativ stabilen und festen Grundlage zusammenfinden – sicherlich so fest, wie es heute die meisten Ehen sind. Solch eine Gruppe kann eine geschäftliche Bedeutung haben, aber ihre Aufgabe kann auch religiös, politisch oder »okkult« sein. Die Gruppenbeziehung wirkt normalerweise durch irgendeine Art von Ritual: die moderne Geschäftswelt ist eine lange Reihe von Ritualen, angefangen vom Büro und der Fabrik bis hin zur Wall Street und ihrer Börse; das Leben in der Armee ist fast nichts anderes als eine schmerzhafte Reihenfolge von Ritualen, die auf dem Schlachtfeld enden. Eine Stadt – einen ganzen Tag lang von oben beobachtet – würde einen Film von Verkehrsritualen demonstrieren, Verstopfung und Entkrampfung, hell und dunkel. Religiöse Organisationen haben ihre Rituale. Der Zweck all dieser Rituale und aller gemeinsamer Festlichkeiten, Konzerte, Opernaufführungen und Baseball-Spiele besteht darin, die gemeinsamen psychischen Verbindungen zwischen den Mitgliedern einer bestimmten Gesellschaft oder Gruppe zu stärken.

Mit anderen Worten, das Ritual soll den besonderen *Mehrwertfaktor* vorantreiben, der produziert wird, wenn die Gruppe psychisch und emotional integriert ist. Es gibt sogar eine physische oder elektromagnetische Integration, die dann stattfindet, wenn sich menschliche Körper berühren und sich zusammen miteinander bewegen, nach gemeinsamen Rhythmen.

Die Rituale, die verschiedene okkulte oder mystische Gruppen in ihren Zusammenkünften befolgen, besonders in der gefährlichen Form von »zeremonieller Magie«, haben den gleichen Zweck wie alle sozialen und religiösen Rituale, außer daß sie eine noch mehr bewußte, absichtliche und oft mächtige Aufgabe haben, oder, wenn sie wirksam sein sollen, haben sollten. *Mantras,* Beschwörungen, traditionelle Gesten und die Verwendung von symbolischen Objekten können die Willenskraft der Teilnehmer der Gruppe auf einen scharfen Brennpunkt bringen, wie auch deren Emotionen. Die Rituale der amerikanischen Indianer sind recht typisch für eine gewisse Ebene dieser Gruppenhandlung, die Rituale der Freimaurerei typisch für eine andere. Tatsächlich ist die ganze Gesellschaft auf Ritualen aufgebaut.

Nur wenn Individualismus ganz besonders hervorgehoben wird, können die rituellen Muster von sozialen Institutionen zusammenbrechen. Aber sehr bald gründen die revoltierenden Individuen eine neue Art von Ritual. Das Geschäft des Lebens ändert seine Gruppenformationen, seine standardisierten Prozeduren und seine Moden, aber die Erfahrungen der Art des achten Hauses bestehen weiter, und man muß ihnen begegnen. Auch sexuelle Rituale bleiben bestehen, obwohl Moden und Moralanschauungen sich verändern können.

Das grundsätzliche Problem besteht darin, ob man diesen täglichen Ritualen eine positive, begeisternde oder emotional voranbringende Bedeutung gibt, oder ob man sie als eine langweilige Routine und als Qual erfährt. Es ist in der Begegnung mit solch einem Problem, daß das Ideal der Übung der Gegenwart von Gott zu jedem Augenblick des Tages seine schöne und heilige Bedeutung erfährt. Jedes Ritual *könnte* das Göttliche in seinen Teilnehmern erwecken. Es kann diese Vergegenwärtigung nur dann erreichen, wenn die *Qualität* der Beziehung zwischen den Teilnehmern die Heraufbeschwörung ermöglicht – und somit ihre Wiedergeburt auf einer höheren Ebene von Miteingeschlossenheit und egofreier Liebe.

In einer Gesellschaft, in der fast alles durch »Geschäfte« beeinflußt wird, erscheint es in der Tat eigenartig, daß dieses Wort nicht in der traditionellen Liste von Begriffen erwähnt wird, auf die sich die Häuser beziehen. Indem man das zweite Haus eines Geburtshoroskops als das Haus der Geschäfte ansieht, versäumt man, was Geschäft als Wort essentiell bedeutet. Das zweite Haus bezieht sich auf das, was der Mensch privat besitzt und was er verwenden kann, um sein Geburtspotential zu verwirklichen – ob die Beziehungen nun greifbare Guthaben sind oder psychologische und spirituelle Fähigkeiten. Das achte Haus beschäftigt sich mit dem Geschäft an sich, da jede Art von Geschäft eine Form von Vertrag oder Übereinstimmung miteinschließt, die mindestens zwei Personen betrifft und die, mehr oder weniger legal, von der Gesellschaft als Ganzer garantiert wird. Heirat ist oder war ein Vertrag, theoretisch gültig »bis daß der Tod uns scheide«, garantiert durch legale und religiöse Sanktionen. Kaufen auf Raten, Hypotheken und alle Arten von Wechseln, ob sie sich auf Geld beziehen oder nicht, sind auf zwischenpersönliche und soziale Beziehungen aufgebaut, und dies bedeutet grundsätzlich *auf Vertrauen*.

Drei grundsätzliche Faktoren sind in allen Dingen, die sich wirklich mit dem Bereich der Erfahrungen des achten Hauses befassen, angedeutet: Vertrauen – was in sich Ehrlichkeit birgt – Management und Verantwortung. Und hinter ihnen steht die breite Tätigkeit des siebenten Hauses: Liebe – Liebe als die Fähigkeit, zwischenpersönlichen und damit sozialen Beziehungen eine konstruktive und integrale Bedeutung zu geben; somit als Bestätigung der erfahrbaren und verwirklichten Bedeutung und des Wertes von *Gemeinsamkeit*.

An einer rituellen Tätigkeit teilzunehmen, wenn man den Teilnehmern nicht vertraut, kann sehr gefährlich werden, auch wenn dies genau das ist, was man dauernd tut, während man in unserer modernen Gesellschaft lebt, besonders in modernen Städten; und dies ist der Grund, warum unsere Gesellschaft dem achten Haus eine vorwiegend negative Bedeutung zuschreibt. Politik ist die Negierung von Vertrauen; und bis das ganze Konzept von Politik keinen Platz in sozialen und zwischenpersönlichen Beziehungen mehr findet, muß soziale Gemeinsamkeit im achten Haus ihre bitteren Früchte ernten, in einigen Fällen auch reiche Ernten. Politik muß im sozialen und geschäftlichen Sinne des Wortes durch Management ersetzt werden. Das heißt, die Folgen einer Beziehung oder eines Geschäftskontrakts – und der *Mehrwert,* der durch menschliche Zusammenarbeit erzeugt wird – sollten verwaltet werden, nicht nur zugunsten der Beteiligten, aber auch zugunsten der Beziehung an sich und was sie der Gesellschaft und der Menschheit *und der Welt* erbringt, dem immensen planetarischen Organismus, in dem die Menschheit eine bestimmte Funktion erfüllen sollte, wie sie auch die pflanzliche und die tierische Welt, die Winde und das Meer erfüllen.

Wenn eine Beziehung des siebenten Hauses wirklich funktional und zweckvoll ist, dann liegt es im Bereich der Erfahrungen, die mit dem achten Haus in Beziehung stehen, daß dieser funktionale Zweck verkörpert wird. Wenn er sich verkörpert und einen sehr konkreten Charakter annimmt, müssen sich die Partner der Verantwortung dessen stellen, was die Beziehung anderen Personen bringt, besonders der ganzen Gemeinschaft und der Erde.

Die zusammenarbeitende Tätigkeit eines Paares oder einer Gruppe produziert verschiedentliche Resultate, sie setzt neue Energien frei oder erschafft neuen Reichtum. Wie sind die Früchte dieser Tätigkeit zu verwenden? Das ist die grundsätzliche Frage des achten Hauses, weil dieses Haus ein Mittel-Haus ist und alle diese Häuser – das zweite, fünfte, achte und das elfte – mit der Verwendung von Kraft zu tun haben, die durch das zugänglich wurde, was in den Eck-Häusern geschah – dem ersten, vierten, siebenten und zehnten. Im zweiten Haus verwendet ein Individuum das, was es besitzt, und eine gewisse Art von *persönlicher* Verwaltung wird dadurch bedingt. Aber im Bereich von Geschäften nimmt richtiges Management eine *überpersönliche* Bedeutung an, das heißt, der Manager verwendet die Früchte der Gruppentätigkeit nicht für sich selbst, sondern für die Beziehung zwischen Gruppen-Teilnehmern – daher für die Firma, die Regierung, die Nation als ein Ganzes.

Verantwortung bedeutet die Fähigkeit zu reagieren. Reagieren auf was? Auf die eheliche oder soziale Situation, die durch die konkreten Resultate einer zusammenarbeitenden Beziehung geschaffen werden. Dies bedeutet die Fähigkeit, zu kontrollieren, mit etwas umzugehen und so die Früchte dieser Beziehung zu konstruktiven, sozialen Zwecken zu verwenden.

Diese Verantwortung trifft auf alle Ebenen der Tätigkeiten des siebenten Hauses zu – auf sexuelle Tätigkeit wie auch Geschäftsprofite oder Geschäftsverluste! Kraft wird freigesetzt. Sie kann verkörpert werden durch die Empfängnis von einem Baby oder durch geldliche Gewinne ebenso wie durch die Verschmutzung der Luft und des Wassers durch einen Industriebetrieb. Jede Freisetzung von Kraft kann sowohl positiv wie auch negativ verwendet werden – meistens ist es ein bißchen von beidem. Ist das Geschäft profitabel? Welches Erbe hinterläßt es der Zukunft? Und dies bedeutet vor allem anderen die Zukunft der Teilnehmer, da jede eingegangene Beziehung und jede unterzeichnete vertragliche Abmachung den daran Teilnehmenden ein Erbe erbringen wird. Sie kann für die Vergangenheit den Tod bedeuten, gefolgt von Wiedergeburt, oder die Art von Sterben, die die Zukunft mit karmischen Geistern und ungelösten Frustrationen umgibt.

Das achte Haus ist ein sehr wichtiges Haus, jedoch eines, das im Horoskop eines Menschen schwer zu interpretieren ist. Innerhalb der Erfahrungsarten des achten Hauses muß eine Person ihre vielleicht tiefsten und lebenswichtigsten Entscheidungen treffen. Diese Entscheidungen werden nicht nur den einzelnen betreffen, sondern die Gesellschaft als Ganzes. In diesem Sinne haben die existentialistischen Philosophen recht, wenn sie sagen, daß jeder Mensch für die Gesamtheit verantwortlich ist.

# Das neunte Haus

Erfahrungen, die mit dem neunten Haus verwandt sind, sind grundsätzlich solche, denen ein Mensch im Laufe seiner Suche nach Bedeutung begegnet. Dieses Haus, ein »kadentes« Haus, bezieht sich auch spezifisch auf Dinge, die es Partnerschaften und jeder Art von Gruppentätigkeit erlauben, am erfolgreichsten zu funktionieren und sich innerhalb des Rahmens einer bestimmten Gesellschaft und Kultur auszuweiten. Dies erfordert eine Erkenntnis der allgemeinen Umstände, Abläufe und Gesetze, die die Lebensweise einer bestimmten Gesellschaft strukturieren wie auch die Möglichkeiten, die diese Lebensweise in Richtung Erfolg und Ausweitung bietet. Das neunte Haus ist traditionell das Haus der Philosophie und der Religion, es befaßt sich aber auch mit rechtlichen Angelegenheiten. Es bezieht sich allgemein auf was immer den Tätigkeitsbereich einer Person ausweitet, oder auf den geistigen Horizont – lange Reisen, enge Kontakte mit anderen Kulturen und mit Ausländern im allgemeinen, und diese »großen Träume«, die dem offenen Bewußtsein, das auf Lebensveränderungen trifft, die Bedeutung der Vergangenheit, Gegenwart und die zu erwartenden Geschehnisse enthüllen, wie auch die Trends des individuellen und kollektiven Schicksals. Erfahrungen mit Hellsehern, Propheten, Wahrsagern, zukunftsorientierten Statistikern, etc., befinden sich auch innerhalb des Bereiches des neunten Hauses.

Das neunte Haus bekämpft und ergänzt das dritte Haus. Während sich das dritte Haus auf das Bedürfnis eines Menschen bezieht, mit seiner nahen und persönlichen Umwelt auszukommen und sie auf diese Weise zu verstehen und zu erkennen, ist das neunte Haus ein Bereich, in dem er versucht, die Bedeutung von größeren Bereichen sozialer Existenz zu entdecken, die er nicht direkt erfahren kann, aber die sein Geist durch die Verwendung von Analogie, Verallgemeinerung und Abstraktion erforschen kann. Diese beiden Häuser symbolisieren die zwei Polaritäten des menschlichen Geistes: das Konkrete und das Abstrakte. Jedweder vollentwickelte Geist operiert im Sinne einer Verbindung beider Denkweisen, aber fast jeder wird dazu neigen, die eine der anderen vorzuziehen. In unserem analytischen und empirischen Zeitalter wird ein Mensch mit einer wissenschaftlichen Neigung seine Aufmerksamkeit natürlich auf die Erfahrungen des dritten Hauses richten; Louis Pasteur versinnbildlicht diesen Trend, da sein Geburtshoroskop ein komplexes Zusammentreffen von Planeten im dritten Haus aufweist.

Andererseits kann man vom Metaphysiker oder Philosophen, dessen Funktion darin besteht, Informationen zur Synthese zu bringen und allgemeine Prinzipien zu entdecken, erwarten, daß er ein volles neuntes Geburtshaus besitzt. Solch eine Erwartung ist jedoch nicht sehr oft gerechtfertigt, da die Planeten in einem Haus nicht *notwendigerweise* andeuten, daß ein Mensch hervorragende Erfahrungen haben wird oder große Dinge im Sinne dessen, was das Haus bedeutet, erzeugen wird. Ein Planet in einem Haus deutet an, daß die durch diesen Planeten bezeichnete Funktion *verwendet werden sollte,* zu ihrem größtmöglichen Vorteil und im Umgang mit Erfahrungen, auf die sich dieses Haus bezieht; sie sollte verwendet werden, weil in diesem Bereich von Erfahrungen Probleme erstehen werden, die man am besten auf diesem Wege löst. Wo sich jedoch in diesem Bereich keine großen Probleme ergeben, weil die Person fähig ist, spontan mit dem umzugehen, was sie dort antrifft, kann das Haus sehr wohl leer sein. Man muß im Tierkreiszeichen, das von der Spitze des neunten Hauses angeschnitten wird oder bei seinem Herrscher nach einer anderen Art von Anzeichen suchen. Die Anwesenheit der Mondknoten kann von Bedeutung sein und man muß, wie immer, das gesamte Horoskop erwägen, da manchmal das, was die hervorragendste Eigenschaft einer Person zu sein scheint, tatsächlich nur das sekundäre Resultat eines grundsätzlichen Charakterzuges oder einer Fähigkeit ist. Ein scheinbar großer Denker könnte tatsächlich ein Medium oder ein Kanal sein, durch den der kollektive Geist und sogar der Geist eines Partners, dessen Einfluß bewußt erkannt werden mag oder nicht, wirkt.

Im Geburtshoroskop von Albert Einstein ist Jupiter im Wassermann bei 27° im neunten Haus in Opposition zu Uranus im dritten Haus und Pluto steht im Quadrat zu Jupiter. Dies kann als offensichtlich symbolisch wie auch als prophetisch angesehen werden. Einsteins berühmte Formel ermöglichte die Atombombe, eine Bombe, die Uran und Plutonium verwendet, wobei das letztere Element bei Einsteins Geburt und sogar noch zu der Zeit unbekannt war, als er seine Relativitätstheorie aufstellte. Aber während Jupiter im neunten Haus offensichtlich seine Fähigkeit für abstraktes Denken erweiterte und Uranus im dritten Haus seinen analytischen Intellekt schärfte und ihn ungeduldig mit veralteten Konzepten machte, so beziehen sich diese Planeten in ebensolchem Maße auf die Art von Problemen, denen er sich stellen mußte, und auf die Art, wie er sie löste. Diese Probleme hatten natürlich sehr viel mit sozialen Faktoren zu tun – Jupiter – und mit seiner Geburtsumwelt, die er verlassen mußte. Jupiter als der Herrscher eines sehr vollen zehnten Fische-Hauses, bestärkt durch die Anwesenheit der Sonne, würde normalerweise anzeigen, daß er ein Maximum an beruflichem und öffentlichem Einfluß in einem fremden Land erreichen würde.

In Dingen, die den Geist eines Menschen angehen, sollte man immer zwischen »Wissen« und »Verstehen« unterscheiden. Der Akt des Wissens gehört dem dritten Haus an, da er bloß den direkten Kontakt einer Person zu irgendetwas innerhalb ihrer Umwelt andeutet. Wissen kann direkt aus Empfindungen abgeleitet werden, oder, in einem psychologischen und mystischen Sinne, aus einer ebenso direkten wie unbestreitbaren inneren Wahrnehmung oder Erkenntnis. Verstehen ist ein wesentlich umfangreicherer Prozeß, da es die Synthese von vielen Faktoren und bekannten Informationen mit einbezieht. Es ist das Resultat eines holistischen Prozesses, der eigentlich die Erfahrung eines Volkes und seiner Kultur als Hintergrund erfordert. Strikt ausgedrückt »weiß« man nicht die *Bedeutung* von irgendetwas; die Erfahrung der Bedeutung entstammt dem Verstehen.

Ein Synonym für Verstehen ist Fassungskraft. Etwas zu erfassen bedeutet, eine Gemeinsamkeit von Faktoren zu begreifen, von denen diese Sache im Sinne ihrer Existenz und ihres Benehmens abhängt. Im tiefsten Sinne bedeutet etwas oder jemanden zu verstehen, die Betrachtung der Beziehung dieses Dings oder dieser Person zum ganzen Universum. Du kannst »wissen«, daß eine Person ein Verbrechen begangen hat, aber Du kannst diese Aktion nur »verstehen«, indem Du sie in ihrem persönlichen, sozialen und sogar kosmischen – und daher astrologischen – Bezugsrahmen siehst. Newton »wußte«, daß reife Äpfel vom Apfelbaum herunterfallen, aber er »verstand« dies erst, als er es zu einem universalen Gesetz in Beziehung setzen konnte, der Schwerkraft. Die schwierigste Art von Verstehen ist natürlich jene, die sich auf eine Aktion oder auf eine Person bezieht, mit der der Wissende in Beziehung steht.

Die komplexe Natur des Verstehensprozesses und der Suche nach Bedeutung führt in den meisten Fällen zur Verwendung von Symbolen. Das neunte Haus ist das Haus der Symbole. Alle Worte sind Symbole. Die meisten Gesten sind Symbole, die bewußt oder unbewußt ausgeführt werden. Die Paarungstänze von Vögeln sind Symbole, wie auch die menschlichen Aktionen und Körperhaltungen bei der Liebeswerbung. Alle Künste sind symbolisch, auch wenn der Künstler in seiner Voreingenommenheit für das, was er »Objektivität«

oder auch Zufallsprodukte nennt, es ablehnt, dies zuzugeben. Diese Voreingenommenheit bei einigen minderen Künstlern und Musikern ist an sich ein symbolischer Ausdruck für eine bestimmte Phase innerhalb einer Kultur, und die künstlerischen Werke symbolisieren solch eine Phase. Der Hellseher, der aufgefordert wird, das Problem eines Klienten zu lösen, stellt sich normalerweise ein symbolisches Objekt oder eine Szene vor, oder er hört in seinem Geist Worte, die ebenfalls Symbole sind.

Symbole müssen interpretiert werden. Jeder Mensch interpretiert sie im Sinne von dem, was er *ist,* was er *weiß* oder was er *fühlt* – und/oder persönlich in der Vergangenheit gefühlt hat – vor dem Hintergrund seiner Kultur und Familientradition. Ein Geburtshoroskop ist ebenfalls ein Symbol. Es symbolisiert die komplexe Beziehung, die zwischen dem neugeborenen Organismus und dem Universum besteht. Ebenso sind alle religiösen Konzepte und mystischen Visionen symbolisch für solch eine Mensch-zum-Universum Beziehung. Von einer »Gottes-Erfahrung« zu sprechen – eine typische Erfahrung des neunten Hauses – ist eine unbeholfene Art, Gott in einem Wort zu symbolisieren, das »Gefühl« der sogenannten »einigenden« Erfahrung, in der das gesamte Universum auf eine Einheit reduziert wird, auf die die Person ihre Antwort auf alle ihre nur erdenklichen Bedürfnisse projeziert.

Dies bedeutet *nicht,* daß Gott nicht existiert! Die bloße Tatsache, daß wir wissen, daß wir von einer *Vielzahl* von Objekten, Bewegungen und Energien umgeben sind, zwingt uns – oder zumindest einige Menschen –, die Existenz eines entgegengesetzten Faktors zu erfassen oder zu fühlen: *Einheit.* Der Metaphysiker mag diese Tatsache und ihre unausweichlichen Konsequenzen im Sinne von mentalen Konzepten verstehen, und er kann eine Kosmologie oder Theologie formulieren. Der Jünger und der Mystiker, wahrscheinlich auf zwei unterschiedliche Arten, fühlen und erfahren sie so realistisch als eine bewußtseinsumwandelnde Eingebung, daß sie die Form irgendeiner Art von Präsenz annimmt. Aber das Wort Einheit und die verkörperte Präsenz sind nichtsdestotrotz Symbole. Das gesamte Universum, *wie wir es begreifen,* ist ein Symbol für unsere menschliche und individuelle Ebene der Evolution. Dies ist der Grund, weshalb es der hinduistische Philosoph *Maya* nannte, ein Wort, das normalerweise jedoch ungenau mit »Illusion« übersetzt wird. Symbole sind nicht Illusionen! Sie sind Projektionen dessen, was wir sind, generisch, kollektiv und individuell. Wir brauchen sie aber, um als menschliche Wesen funktionieren zu können. Sie sind Ausdrücke der *Qualität des menschlichen Zusammenseins,* zu jedweder bestimmten Zeit und an jedem Ort.

Was wir »das Gesetz« nennen, ist auch ein symbolischer Ausdruck. Die Gesetze einer Gesellschaft enthüllen den grundsätzlichen Charakter des Zusammenseins ihrer Mitglieder – und oft eher das Ideal als die tatsächliche Qualität einer bestimmten Lebensweise. Die soziale Realität straft oft die in Gesetzen verkörperten Ideale Lügen. Doch vom Gesichtspunkt einer Geschäftstransaktion oder sogar einer ehelichen Beziehung aus müssen diese Gesetze »gewußt« werden, auch wenn sie umgangen werden sollen. (Das neunte Haus ist ein drittes Haus, angefangen vom Deszendenten, dem Prinzip der Beziehung.) Das neunte Haus repräsentiert die Umwelt der Beziehung, so wie das dritte Haus die Umwelt des Selbst darstellt. Die Kenntnis von den Umständen in jedweder Umwelt befähigt einen, so erfolgreich wie nur möglich zu funktionieren.

In diesem Sinne ist Wissen Kraft, oder eher, Wissen ist der Weg, um Kraft zu erreichen. Während Kraft auf der persönlichen Ebene durch das vierte Haus dargestellt wird, ist sie auf der sozialen Ebene eine Angelegenheit des zehnten Hauses.

Die Gefahr, der man in bezug auf Erfahrungen des neunten Hauses begegnet, ist die Überexpansion, die durch Ehrgeiz und Gier nach Macht oder nach dem Symbol sozialer Macht, Geld, ausgelöst wird. Ehrgeiz ist der negative Aspekt von Verstehen, da er einen zwingenden egozentrischen Annäherungsweg an menschliche Beziehungen bedeutet. Die ehrgeizige, egozentrische Person *verwendet Beziehungen*, um ihre Macht und/oder ihr Prestige zu vermehren; sie macht eine Beziehung zu ihrem Diener und die, mit denen sie Umgang hat, zu Sklaven ihrer Zwecke. Daher wird die Beziehung verzerrt und mit der Zeit zumindest potentiell destruktiv für das harmonische und gesunde Leben des größeren Ganzen – die Gesellschaft oder der Planet selbst.

Ich habe vorhin gesagt, daß Selbstheit und Beziehung die zwei Prinzipien sind, die für die gesamte Existenz grundsätzlich sind; harmonisches und fehlerfreies Leben erfordert seine Spielpartner. Das eine nimmt zu gewissen Zeiten an Kraft zu, während das andere abnimmt, und umgekehrt. Aber jedes sollte seine wahre Natur bewahren. Wenn es einem Teil gelingt, den Charakter oder die grundsätzliche Aufgabe des anderen zu vergewaltigen, nimmt das menschliche Leben eine widersprüchliche, angespannte und innerlich destruktive Qualität an. Der disharmonische Prozeß beginnt in den meisten Fällen im Sinne der Erfahrungen des dritten Hauses, das heißt, auf Grund von destruktiven Pressionen der Umwelt und von Schocks für die Empfindsamkeit, für das Nervensystem oder für den Geist. Dieser Prozeß kann sich im vierten und fünften Haus weiter verschärfen, wenn die

Persönlichkeit des heranwachsenden Menschen in Angst, Mißtrauen oder in Ablehnung stagniert und er in seinen Anstrengungen in Richtung Selbstausdruck wiederholt enttäuscht wird. Dann lernt er durch Erfahrungen des sechsten Hauses, daß die ihm offene grundsätzliche Wahl darin besteht, entweder ein Meister oder ein Sklave zu sein. Als eine Folge davon kann er nicht mehr Liebe, Teilnahme oder Vertrauen erfahren; so beginnt er innerhalb von Gruppen und mit seinen Partnern sich voll Gier zu betätigen; er versucht, die Kraft zu hamstern, die durch die Gesellschaft und durch die Gruppenbeziehung erzeugt wird. Dies mag die Anhäufung einer großen Masse von Kapital bedeuten, um die oberste Ebene in der Gesellschaft zu erreichen, und dies bedeutet eine Verdrehung der Gesetze – der natürlichen wie auch der politischen – damit sie zu Werkzeugen seines Aufstiegs werden.

In solchen Fällen gibt es keine Frage mehr von harmonischem Verständnis, sondern nur noch die Art von Wissen, die seinem Ehrgeiz dient. Es ist ein Wissen, welches *gegen* die harmonische Erfüllung von Beziehungen verwendet werden kann, gegen die Liebe. Es ist das Wissen eines verzerrten Geistes, oder es mag sogar das Wissen sein, das sich Forscher aneignen, die Wissen bloß als Selbstzweck suchen, um damit berühmt zu werden. Es ist ein Wissen, dem die Weisheit fremd ist, ein Wissen, welches die Endresultate dessen nicht berücksichtigt, was bezüglich einer allgemeinen und nicht einseitig sozial-politischen Verwendung bekannt ist und hierfür formuliert werden kann. Tatsächlich ist es die Art von Wissen, die unsere Gesellschaft hoch einschätzt, weil sie von einem konkurrierenden und ehrgeizigen Geist durchtränkt ist, mit der Anbetung von Erfolg und Macht, ohne Interesse für die verwendeten Mittel oder für das, was diese Mittel der Qualität der Beziehungen, die ja den Machtaufstieg des egozentrischen Menschen ermöglichen, angetan haben.

In solch einer Gesellschaft wird der Geist nur zu bereitwillig zu einem Instrument, welches einem sagt, wie man die Energie, die durch die Gruppenbeziehung und ihre Zusammenarbeit – nur zu oft erzwungene Zusammenarbeit – erzeugt wird, verwenden kann, um erfolgreich zu sein. Dies ist der Geist des Politikers und ebenso des schwarzen Magiers, denn die Magie war die ursprüngliche Form, in der menschliche Energien für einen Gruppenzweck verwendet werden konnten. Der Zweck mag einer des Heilens sein oder der Versorgung der Gruppe dienen, was immer für ihre Existenz oder ihr spirituelles Wachstum lebenswichtig ist. In so einem Falle spricht man von »weißer Magie«. Wenn jedoch die Motivation für die Verwendung von Gruppenkraft dem Gruppenehrgeiz oder der Gier ihres Anführers entstammt, wenn sie auf Haß gründet oder in Angst verwurzelt ist, dann ist dies »schwarze Magie«.

Der Erfahrungsbereich des achten Hauses beinhaltet die Freisetzung von kollektiver Gruppenkraft, physisch oder psychisch-okkult. Im neunten Haus erlernt man die Gesetze und die Techniken, die solch eine Freisetzung erst wirklich wirksam werden lassen. Im zehnten Haus wird die Kraft selbst in einem konzentrierten Zustand erfahren; sie ist zu einer sozialen Kraft geworden, für das Gute oder für das Schlechte.

# Das zehnte Haus

Im vierten Haus, nachdem sich der Mensch eine zumindest instinktive Erkenntnis dessen angeeignet hat, was ihm das Leben und seine Vorfahren zur Verfügung gestellt haben – zweites Haus – wie auch ein Wissen davon, was ihm seine Umwelt erlaubt und ihm die Möglichkeit zu tun gibt – drittes Haus – erlernt er seine Energien im Sinne dessen zu festigen und zu organisieren, was er als die grundsätzlichen Faktoren in seiner Persönlichkeit erfährt. Er findet heraus, wohin er im engen Bereich seiner Familie gehört, und welchen Standpunkt er, instinktiv oder bewußt, als eine Person einzunehmen hat. Sein Charakter nimmt eine bestimmte Form an; aus der Tiefe seines Seins heraus und als Folge des Zusammenspiels all seiner organischen Funktionen erfährt er Kraft, oder – wenn er durch Schwächen oder durch eine verängstigte oder chaotische Umwelt beeinflußt wurde – Kraftlosigkeit.

Im zehnten Haus trifft der Mensch auf Erfahrungen, die sich von der Tatsache ableiten, daß er erfolgreich war oder versagt hat im Erreichen einer sozialen Position – das heißt, einem Platz im komplexen Ritual sozialer, öffentlicher oder professioneller Tätigkeiten. Er ist integriert, oder er hat versagt, integriert zu werden in das größere Ganze hinein, an dem er erlernt hat in Zusammenarbeit teilzunehmen oder es nicht geschafft hat. Er hat seinen Platz, eine bestimmte Funktion, einen öffentlichen Status in seiner Gemeinschaft. Wegen dieses Status besitzt er einen gewissen Grad von sozialer Kraft, was in unserer Gesellschaft in erster Linie Geld bedeutet, in anderen Gesellschaften aber andere Faktoren bedeuten kann, die sich auch auf soziale oder gemeinschaftliche Kraft und Prestige beziehen. Im breitesten Sinne des Wortes bedeutet Amt eine Funktion oder eine Rolle, die ein Mensch zusammen mit anderen Menschen ausübt. Er ist ein »Offiziant« in einem riesigen, gemeinschaftlichen Ritual. Dieses »Amt« bestimmt seinen Standort in der Gemeinschaft, wie auch das, was er als Individuum zu leisten imstande war.

Das zehnte Haus ist das Haus der Vollendung. Eine Reihe von graduellen Entwicklungen, in denen die Beziehungen des siebenten Hauses besonders wichtig sind, kommen zur Vollendung. Diese Entwicklungen waren Potentialitäten innerhalb des ursprünglichen Impulses oder des *logos* – »Wort« – den der Aszendent symbolisiert. Das Potential des ersten Hauses wird theoretisch im zehnten Haus voll verwirklicht, wenn alles im Prozeß der Verwirklichung gut gegangen ist, der voll von Fallgruben, Hindernissen und Möglichkeiten steckt, seinen Weg zu verlieren.

Der Mensch, und die soziale Position, die er einnimmt, sind in einem Sinne polare Gegensätze, wie auch das vierte und das zehnte Haus. Sie sollten sich ergänzen, wie es alle Gegensätze tun sollten. Die Verbindung der richtigen Person mit dem ihr bedeutungsvollsten Amt stellt die Vollendung der menschlichen Existenz dar – auf allen Ebenen der Tätigkeit. Solch eine Vollendung kommt in unserer heutigen anarchistischen Gesellschaft ziemlich selten zustande, was den so oft sichtbaren Kontrast erklären könnte, der sich zwischen dem qualitativen Wert der Person und dem Charakter des Amtes, das sie bekleidet, ergibt. Ein Mensch mag zu dem finden, was er seine »Berufung« nennt – eine Erkenntnis des zehnten Hauses –, aber dies garantiert nicht, daß er zufriedenstellend den Prüfungsprozeß bestanden hat, der ihm und anderen, die in diesem Prozeß mitinbegriffen sind, zu erkennen erlaubt, ob er tatsächlich in der Lage ist, wirkungsvoll die Pflichten des Amtes zu erfüllen, zu dem solch eine Berufung hinzielt. Im zehnten Haus wird ein Mensch durch die einzige Prüfung beurteilt, die existentiell bedeutungsvoll ist: seine Werke.

Kann das Individuum, das an eine Berufung für sich glaubt, *ausführen*? Das Aus-Führen bedeutet hindurch-zu-handeln, im Sinne einer bestimmten Form. Ein Pianist führt eine Komposition aus, je nach dem, was das Notenblatt erfordert, nicht nur in bezug auf technische Virtuosität, sondern auch auf psychologische Reife und Verständnis – Charakteristika des neunten Hauses. Ist der berufene Offiziant wirklich fähig, das Amt bedeutungsvoll auszuüben, das ihm seine Berufung zugeführt hat? Kann er *vertraut* werden mit der Macht, die dem Amte innewohnt?

Jedes soziale Amt – jeder Job oder jede berufliche Tätigkeit, die eine organische und integrale Funktion innerhalb einer Gemeinschaft ausübt – versorgt den Offizianten mit sozialer Macht. Die unserem individualistischem und angeblich demokratischem, sozialem System innewohnende Tragik ist, daß die Ausführung einer sozialen Funktion ihre Kraft weitgehend, manchmal ausnahmslos, in der Form von Geld freisetzt, und Geld ist eine abstrakte Form von sozialer Macht, die versteckt werden kann, manipuliert, für jeden Zweck eingesetzt und daher *inorganisch* verwendet werden kann. Sexuelle und emotionale Kraft, die sich im vierten Haus aufbaut, kann auch inorganisch und für abstrakte und unrealistische, egoistische Zwecke verwendet werden, aber diese egozentrische und nervenstimulierende oder großartige Verwendung führt normalerweise zu Sättigung und Langeweile oder zu Krankheit. Die Verwendung von Geld kennt praktisch keine Grenzen, da sie mit der Zeit die Verwendung von Macht bedeutet – vor allem von Macht *über* Leute. Und der Durst nach Macht kann nur sehr selten gestillt werden. Dies ist der Fluch des Geldes und die Bedeutung, die es in der kapitalistischen Gesellschaft angenommen hat.

Ein Mensch, dem ein soziales Amt anvertraut wurde, besonders wenn dieses Amt für das Wohlergehen der Gemeinschaft unentbehrlich ist, kann mit entscheidenden Erfahrungen konfrontiert werden. Besonders wenn er diese Funktion übernommen hat, ohne vorher wahrhaft geprüft worden zu sein, nicht nur bezüglich seiner intellektuellen und technischen Fertigkeit, *sondern bezüglich der Qualität seiner psychologischen Reaktionen auf die Art von Entscheidungen, die er wird treffen müssen,* kann diesem bestimmten Menschen Liebe oder kooperativer Wille fehlen – siebentes Haus – Verantwortungssinn – achtes Haus – und auch das Verständnis – neuntes Haus – die notwendig sind für die Ausführung seiner Aufgaben. Die Resultate solch einer Situation werden uns häufig vor Augen geführt, durch das Benehmen von Polizisten und Armeeangehörigen, wie auch von vielen Parlamentsabgeordneten, Senatoren und Präsidenten.

In einer wahrhaft »organischen« Demokratie sollte der Mißbrauch der Macht, die einer Person dank ihres Amtes gegeben ist, *mehr* kriminell eingeschätzt werden, als der Mißbrauch von rein persönlichen Energien, besonders unter emotionalem Druck oder physischer Entbehrung, wie etwa durch Hunger. Wenn daher ein Polizist, der keine Selbstkontrolle besitzt, Leute bei einer öffentlichen Demonstration grausam behandelt oder sich seine Position zunutze macht – wie etwa die Tatsache, daß seine Zeugenaussage vor einem Gericht kaum angezweifelt werden wird – um jemanden, in dessen Gunst er kommen will, zu erpressen oder für »Beschützung« Geld zu nehmen, sollte solch ein Benehmen nicht bloß zu seiner Entlassung, sondern eher zu einer Verbrechensanklage führen. Dies ist ein *soziales* Verbrechen und als solches ist es für die gemeinschaftliche Gesundheit und Harmonie schädlicher als ein *persönliches* Verbrechen wie Diebstahl oder Körperverletzung einer anderen Person aus rein persönlichen Motiven. Auf die gleiche Weise sollte auch ein General, der seine Truppen in einen sinnlosen Tod schickt oder eine offensichtliche Unfähigkeit, eine militärische Situation zu handhaben, an den Tag legt, nicht nur degradiert, sondern als Krimineller angeklagt werden. Es kann keine Entschuldigung geben für wiederholte Unfähigkeit und emotionales oder dummes Versagen in der Ausübung eines öffentlichen Amtes, sogar wenn es in vielen Fällen das gesamte soziale System und seine Beförderungsrichtlinien sind, die daran weitgehend Schuld haben.

Keine soziale Position sollte andauernd von irgendeinem einzelnen Menschen eingenommen werden, unabhängig von seinem Charakter oder dem Wert und der Leistungsfähigkeit seiner Arbeit; die dadurch mitinbegriffene Sicherheit, der Schutz vor Entlassung oder sogar vor Anklage bezüglich unverantwortlicher Anwendung von Macht und Autorität ist der Grund, weshalb die Bürokratien im politischen Körper zu krebsartigen Wucherungen ausarten. Jedweder Künstler wird sehr bald seine öffentliche Anerkennung verlieren, wenn seine Leistung plötzlich einen Verfall erkennen läßt, außer vielleicht im Falle eines alternden öffentlichen Idols, das eine Art von historischer Figur geworden ist, welche die Leute noch zu sehen wünschen, ehe sie verschwindet. Eine schlechte künstlerische Ausführung verletzt nicht unbedingt die Gemeinschaft; das Führen eines Krieges oder die zu heftige Reaktion der Polizei auf einen friedlichen öffentlichen Protest tut dies jedoch schon.

Die Verherrlichung des einzelnen als eine unabhängige und einzigartige Tatsache der Existenz hat offensichtlich einen gültigen Zweck, besonders während gewisser historischer Zeiträume. Aber keine Person steht tatsächlich alleine, noch kann sie die volle Verwirklichung ihrer Kräfte ohne Zusammenarbeit mit der Gesellschaft erreichen. Individueller Erfolg ist kein Mythos. Was erfolgreich ist, ist die Gesellschaft – und letztendlich die Menschheit – *durch* ein Individuum, welches Kräfte des Geistes oder Fertigkeiten entwickelt hat, die tatsächlich das Resultat der Bestrebungen oder der Kämpfe von zahllosen vorangegangenen Generationen sind. In vielen Fällen erreicht ein Mensch natürlich Macht und Erfolg nur durch die Niederwerfung oder Ausplünderung vieler anderer menschlicher Wesen.

Ein Mensch, der einen gewissen Grad von Befähigung in seiner sozialen oder offiziellen Ausführung erreicht hat, kann sehr oft Frustration oder Feindschaft erfahren, weil das System – das *Establishment* – es ablehnt, umgewandelt zu werden, trotz aller hervorstechenden Unfähigkeiten und Veralterungen. Soziale Strukturen und Institutionen sind eine gewaltige Anhäufung von Trägheit, das heißt, von einem Widerstand gegen Veränderung; und Konflikte entstehen unausweichlich zwischen ihnen und Menschen, die es geschafft haben, zu fühlen, zu lieben, zu denken und im Sinne einer neuen und angemessenere Ebene von Beziehung zu leben. Diese Konflikte führen sodann zur Art der Erfahrungen des elften Hauses.

Wenn ich in den vorangegangenen Abschnitten von einer Gesellschaft und von sozialen Werten gesprochen habe, habe ich mich nicht auf *irgendein bestimmtes soziales System, eine Institution oder auf kulturelle Standards* bezogen. Es ist nicht »das System« *an sich* oder irgendeine besondere Art von Ausführung, die zur Diskussion stehen, sondern die Beziehung zwischen einem Individuum oder einer kleinen Gruppe und der Gesellschaft als ein Ganzes. Die besondere Art von sozialem System, in dem ein Mensch lebt, mag entmenschlichend oder archaisch sein, oder eine Verzerrung eines ursprünglich wunderschönen Ideals; dann mag die individuelle Person mit gutem Grunde versuchen, es umzuwandeln oder es zu stürzen. Kein einzelner Mensch kann jedoch etwas bedeutungsvoll verbessern, reformieren oder umwandeln, worin er nicht persönlich und tatsächlich miteinbezogen ist. Im Bereich der Tätigkeiten des zehnten Hauses wird er miteinbezogen, und er erfährt die Resultate seiner Miteinbezogenheit. Er muß mit einbezogen sein, ob er nun bewußt diese Realität akzeptiert oder nicht. Sogar der Yogi, der in seiner Berghöhle meditiert, ist miteinbezogen, oft sehr bewußt und mächtig, manchmal aber auf eine negative Art. Der nördliche Buddhismus verabscheute die *Pratyeka Buddhas,* die versuchten, das Nirvana alleine zu erreichen, ohne jedwede Berücksichtigung des Schicksals der restlichen Menschheit. Was auf diese Weise erreicht werden kann, ist nur ein illusorisches Nirvana; in einem neuen Zyklus wird der Deserteur gezwungen sein, dem Karma seiner »spirituellen Selbstsucht« zu begegnen. Es kann keine realistische Vollendung geben, die nicht eine Vollendung innerhalb der Menschheit darstellt und essentiell ist im Sinne der gesamten menschlichen Evolution.

Die Spitze des zehnten Hauses – die Himmelsmitte – stellt eine der vier Ecken des Geburtshoroskops dar. Wie wir in Teil eins dieses Buches sahen, ist die Himmelsmitte des gewöhnlichen astrologischen Horoskops *nicht* der reale Zenith; dieser ist ein Punkt im Himmel gerade über dem Kopf eines aufrecht stehenden Menschen auf der Oberfläche unseres Globus. Sie ist eher der Punkt, an dem der Meridian – ein großer Kreis, der durch den tatsächlichen Zenith und Nadir hindurch geht – die Ekliptik schneidet, das heißt, die Ebene der scheinbaren jährlichen Bewegung der Sonne im Himmel, von einer Frühjahrs Tag-und-Nacht-Gleiche zur nächsten. Die Himmelsmitte ist daher ein »solarer« Faktor. Sie bezieht sich auf lebendige Prozesse. Sie repräsentiert die Vollendung organischer und gemeinschaftlicher

Funktionen. Sie ist hauptsächlich dort bedeutungsvoll, wo eine Gesellschaft im Sinne von biologischen Werten und von strikt natürlichen Rhythmen handelt, typischerweise eine landwirtschaftliche Gesellschaft.

Wenn ein Mensch ein Stadium wahrhafter Individualisierung erreicht und fähig ist, als ein autonomes und echtes Selbst zu handeln, sollte sein Bewußtsein in der Lage sein, nicht nur zu funktionieren oder an einer lebensorientierten Gemeinschaft und an biosphärischen Tätigkeiten teilzunehmen, sondern auch mit einem transzendenten Erfahrungsbereich und einer überphysischen Art von Energien in Verbindung zu treten. Der neuen Ebene von astrologischem Symbolismus zufolge ist dieser Bereich jener der Sterne – das heißt, jener des galaktischen Weltalls. Während ein Mensch aufrecht steht, wird seine Wirbelsäule zu einem Teil einer Linie, die *durch ihn* den Mittelpunkt der Erde mit *einem bestimmten Stern* genau über seinem Kopf verbindet: Dieser Stern ist potentiell ein großes Symbol; er repräsentiert die spirituelle Identität dieses Menschen, seinen »Platz« innerhalb der immensen Galaxis.

Heute ist es in der astronomischen Praxis nicht möglich, solch einen Stern zu identifizieren, und in Anbetracht des gegenwärtigen Stadiums der Evolution des Menschen ist dies vielleicht auch am besten so. Darüber hinaus, sollten wir diesen Stern bestimmen können, so wüßten wir nicht, welche symbolische Bedeutung oder welchen Charakter wir ihm zusprechen sollten. Doch potentiell existiert dieser Stern. Wenn wir die Galaxis als »die Gebärmutter der Seelen« ansehen, wie es die Alten taten, dann gibt es in dieser immensen kosmischen Matrize einen Stern, der unsere unverwirklichte und nichtverkörperte »Seele« repräsentiert. Sein »Strahl« geht durch uns hindurch, wenn wir in der Größe unserer innerlichsten Selbstheit dastehen. Er ist das Symbol unseres kosmischen Amtes und das Symbol der Meisterschaft, die jeder einzelne Mensch eines Tages realisieren könnte, und ihr gestatten könnte, sich in seiner umgewandelten totalen Person zu reinkarnieren.

Die Meisterschaft sucht den, der ihre Qualitäten und ihre Macht im Bewußtsein und in überpersönlichen Taten verkörpern wird. Das große Amt sucht den Offizianten, der seine Geburtspotentiale in der erforderlichen Ausführung erfüllen und zur gleichen Zeit auch zu einem vollständig selbstaufgeopferten Aufgabenträger und Diener seiner Aufgabe werden würde. Zwei Bewegungen sind in der wahrhaften Vollendung einer individualisierten Person anwesend: der Mensch strebt nach, arbeitet für und widmet sich bewußt und unwiderruflich der Aufgabe einer sozialen – und mit der Zeit planetarischen und kosmischen – Funktion. Zur gleichen Zeit findet ein ergänzendes und synchrones »Herabsteigen« des Archetypus statt – oder der göttlichen Idee – dem diese Funktion Ausdruck verleiht, um mit dem »Aufstieg« der individuellen Person zusammenzutreffen. Die Meisterschaft trifft auf den »werdenden Meister« und in diesem Zusammentreffen verbindet sich Himmel und Erde, Gott mit einem Menschen, der dadurch zu einem unsterblichen Aspekt des Menschen wird.

Dies ist der Verklärungsprozeß auf dem Berge, wo der Sohn Gottes und der Sohn des Menschen eins werden. Der Stern oben verschmilzt seine Strahlen mit dem Grundton des Selbst innerhalb des menschlichen Herzens.

# Das elfte Haus

Genau so wie das fünfte Haus sich auf die Freisetzung von Kräften bezieht, die im vierten Haus angezapft wurden, so beschäftigt sich das elfte Haus mit den Formen, welche sich die in der Presse des zehnten Hauses manifestierten Kräfte annehmen können, während sie freigesetzt werden. Die Energien und Fähigkeiten, die im vierten Haus konzentriert sind, finden ihren Ausdruck durch Mechanismen, die im fünften Haus entwickelt werden: prokreative oder kreative Tätigkeiten, emotionale Ausflüsse vom Selbst, Risikobereitschaft und alle Arten, etwas zu wagen, dramatische Gesten, in denen der Mensch in einsamer Pracht oder als ein Meister von Menschen und Umständen tätig ist. Das fünfte Haus ist das Haus des kosmischen Autokraten Sonne, die sich mit strahlender Erhabenheit in den Raum ergießt und mit fester Hand die Bewegungen der Planeten lenkt.

Im elften Haus wird die Kraft der Gesellschaft, der Gemeinschaft oder der Gruppe *durch* das Individuum freigesetzt. Genauer ausgedrückt, wird diese Kraft durch die Tätigkeiten freigesetzt, die der Mensch innerhalb der sozialen Einheit ausführt – der Nation, Klasse, Kirche, des Klubs, der professionellen Gruppe – oder er angehört. So wie er sich erfolgreich als Teilnehmer der Gesellschaft etabliert, wird der Mensch in der Folge befähigt, schöpferisch oder freudig innerhalb seiner sozialen Umwelt zu wirken und seine Arbeit oder sein Prestige eröffnet sich ihm. Die Erfahrung, die er im zehnten Haus gewonnen hat, ermöglicht es ihm, sich neue soziale oder berufliche Ziele zu setzen, oder sich in der Gesellschaft seiner Mitarbeiter und Freunde auszuruhen. Wenn diese Erfahrung des zehnten Hauses lebendig ist, und er sie mit wahrer Kraft in realer Offenheit gegenüber den Bedürfnissen der sich ihm darbietenden Situation verbinden kann, so entwickelt er eine neue Vision, neue Ideale und konkrete Pläne hinsichtlich sozialer und beruflicher Verbesserungen. Wenn seine Anteilnahme am Leben der Gesellschaft oberflächlich, passiv oder rein auf dem Genuß von Privilegien aufgebaut war, ist es wahrscheinlich, daß er die eine oder die andere Art von sozialer Flucht anstreben wird, von Teeparties bis zu Nachtklubtorheiten, in der Gesellschaft von gleichgesinnten Freunden.

Wir sahen in den vorangegangenen Kapiteln, daß der Meridian als die Achse der Macht angesehen werden kann, während der Horizont die Achse des Bewußtseins darstellt. Im vierten Haus wird Kraft vom Menschen unbewußt oder in rein subjektivem Bewußtsein angezogen, aus der Matrize von Rasse, Familie, Tradition oder Umwelt. Sie wird danach vom Menschen bearbeitet und personifiziert. Es ist eine Kraft, die von den Wurzeln her aufschwillt, vom Boden und letztendlich vom Mittelpunkt unseres Globus, der die tragende Grundlage der ganzen Menschheit ist. Die Kraft des zehnten Hauses entstammt der geteilten Anteilnahme, die im siebenten Haus Form angenommen hat, im achten Haus produktiv geworden ist und im neunten Haus die sich vorbereitende Tiefe des Verstehens erreicht, die erforderlich ist, um einen gültigen Rahmen für den Aufbau der Zivilisation sicherzustellen.

Tätigkeiten des zehnten Hauses erstellen diesen Rahmen oder die Blaupause. Im zehnten Haus werden das indische Kastensystem, die wirtschaftlichen und merkantilen Muster des Römischen Reiches, die Zünfte der Freistädte des späteren Mittelalters, die »geplante Gesellschaft« der Zukunft festgelegt, auf den Grundlagen der im neunten Haus aufgedeckten Gesetze. Aber ein Muster, oder ein Rahmen muß mit Substanz und mit Vitalität angefüllt werden. Die Kraft der menschlichen Persönlichkeit, alleine oder in Gruppen, muß in und durch diese Pläne freigesetzt werden. Gesetz und Ritual alleine machen noch keine Zivilisation aus. Das Zusammenwirken von vielen Individuen läßt das Handwerk der Zivilisation weiterlaufen. Aber ebenso wie ein Zuhause ohne Nachkommenschaft – biologisch oder spirituell – bloß eine Struktur ist, ist auch eine Gesellschaft ohne kreative Vision und die Mittel, um die Kraft schöpferischer Menschen freizusetzen, eine geistlose Struktur, die sich mit der Zeit auflösen muß.

Was aber ist die Substanz dieser kreativen Vision und wie wächst sie im Geist und in den Seelen von Individuen?

In der Diskussion bezüglich der Bedeutung des Meridians und des Zenith sagte ich, daß der Merdidian auch als die Linie angesehen werden muß, die durch das Rückgrat eines gerade und aufrecht stehenden Menschen gebildet wird. Dieses aufrechte Rückgrat ist das »Ich«, konkret und wirksam gemacht. Es ist die Signatur der menschlichen Macht des Egos, seiner individuellen Kraft und Verantwortung. Einer der Endpunkte des Meridians ist der Mittelpunkt der Erde – und jenseits davon liegen alle unbewußten Kräfte des inneren Lebens. Der andere Endpunkt ist der Stern, der am Zenith des Lebens dieses Menschen erstrahlt. Verwurzelt im Zentrum, einen Stern auf seiner

Stirn, wird das individualisierte menschliche Wesen zu einem Vermittler im Dienste der Freisetzung der schöpferischen Kraft der vertikalen Achse allen Lebens, die Wurzel und der Same.

Im fünften Haus sind die Wurzelkräfte tätig. Im elften Haus wird der neue Same gebildet. Und dieser neue Same ist in der menschlichen Schöpfung mehr als nur ein bloßes Duplikat des Samens vom Vorjahr. Er ist ein neuer Same, weil der Mensch die Kraft besitzt, dauernd seiner Vision und seiner Schöpfung etwas beizusteuern. Alle Vorjahre können durch den schöpferischen Menschen zu einem *neuen* Morgen zusammengefaßt werden, welcher das Heute nicht wiederholen muß.

In den Worten von Graf Korzybski hat die menschliche Schöpfung die Kraft entwickelt, *die Zeit zu binden*. Der Mensch kann sich selbst dauernd beisteuern, weil er sich erinnern kann. Im Erinnern kann er seine Erfahrungen und seine Schlußfolgerungen festhalten; im Festhalten kann er seinen Zuwachs auf neue Generationen übertragen, die ihrerseits ebenfalls das gleiche tun werden. Daher findet ein andauernder Prozeß der Ansammlung und der Synthese innerhalb der Menschheit statt, und dies ist es, was mit Zivilisation gemeint ist. Es mag periodisch verdunkelte Zeitalter geben, aber sogar in diesen relativ »finsteren« Zeiträumen wird die Zivilisation *im Samen* erhalten. Aufzeichnungen werden aufbewahrt – in Höhlen, Klöstern, durch mündliche Überlieferung. Die Flamme der Zivilisation stirbt nicht. Keine Generation muß vom Punkt Null neu anfangen. Revolutionen zerstören die oberste Kruste der Gesellschaft, hie und da aber erinnern sich einige wenige und vermitteln dann ihr Wissen gierig suchenden Geistern. Rußland, dessen Aristokratie und Intelligenz ausgelöscht wurde, ist in weniger als zwei Jahrzehnten wieder auferstanden, um die Welt mit seinen Initiativen in Krieg und Frieden zu erstaunen.

Was bedeutet dies? Es bedeutet symbolisch, daß die Sterne am Zenith fortfahren zu leuchten und in schöpferische Individuen zu investieren, die im siebenten Haus das Geheimnis der »geteilten Anteilnahme« erlernt haben, die Kraft der himmlischen Gesellschaft des Samens. Die Menschheit ist ein organisches Ganzes. Die Menschheit lebt in ihrer totalen Essenz als ein Firmament, als eine Galaxis. Die »Toten« ebenso wie die »Lebenden« – und, in einem Sinne, vielleicht auch die »Ungeborenen« – stellen eine schöpferische Hostie dar. Der Mensch ist diese Hostie. Sie wirkt durch und befruchtet mit Vision jene Menschen, die klar und stark sind, hingebungsvoll und mit genügend Kraft, um die brennende Fackel der Zivilisation zu tragen.

Im elften Haus wird der Schicksalsstern von *jedem* Menschen, der am Zenith seines Lebens leuchtet, zu einer pulsierenden Quelle von Kraft in tatsächlicher Wirksamkeit. Die Erkenntnisse, die die Phase der Erfahrung des zehnten Hauses anfüllen, sind weitgehend durch das bedingt, was während der Phasen des siebenten, achten und neunten Hauses geschah. Diese neue Kraft ist die Macht der größeren Gemeinschaft, der menschlichen Gesellschaft, der Nation, des universalen Ganzen. Sie ist die Macht der Sterne, symbolisch ausgedrückt. Diese Macht steigt von oben herab und krönt den Menschen, der, so gut wie es seine Fähigkeiten erlauben, seine Funktion in der Arbeit der Welt erfüllt. Sie ist die »Zunge des Feuers«, die sich zu Pfingsten auf jene Apostel herabsenkte. Sie ist der Heilige Geist. Sie ist die himmlische Macht – die Macht der Gemeinschaft, die Macht der Kirche, die Macht Gottes, wenn Gott als die Seele und die Gesamtheit des universalen Ganzen angesehen wird.

Diese Macht, die sich von oben herabsenkt, wirkt im elften Haus als schöpferische Vision. Hier ist die Substanz jedes kreativen Morgens gesammelt und lebendig gemacht, durch die Kraft der Konstellation am Zenith. Hier wird das kreative Schicksal durch mutige Hände und durch weitblickenden Geist geformt. Hier ist der *élan vital* wirksam, der ewiglich Universen erzeugt, die mächtige und unvorhersehbare Woge der schöpferischen Evolution, die viele Morgen in die Zukunft anzeigt, in spiritueller und schöpferischer Freiheit.

Astrologen haben oft alle kreativen Prozesse mit dem fünften Haus identifiziert. Aber im fünften Haus ist es der einzelne Mensch, der erschafft, strikt als Individuum oder als der Vorstand eines Heimes, und seine Schöpfung ist essentiell auf biologischen Fakten aufgebaut. Im elften Haus ist es das Ganze, das durch das Individuum schöpferisch wirkt, welches seine Funktion in der Haushaltung des Ganzen ausfüllt. Es ist die Schöpfung, nicht *des* Individuums, sondern *durch* das Individuum. Christus – der universale Geist – wirkt also durch die umgewandelte Menschlichkeit des Jesus. Diese Handlung setzt daraufhin die Macht des Christus frei, die Macht des Ganzen – die Kraft, die, wenn es nicht zum Stillstand und zu Kristallisation kommen soll, in periodischen Abständen die Substanz und die Form des Organismus erneuern muß. Es ist eine Handlung ohne persönliches Interesse an den Früchten dieser Handlung. Es ist die einzige wahrhaft kreative und freie Art von Handlung. Der Mensch erhält eine *klare Linse,* die das Licht in einen Brennpunkt bringt und auf alle jungfräulichen Böden das Antlitz der Sonne projeziert, die himmlische Harmonie der Bruderschaft der Sterne.

Die traditionelle Astrologie spricht schwach vom elften Haus als von dem Haus der »Hoffnungen und Wünsche«. Wie schwach ist diese Vorstellung von einem der pulsierendsten aller Häuser! Es ist eine mittelalterliche Vorstellung; denn, was sollte da der untergetauchte individuelle Mensch, der »Sünder«, in einer vollständig durch biologische und feudale Muster beherrschten Gesellschaft anderes tun, als auf eine bessere Zukunft »zu hoffen und zu wünschen«? Der einzige ihm offene Weg in Richtung zu mehr kreativer Handlung bestand darin, ein Mitglied einer Bruderschaft zu werden, und so heimlich an den schöpferischen Impulsen der Menschheit Anteil zu nehmen. Dies bedeutete, sich mit Freunden zusammenzuschließen, mit Gefährten, die von einem ähnlichen Streben nach Vision und kreativer sozialer oder religiöser Veränderung stimuliert wurden.

Selbst heute noch bedeutet es den Zusammenschluß der wenigen, die zusammen den Samen eines neuen Tages bilden. In diesem Zusammenschluß liegt Kraft, und diese Kraft alleine ist eine Garantie für Unsterblichkeit oder für die Fähigkeit, immer anders zu werden, während man das gleiche bleibt. Im zwölften Haus wird der Same die letztendliche Aufopferung vollziehen, um eine neue Welt möglich zu machen. Im elften Haus versammelt er um sich herum Kraft. Er bringt innerhalb seiner Wände die universale und schöpferische Kraft des Lebens zu einem Brennpunkt. Letzten Endes siegt immer das Leben. Doch viele sind die Samen, die zugrunde gehen und zu Dünger für die Zukunft werden. Zu träumen, und Ideale zu formen ist nicht genug. Das elfte Haus ist ein Haus aktivierter und greifbarer Macht.

Wenn wir nun Belange des elften Hauses von einem mehr psychologischen Gesichtspunkt aus betrachten, dann erkennen wir, daß die Art von Erfahrungen, denen man normalerweise in bezug auf dieses Haus begegnet, viel mit der Einstellung eines Individuums zu Leistung und zu sozialem Erfolg oder zu deren Abwesenheit zu tun hat. Setzen wir voraus, daß ein Mensch eifrig und ausdauernd darum gekämpft hat, etwas zu erreichen, und daß er sein Ziel erreicht hat. Er hat seinen Ehrgeiz befriedigt und wird für seine Anstrengungen mit einer sozialen Position und vielleicht mit Prestige oder sogar mit Ruhm belohnt. Was wird er mit seinem Erfolg tun? Oder, wenn er versagt hat, das angestrebte Ziel zu erreichen, was wird er aus seinem Versagen für Schlüsse ziehen können?

Das elfte Haus ist ein Mittel-Haus, und, wie wir gesehen haben, ist der Zentralbegriff dieser Häuser das Wort *verwenden*. Versagen kann ebenso wie Erfolg kreativ verwendet werden, oft ist dies sogar einfacher. Erfolg wie auch Versagen muß weise verwendet werden, bedeutungsvoll und schöpferisch. Es ist die Verwendung, die ein Mensch aus verwirklichter Leistung oder aus seinem Versagen ableitet, die seinen Wert festlegt. Wenn ein Mensch im zehnten Haus beweist, daß er erfolgreich eine öffentliche Aufgabe ausführen kann, so muß er im elften Haus vorweisen – sich selbst wie auch seinen Freunden gegenüber – was dieser Erfolg seinem totalen Sein erbracht hat, wie auch der Art, in der er lebt, fühlt und in seinem sozialen Kreis handelt. Oder er muß in der Lage sein, vorzuweisen, ob er den Mut und die Ausdauer besitzt, um aus seinem Versagen zu lernen und sich darüber zu erheben.

Erfolg oder Versagen können schöpferisch nur dann verwendet werden, wenn man sich nicht völlig mit dem Kampf nach der Leistung identifiziert hat. Der durchschnittliche »Mann der Tat« identifiziert sich unglücklicherweise eng mit seinem Handeln. Wenn er damit Erfolg hat, wird er zu einem Gefangenen des sozialen Musters, das bestimmt, was von ihm erwartet wird; seine Anstrengungen, um die Spitze zu erreichen, haben ihn in der Art konditioniert, sich mit dem festgelegten Charakter seiner sozialen oder beruflichen Rolle und mit den Interessen und der Lebensweise all jener, die seiner Klasse oder Gruppe angehören, zu identifizieren. Er hat das erreicht, was er sich *wünschte;* er hat *Freunde* im Sinne seiner sozialberuflichen Leistungen gefunden. Vielleicht ist er einem besonderen Klub beigetreten, hat erlernt, gewisse Arten von kulturellen Tätigkeiten zu genießen, gehört einer politischen Partei oder Clubs an, die ihm auf Grund seines Erfolges offenstehen, aber er muß immer auf seinen Zehenspitzen stehen, da diese Partei oder Organisation umworben werden muß, damit mehr erreicht werden kann, mehr produziert werden kann, um größer und größer zu werden.

Wenn andererseits ein Mensch in seinen Anstrengungen enttäuscht oder von einem System geschlagen wurde, welches er dann in der Folge verabscheut oder haßt, dann findet er Freunde unter Männern und Frauen, die seine Einstellung von Unzufriedenheit und Ablehnung teilen. Er wird dann zu einem Rebell, vielleicht zu einem Aktivisten und Revolutionär. Oder er kann einfach ein Mensch sein, der von einem Eifer nach Reform angefeuert ist, einer Art von liberaler Reform, von der er erhofft, sie innerhalb des Rahmens seines Berufes durchzusetzen oder innerhalb des Rahmens der legalen Möglichkeiten, die irgendeine Art von mitinbegriffener, wenn nicht ausdrücklicher »Verfassung« bietet.

Die Art von Idealen, für die ein Mensch als Reformator oder als Revolutionär arbeitet, mag durch verschiedene Erfahrungen aufgebaut worden sein – in seiner frühen Umwelt, zu Hause, mit seinen Geliebten, in einem Militärdienst, mit Partnern und Mitarbeitern, durch Kontakte mit fremden Kulturen oder mit inspirierten religiösen Menschen und während er seine sozial-beruflichen Pflichten ausübt. Tatsächlich kann jeder Bereich von Tätigkeit – jedes Haus des Geburtshoroskops – miteinbezogen werden. Aber die Erfahrungsarten des elften Hauses beschäftigen sich spezifisch mit der Veräußerlichung der Ideale eines Menschen in bezug auf Leute, die diese Ideale teilen. Diese Leute werden zu seinen Gefährten; sie sind »Freunde«, die innerhalb eines sozial-beruflichen Rahmens operieren oder dagegen ankämpfen. Dies ist, genau genommen, was Freunde sind, denn Freundschaft – zumindest in diesem Sinne des elften Hauses – ist nicht so sehr auf rein persönliche Anhänglichkeit aufgebaut – Beziehungsarten des fünften und des siebenten Hauses – als auf eine gemeinsame und wirkungsvoll angewandte Orientierung, was entweder die Freude an der gemeinsamen Anschauung oder eine Revolte gegen diese bedeutet.

Eine rebellierende Einstellung, oder eine tiefe Unzufriedenheit mit dem status quo entstammt einem grundsätzlichen Problem, das allen Umständen des zehnten Hauses innewohnt. Grundsätzlich ist dies die Schwierigkeit der Versöhnung oder der zufriedenstellenden Anpassung zweier entgegengesetzter Faktoren in jedweder sozialer Situation, die sich gefestigt oder sogar kristallisiert hat und damit dem Formalismus, der bürokratischen Routine und den Privilegien Vorschub geleistet hat. Auf der einen Seite gibt es den Wert von individueller Freiheit und persönlicher Initiative oder Vorstellungskraft, auf der anderen Seite gibt es die festgelegten Anforderungen des Amtes selbst und den Antrieb zum Perfektionismus in jeglicher öffentlichen Amtsdurchführung. Das Problem kann auf eine negative Weise gelöst werden, wenn die Gesellschaft versucht, den Menschen seinem Amte zu versklaven – ihn zu einem depersonalisierten Zahnrad in einer Maschine macht – oder wenn der Mensch anfängt, die Macht und Autorität seines Amtes als sein eigenes anzusehen, die so verwendet werden kann, wie er es wünscht. Die Resultate dieser negativen Lösungen von Problemen des zehnten Hauses bedingen die Erfahrungen des elften Hauses. Sie können Widerspenstigkeit oder Mißbrauch von Macht und Reichtum auslösen, die ihrerseits zur Revolte der weniger begünstigten und grollenden Verlierer führen.

Wie ich schon sagte, entwickeln alle sozialen Institutionen einen kräftigen Widerstand gegen die Veränderung. Doch verändern müssen sie sich, wenn ihre negativen Produkte unerträglich geworden sind. Diese Produkte können physisch, psychologisch oder spirituell unerträglich sein. In jedem Falle kann ein universaler Prozeß – die Veränderung von jeglichem übermäßig beherrschenden Trend in sein Gegenteil – nicht aufgehalten werden. Männer und Frauen kommen, die solch einen Prozeß radikaler Repolarisierung von sozialen Werten und, in den meisten Fällen, der Destruktion von Institutionen und privilegierten Gruppen oder Klassen verkörpern. Diese Männer und Frauen sind die prometheusartigen Geister, die die Macht der unnachgiebigen Metamorphose des Uranus verkörpern – eine Macht, die vom Erbarmen des Neptun und der Verwüstung des reinigenden Pluto, die nichts unberührt und kein Idol unzerstört läßt, unterstützt wird. Sie sind die Bilderstürmer, sie sind aber auch die großen Träumer von oft vorzeitigen Umwandlungen. Sie werden normalerweise verfolgt; sei können zu Märtyrern werden und vielleicht die Wiedergeburt erfahren.

Dem elften Haus folgt das zwölfte Haus und einmal mehr ein neuer Anfang in einer Schöpfungserfahrung des ersten Hauses. Das absolut Volle muß geleert werden, ehe es Raum für neues Wachstum geben kann, für neue Inhalte. Doch bleibt die Frage: wieviel des Alten kann gerettet werden? Was war das jetzt kristallisierte und starre Muster wert, als es noch frisch und lebendig war? Wie kann man den Samen retten, die spirituelle Ernte von Erfahrungen der Vergangenheit? Um diese Frage zu beantworten, muß eine scharfe, eindringende, intensive und doch objektive Untersuchung des grundsätzlichen Wertes der meisten Dinge durchgeführt werden, die eine Gesellschaft so lange für selbstverständlich angesehen hat. Der Historiker, der mit einer ganzheitlichen Vision und mit einem Sinn für strukturelle Entwicklungen ausgestattet ist, muß mit dem emotionalen und leidenschaftlichen Mistschaufler zusammenarbeiten. Beide operieren im Sinne der Tätigkeit des elften Hauses, aber auf verschiedene Arten. Beide werden am Ende eines Zyklus gebraucht.

Es gibt Männer und Frauen, deren Aufgabe es ist, Unzufriedenheit und Protest zu dramatisieren; einige von ihnen erfreuen sich zweifellos an Tragödie und streben nach Revolution als einer Art von Lebensweise; Dichter und Romanschreiber werden berühmt, indem sie das Niedrige und das Dekadente entblößen, sogar in sich selbst. Auch dieser Weg ist notwendig, denn die Bewegungslosigkeit des durchschnittlichen Menschen ist wahrhaft erschreckend und muß irgendwie einem »Erdbeben« ausgesetzt werden. Der tiefere Prozeß aber ist, symbolisch ausgedrückt, immer der, einen Kreis in eine Spirale umzuwandeln – das heißt, es der Geschichte unmöglich zu machen, sich selbst zu wiederholen. Ein Punkt, der sich kreisartig bewegt, wird genau an seine ursprüngliche Position zurückkehren, wenn er aber einem Spiralmuster folgt, dann kommt die Rückkehr auf einer höheren Ebene oder im Sinne einer breiteren – und hoffentlich harmonischeren – Miteinschließung zustande. Größere Miteinschließung ist eine störende Herausforderung für Privilegien und ausschließlichen Besitz; daher geht der Kampf weiter. Der große Schlüssel zu Erfolg und Fortschritt ist der Sieg über die Angst. Die größte Angst mag die sein, seine wertvolle Identität als ein individuelles Ego zu verlieren. In allen Mittel-Häusern muß der negative Aspekt des Lebens als ein relativ isoliertes Wesen aufgegeben werden.

Der »reine Atem« potentieller Individualität (in bezug auf den Aszendenten) hängt dem isolierten Status und seinem stolzen Dürsten nach Originalität an. Er muß zumindest einen Teil seines Anspruchs aufgeben, wenn er Materialien verwenden muß, die eine lange Reihe von Vorfahren gebaut oder verfeinert haben – zweites Haus – Materialien, die er als spirituelle Faktoren minderwertig einschätzt, nur gut zur Verwendung je nach seinen Wünschen. Im fünften Haus kann die Erfahrung von emotionalem Streben, von Leidenschaft und von der Sorge gegenüber einem Nachkommen ein Aufgehen von Stolz bedeuten, eine Aufgabe von Sicherheit, Heim, Verwurzelung – Belange des vierten Hauses. In der Erfahrungsart des achten Hauses schwindet die Glückseligkeit der Hochzeitsreise langsam – siebentes Haus –, wenn Exklusivität und Zauber brutal durch Erfordernisse der Zusammenarbeit und Pressionen des Marktplatzes fraglich werden.

Im elften Haus muß endlich die Schau vom Erfolg, die besondere Macht und das Privileg der Position – zehntes Haus – die auf Stolz und Pomp aufgebaut sind, aufgegeben werden, wenn der Mensch der Realität gegenübertreten und die Möglichkeit der Wiedergeburt akzeptieren soll. Er kann seine Position lange oder nur kurze Zeit aufrechterhalten, aber alles, was auf ausschließlichen Besitz, Stolz und auf Selbstverherrlichung durch eigennützige Verwendung von sozialer Macht fußt, tritt dem unweigerlichen Verfall und dem Tod gegenüber – einem Tod, der, wenn die Zeit kommt, eine schwere karmische Heerschar in Richtung auf neuerliche Geburt lenken wird. Der Augenblick der Wahl ist durch Erfahrungen, die zum elften Haus gehören, bekannt, aber diese Wahl wurde durch ausschlaggebende Erfahrungen bedingt, die dem zweiten, fünften und dem achten Haus verwandt sind. Die Mittel-Häuser sind daher Zeugen des Ausganges dieser Wahlen. Im zwölften Haus stoßen wir dann auf das letztendliche Resultat, auf den Samen jedes zukünftigen Karma.

# Das zwölfte Haus

Das zwölfte Haus beendet den Zyklus menschlicher Erfahrung. Es ist die letzte Stufe in einem Prozeß, der während der Lebensspanne eines Menschen wiederholt werden kann, oder der durch das, was wir Tod nennen, beendet wird. Im zwölften Haus vereinigt der Mensch entweder seine Erfolge im Samen eines neuen Wachstumszyklus, oder er trifft auf die Resultate seiner Niederlagen. Tatsächlich gibt es kaum einen Menschen, der nicht irgendeine Art von Erfolg zustandegebracht und persönliche oder soziale Niederlagen erlitten hat. Im letzten Haus des Zyklus wird der Mensch unausweichlich mit seinen Erfolgen und Niederlagen konfrontiert. Seine Erinnerungen der Vergangenheit, bewußt oder unbewußt, strömen über die Übergangsschwelle vor dem neuen Zyklus. Sie sind Engel des Lichtes, die nach dem Jenseits hin rufen, oder sie sind dunkle Wächter der Schwelle, deren Antlitze durch die eigenen Frustrationen gezeichnet sind, durch die Ablehnung des Lebens, durch Ängste, durch Unterlassungssünden wie auch durch die eigenen Verhaftungen. Der Mensch muß dieser zusammengesetzten Einheit, die er selbst geschaffen hat, gegenübertreten. Er muß *durch* sie hindurch gehen, koste es was es wolle – wenn sich ihm ein neuer Zyklus erschließen soll.

Es muß aber immer einen neuen Zyklus geben, auch wenn es einer ist, der dem Verlust des physischen Körpers folgt. Daher gibt es keine echte Flucht vor der Konfrontation. Trotzdem glaubt das bewußte Ego, welches sich einem Anfang zuneigt oder dessen Schicksal es ist, einen neuen Lebenszyklus im gleichen Körper zu beginnen, normalerweise mit der Zeit, daß es den geisterhaften Erscheinungen, die an den Pforten der Wiedergeburt versammelt sind, entkommen kann. Es kämpft verzweifelt im Dunkeln, unfähig zu akzeptieren oder zu segnen, zu büßen oder zu überwinden. Gepeinigt durch Schmerzen bei der Erinnerung an sein Versagen, oder bedrückt von Ängsten vor dem, was der neue Zyklus bringen wird, ruft es nach Hilfe und nach Licht. Und Hilfe kommt wirklich – aber oft unbemerkt, denn das Ego mag durch die Dunkelheit geblendet und durch das Ticken der Uhr der Zeit heimgesucht sein, die scheinbar immer entweder zu langsam oder zu schnell läuft.

Doch diese Dunkelheit kann ertragen werden, wenn ein Mensch erkennt, daß es nur durch das Loslassen des Geringeren möglich wird, in das Größere hineingeboren zu werden. Es gibt auch Licht am Kern des Samens, der auf die versprochene Erneuerung wartet, die dem Frühjahr innewohnt, aber dieses Licht ist ein eigenartiges und beunruhigendes Glühen, das alle Dinge unerwartete Formen annehmen läßt und wodurch alle Geschehnisse geheimnisvoll symbolisch werden. Es ist solch ein eigenartiges Licht, weil es durch den Nebel der angesammelten Vergangenheit aus einer fernen Realität hindurchsickert. Das Universale blitzt seine Signale dem bestimmten Menschen; das Ganze taucht den Teil in ein Meer von neuem lebensspendendem Blut. Unter diesem Licht leuchten unsere begrenzten Konzepte mit einer alles miteinschließenden Vision von Leben wie dunkle Felsen, die durch ultraviolette Strahlen in Phantasien von Farbe verwandelt werden.

Das zwölfte Haus sollte vor allem als die letzte Phase des Halbzyklus verstanden werden, der im siebenten Haus begann. Im zwölften Haus endet der Bereich des Himmels. In diesem Bereich über dem Horizont sehen sich die Erfahrungen des Menschen um das Gefühl der Anteilnahme an der Gesellschaft zentriert, oder befinden sich in einem Universum von allumfassendem Geist. Anteilnahme an dem sozialen oder universalen Ganzen ist eindeutig und konkret im zehnten Haus, am Zenit, festgelegt worden. Die durch solch eine Anteilnahme erzeugte Energie wurde im elften Haus freigesetzt. Die Kraft der Gruppe ist durch das Individuum geflossen, als dieses Individuum seine soziale oder berufliche Arbeit ausführte. Wenn der Mensch den Erfahrungen des zehnten Hauses lebendig und vollständig begegnet ist, kann er die Freuden von Kultur und Freundschaft genießen, oder er kann danach streben, sich neue soziale Ideale vorzustellen, neue Hoffnungen für eine bessere Zukunft. Er kann seine Gegenwart genießen, und er kann neue Morgen für sich und für alle Menschen erschaffen. Der Ursprung von solch einer kreativen Tat ist die Vision, die aus seinem Zusammentreffen mit dem am Zenit seines Seins leuchtenden Stern geboren wurde, ein Zusammentreffen, das durch andauernde Arbeit wirklich und konkret gemacht werden muß.

Im Laufe der Diskussion bezüglich der Bedeutung des elften Hauses sagte ich, daß in ihm das Ganze durch den einzelnen wirkt, so daß er seine Funktion in der Haushaltung dieses Ganzen erfüllen kann; es ist die Schöpfung nicht *vom* Einzelnen – wie im fünften Haus –, sondern *durch* ihn. Was geschieht mit den Resultaten dieser Schöpfung? Sie mögen unserem Geist eigenartig erscheinen, der von unserer trennenden Idee dessen, was individuelle Selbstheit bedeutet, so heftig in Hypnose versetzt ist.

Wenn wir im elften Haus als schöpferische Kraftträger gehandelt haben, durch die die Kraft der Gesellschaft – oder unserer besonderen sozialen Gruppe – in der traditionellen Weise freigesetzt werden konnte, wie sie durch kollektive Ideale, die Kultur und Religion festgelegt sind, dann ist es nur natürlich, daß wir durch den Charakter dieser Ideale beeinflußt oder geformt sein müßten. Wenn wir in einer materialistischen, dekadenten Gesellschaft leben und wir sie, ohne ihre Gültigkeit in Frage gestellt zu haben, durch und hindurch haben wirken lassen, können wir dann erhoffen, dem unausweichlichen Schicksal solch einer Gesellschaft zu entfliehen? Wenn wir in unverantwortlichem Genuß singen und tanzen, während die Welt ihrem Untergang entgegengeht, müssen wir nicht innerhalb unseres Unterbewußtseins, wenn schon nicht bewußt, den Aufprall dieses Untergangs spüren?

Für den einzelnen ist der Aufprall gemeinschaftlichen Schicksals *Geschick*. Woran er sich jedoch erinnern muß, ist, daß er im zwölften Haus dem Letztendlichen gegenübertreten muß, den logischen Auswirkungen von Auslösern des zehnten Hauses – und, in größerem Abstand, von kausalen Faktoren, die bis zu den vorangegangenen Eck-Häusern zurückgehen - das erste, vierte und siebente Haus. Im zehnten Haus begegnen wir den Bedürfnissen der Gesellschaft; das heißt, wir wählen aus, oder wir werden zu einem Beruf hingeführt oder zu einer sozialen Position irgendeiner Art. Wir begegneten diesen sozialen Bedürfnissen unter der fernen – in seltenen Fällen der nahen – Führung unseres Sterns am Zenit. Wir legen unseren Platz innerhalb des größeren Musters der Dinge fest. Von hier an muß die Kraft dieses größeren sozialen oder universalen Musters der vorherrschende Einfluß in unserem Leben sein. Er ist vorherrschend, *ob wir ihn passiv akzeptieren oder gegen ihn rebellieren; ob wir mit unseren Mitbürgern das Spiel spielen oder als Reformatoren handeln, als Revolutionäre oder als Kriminelle.*

Im zwölften Haus begegnen wir den Resultaten unseres passiven Konformismus oder unserer spirituellen Rebellion. Wir treten dem Karma der Gesellschaft auf eine unterbewußte und blinde Weise gegenüber, oder wir treten unserem Karma als Individuen gegenüber, die die Gesellschaft bekämpfen, für unsere eigenen selbstsüchtigen Interessen oder für die Erschaffung einer besseren Welt. Entweder schlafen wir spirituell ein, akzeptieren Traditionen und das Vorangegangene mit Behaglichkeit, oder wir tragen die Last und die Konsequenzen unserer Ideale und unserer Anstrengungen, um unsere Vision unter Menschen zu verbreiten. In vielen Leben wird diesen beiden Möglichkeiten gleichzeitig, in unterschiedlichen Proportionen, begegnet.

Ebenso wie man vom vierten, fünften und sechsten Haus sagen kann, daß sie drei verschiedene Arten des Ausdrucks des Ich repräsentieren, so repräsentieren die Häuser zehn, elf und zwölf mehrere Arten von *kollektivem Ausdruck*. Und ebenso wie das sechste Haus eine Krise in der Erfahrung anzeigt, wie auch einen Übergang zwischen den Bereichen unter dem Horizont und über dem Horizont, so zeigt das zwölfte Haus auch einen kritischen Zustand zwischen zwei Welten an. Der Mensch, der durch soziale und gemeinschaftliche Bedürfnisse beherrscht wurde, kämpft darum, aus dem *Kreis von Umständen* aufzuerstehen, der ihn an ein soziales oder spirituelles Muster gebunden hat, um als ein neues Individuum wiedergeboren zu werden. Auch dies bedeutet Repolarisation und Reorientierung, aber nicht auf die gleiche Weise wie im sechsten Haus, wo der Mensch mit persönlichen Umständen und mit dem Bedürfnis nach Selbstdisziplin arbeiten muß. Womit man im zwölften Haus konfrontiert wird, hat seine Ursache in kollektiven Fragen, in nationalem oder sozialem Geschick, im verschiedenen Druck der Gesellschaft auf den einzelnen und des kollektiven Unterbewußtseins auf das bewußte Ich. In beiden Häusern kann viel Schmerz erfahren werden, aber der Schmerz, der der Metamorphose entstammt, die im zwölften Haus erfahren wird, hat eine Schärfe und eine Qualität von Unausweichbarkeit, die ihn schwerer erträglich machen kann. Man hat keine Zuflucht dem Universum gegenüber, außer der, aus dem Universum wiedergeboren zu werden.

Das zwölfte Haus beinhaltet den Samen dieser Wiedergeburt. Dies wird symbolisch durch die Tatsache aufgezeigt, daß der Horizont – die Grenzlinie zwischen dem zwölften Haus und dem ersten Haus – gebogen ist. So gering die Biegung auch sein mag, so hat es doch seine Bedeutung, daß die Spitze des ersten Hauses nach unten gebogen ist, betrachtet aus der Sicht des zwölften Hauses. Wir können symbolisch sagen, daß das gesamte Gewicht des Himmels auf den Horizont drückt. Der Himmel preßt dem Boden das Samenmuster des neuen Geschicks auf, und der Same des Zyklus der Zukunft wird von der Vergangenheit freigesetzt. Uralter Tradition indischer Philosophie zufolge bestimmt der beim Sterben anwesende letzte Gedanke das Muster der zukünftigen Wiedergeburt.

Wir mögen dies lediglich als eine symbolische Aussage betrachten, aber ihre grundsätzliche Wahrheit kann kaum widerlegt werden.

Jede Geburt ist ein neuer Akt Gottes; aber der Boden, in den der Samen ausgestreut wird, und die Substanz des Samens selbst sind Produkte der Vergangenheit. Neu ist weder der Boden noch die Samensubstanz, sondern nur die gottgegebene Kraft in der neuen Einheit, *diese von der Zukunft ererbten Zustände auf neue Ziele hin umzuformen.* Es ist diese Kraft, die der Aszendent repräsentiert, und die uns behilflich ist, das Symbol des aufsteigenden Grades des Tierkreises zu interpretieren.

Diese Kraft ist die wahre Identität des Individuums, wenn es ihm gelingt, den Zustand von wahrhaft individualisierter Selbstheit zu erreichen. Sie ist der mystische Name des Ungeborenen.

Diese individuelle Identität mag wirksam sein oder auch nicht. Die kollektive Kraft der im zwölften Haus angesammelten Erinnerungen – Karma genannt – mag so groß sein, daß sie die individuelle Identität des Neugeborenen erstickt, oder, daß sie den Grundton des neuen Zyklus des Menschen ertränkt, der der Möglichkeit der Wiedergeburt gegenübersteht. Wenn dies der Fall ist, dann tendiert der neue Zyklus dazu, nicht mehr als eine Wiederholung des alten zu werden, unter nur wenig veränderten Umständen, und die Macht des Kollektiven wird den individuellen Geist, der nach Identität strebt, andauernd herausfordern und ihn vielleicht vollständig überwältigen. Wenn aber den im zwölften Haus erfahrenen Konfrontationen erfolgreich begegnet wurde und der einzelne die durch den »Wächter der Schwelle« versinnbildlichte Dunkelheit aufgenommen und assimiliert hat – die Erinnerungen und Komplexe des persönlichen und kollektiven Unterbewußten – dann kann der Grundton des neuen Zyklus klar ertönen. Der Mensch, sich seiner wahren Identität bewußt, ist in der Lage, alle Umstände *für seine Schicksalsaufgabe zu verwenden,* die von seiner Vergangenheit und von der Vergangenheit seiner Rasse ererbt wurden, von seinen Eltern und von der Menschheit.

Die Vergangenheit muß verwendet werden, wenn ein Mensch den Pfad kreativer Vollendung beschreiten soll. Das schöpferische Leben ist eine dauernde Synthese von Vergangenheit und Zukunft in einer erleuchteten Gegenwart – eine Synthese von Erinnerungen und von Zielen durch eine schöpferische Handlung. Es ist ein Leben der Fülle und der Aufopferung. Individuelle Identität, Persönlichkeit, Liebe und Anteilnahme am organischen Leben des Ganzen – dies sind die Eckpfeiler des Tempels vollgefüllter Männlichkeit oder Weiblichkeit. Sie sind die vier Ecken des Geburtshoroskops, das erhabene Kreuz *menschlichen* Lebens.

Eine der seltsameren Charakteristika unserer westlichen Zivilisation war ihre Ablehnung, im Sinne von zyklischen Prozessen zu denken und zu fühlen. Diese Ablehnung kann zurückverfolgt werden auf eine Entscheidung des Konzils von Konstantinopel im 5. Jahrhundert nach Christi, die den Glauben an die Wiedergeburt und an alle ähnlichen zyklischen Prozesse verbot; aber es wohnt wahrscheinlich der besonderen Betonung inne, die die westliche Gesellschaft und ihre grundsätzliche Funktion innerhalb der historischen Entwicklung der Menschheit im einzelnen hervorhebt, das heißt, eine Betonung auf eine eindeutige Lösung von allen Traditionen der damals endenden »vitalistischen Zeitalter«. Unsere Zivilisation hat immer des Menschen Fähigkeit betont, oft mit tragischen Folgen, seinen natürlichen biopsychischen Zustand transzendieren zu können – den Zustand, der alle instinktiven und Stammformen sozialer Organisation beherrscht, besonders die landwirtschaftlichen und viehzüchterischen Tätigkeiten – und solch eine Transzendierung durch die Verwendung intellektueller Analysen und mentaler Abstraktionen in die Tat zu setzen. Dies erfordert die Abtrennung des Geistes und seines Organisators, des Ich, von den natürlichen Instinkten und irgendwie auch von allen natürlichen Prozessen. Der Geist ist gezwungen, sich selbst *im Gegensatz zu* biologischen Anforderungen zu verherrlichen und sich als den überlegenen Beherrscher von Lebensfunktionen und von deren zyklischen Rhythmen vorzustellen. Aber der Geist alleine kann kaum diesen natürlichen Trieben und biologischen Zwängen widerstehen, die oft als »die große Leidenschaft« oder unter Verwendung anderer mythischer Vorstellungen verherrlicht wurden; so mußte die christliche Religion zu ihrem Verbündeten werden, in dem Bestreben, die von natürlichen Rythmen beherrschten Lebensfunktionen zu transzendieren. Dieses Bündnis gab den Anlaß zu dem uneingeschränkten Glauben an die Möglichkeit *nur eines Lebens,* innerhalb dessen man das Ziel der spirituellen Transzendenz erreichen muß.

Nur ein kurzes Leben für solch eine Aufgabe! Dies bedeutet, daß jeder Augenblick im Leben in die Richtung dieses schwierigen Zieles hingebogen werden müßte; keine Zeit könnte »verloren« gehen, keine Anstrengung ausgelassen werden. Um Erfolg zu haben, muß man die Energien seiner inneren Natur, wie auch die der Natur im allgemeinen, unablässig kontrollieren. All dies führte unweigerlich zu der Anschauung, daß der Tod *die* größte Tragödie darstellt, der gegenüber es keine Zuflucht gibt. Sterben und Leben sind beide Bestandteile des natürlichen zyklischen Prozesses, wenn aber des Menschen Geist und sein Ehrgeiz oder verzweifelter Wille die Lebensprozesse in einem größeren Ausmaße kontrollieren könnte, so scheint er doch in der Überwindung dieses letzten und nicht zu bewältigenden Feindes, des Todes, hilflos. Der Tod mußte, koste es was es wolle, aufgeschoben werden – auch auf Kosten des Sterbens anderer Menschen. Hier haben wir den letztendlichen Zweck der »schwarzen Magie« und auch der Art von Kriegen, die wir jetzt führen, nicht nur gegen Menschen anderer Nationen oder Rassen, sondern auch gegen die Natur und ihr ökologisches Gleichgewicht, welches, sich selbst aufrechterhaltend, keine Aufmerksamkeit dem zollt, was sterben muß, und sich nicht besonders mit dem *natürlichen* Sterben abgibt.

In Indien und Tibet wurden auch einige Menschen von ihrem Willen dazu getrieben, die Natur zu transzendieren. Aber die natürlichen Kräfte, die sie sich zu kontrollieren und zu transzendieren anschickten, waren Instinkte und Triebe *innerhalb individueller Personen*. Die Art von Geist, der in diesem Prozeß der Transzendenz und in alten asketischen Praktiken verwendet wurde, war nicht analytischer oder intellektueller Art, sondern hauptsächlich eine holistische, imaginative und integrierende Kraft innerhalb des einzelnen Individuums. Sie schloß keine sozialen Funktionen und keine Organisation des kommunalen Lebens mit ein, sondern eher die zumindest relative und hauptsächlich innere Isolation des einzelnen von der Gesellschaft; in dieser Isolation fand er Glück und Frieden dadurch, daß er sich den zyklischen Rhythmen der Natur anpaßte. Als eine Folge dessen wurde der Tod nicht gefürchtet, da er als nichts anderes angesehen wurde, als eine Phase des alles miteinschließenden Prozesses der Existenz. Der Yogi strebte bewußt nach der Erfahrung des Todes, auf solch eine Art, daß das Sterben, entweder sofort oder nach einer Phase der spirituellen Assimilierung, zur Wiedergeburt führen würde – wie es auch in der Natur geschieht. Dies gab Anlaß zu dem allgemeinen Glauben an die »Reinkarnation«, die für den allgemeinen Gebrauch *personalisiert* wurde, deren universalistische und die Persönlichkeit transzendierende Bedeutung aber von den Weisen gewahrt wurde.

Wenn der Tod nicht gefürchtet wird und der Glaube an die Möglichkeit von »vielen Leben« der sich graduell weiterentwickelnden »Seele« oder Monade akzeptiert wird, dann kann ein bestimmter Prozeß von *bewußter Vorbereitung auf den Tod* entwickelt werden. In diesen Prozeß sollte während der letzten Phase des Lebens einer Person in Ruhe eingegangen werden. Leben und Sterben waren polare Gegensätze, sehr ähnlich wie *Yin* und *Yang*, und als das Leben sich in einem gewissen Maße abschwächte, nahm die Polarität des Todes den Vorrang ein. Dies war die Zeit, um sich auf einen bedeutungsvollen, friedlichen und edlen Tod vorzubereiten.

In der Astrologie ist dies die positivste und schönste Bedeutung des zwölften Hauses. Es *kann* sich auf Erfahrungen beziehen, die bewußt und friedlich mit der Aufgabe verwandt sind, einen Prozeß der Tätigkeit zu einem bedeutungsvollen und nicht ungemäß – und besonders nicht unnatürlich – verlängerten Ende zu bringen. Dies kann, und sie ist es in der Tat, eine schwierige Aufgabe sein, nicht nur, wenn sie mit dem Sterben in Beziehung gebracht wird, sondern auch, wann immer eine Person versucht, die Tätigkeit, die sie unternommen hat, zu einem bedeutungsvollen und überzeugenden Abschluß zu bringen.

Jeder Mensch, der einmal nach einem Abendessen eine Ansprache in Gesellschaft improvisieren mußte, weiß, wie schwer es ist, die Rede zu einem bedeutungsvollen und überzeugenden Abschluß zu bringen. Wenn sie sich dem Ende der Ansprache nähern, tappen viele Redner herum, wiederholen sich, gehen von Höhepunkt zu Tiefpunkt, und vielleicht sterben ihre Worte letzten Endes mühsam und ohne richtige Schlußfolgerung. Die Zuhörer sind zu diesem Zeitpunkt ermüdet, und ihr Geist lehnt ab oder vergißt prompt das, was immer zu irgendeinem Zeitpunkt während der Ansprache beeindruckend gewesen sein mag. Der Komponist von Musik, der Dramatiker und der Romanschreiber stößt oft auf die gleiche Schwierigkeit, wenn er der offensichtlichen Notwendigkeit gegenübersteht, seine Arbeiten zu einem Ende zu bringen. Es ist relativ einfach, etwas anzufangen; der natürliche Impuls des Lebens innerhalb des Individuums, der emotionale Eifer, sich auszudrücken, kann den Anfang zulassen – und die Aufmerksamkeit der Leute ist am Anfang noch nicht richtig in den Brennpunkt gebracht oder kritisch. Die Leute werden erst graduell aufgewärmt, und sie werden vergessen, wie die Sache begann.

Aber die Natur des Menschen wird keine bedeutungsvolle Schlußfolgerung, die der Erinnerung wert ist, zulassen. Das natürliche Ende von allem ist die Erschöpfung – man wird erschöpft, und ebenso die Leute um einen herum. Die Ansprache, oder der einzelne selbst, stirbt eher bedeutungslos an Altersschwäche. Wenn nicht das Selbst, das spirituelle Wesen, die Kontrolle übernimmt und alle losen Fäden der lebenslangen Anstrengung zusammenholt, und die wichtigsten Bestandteile zu einem eindrucksvollen und erleuchtenden Schluß vereint, dann ist die Gefahr gegeben, daß der große Augenblick durch den sich niedersenkenden Staub des Kampfes verdunkelt wird. Alles, was vorher war, kann weitgehend vergessen werden, aber solch ein bedeutungsvolles Ende wird unvergessen bleiben. Es prägt sich dem Geist und der Seele der Leute auf, die zu seinem Zeugen wurden. Wie ein Same ist es das letzte Produkt, die Vollendung des jährlichen Lebens der Pflanze. Die Pflanze stirbt und der Same fällt auf den Boden, aber er besitzt in sich die Kraft des sich ewig erneuernden Lebens. »Außer ein Weizenkorn falle zur Erde und sterbe, bleibt es alleine; aber wenn es stirbt, so bringt es viel Frucht hervor.« (Johannes 12:24)

Symbolisch ausgedrückt, kann jeder große und bedeutungsvolle Abschluß einer lange andauernden menschlichen Anstrengung ein »Same« sein. Jeder Zyklus der Erfahrung, wie auch jedes menschliche Leben, kann mit der Freisetzung solch eines Samens enden. Wenn es dies nicht tut, dann ist alles, was davon bleibt, nur eine flüchtige Erinnerung. Die Schönheit der Blume des Zyklus mag in der Erinnerung verbleiben, die Blätter mögen einigen lebenden Kreaturen Zuflucht gewährt und Nahrung gespendet haben, die deswegen glücklicher lebten; aber wenn es keinen Samen gibt, dann gehen Essenz und Substanz des Erfahrungszyklus, der Ansprache und des Lebens verloren.

Der Körper stirbt, aber der Wert dieses Lebens kann bestehen bleiben. Er bleibt bestehen in einer sozialen Form, in der Erinnerung von Freunden und Widersachern, wenn das Individuum fähig war, seiner Gemeinschaft einen wertvollen Beitrag zu leisten. Der Wert eines Edison scheint aus jeder elektrischen Glühbirne hervor; er hat seine Untertöne in jeder Schallplattenaufnahme. Aber dieses Element des Wertes ist nicht nur ein sozialer Faktor. Es ist ein persönlicher und auch ein spiritueller Faktor. Durch das Leben gibt der Mensch seiner Seele mehr Wert, denn die Seele ist der Kornsilo, in dem die Ernte aller Zyklen aufbewahrt wird; diese Ernte ist die tatsächliche Substanz der heranreifenden Unsterblichkeit des Menschen in einem spirituellen Körper. Wenn der Kornsilo voll ist, dann erreicht der Mensch die individuelle Unsterblichkeit. Er hat den Tod überwunden, nicht indem er ihn ablehnte – eine unnütze Geste – aber indem er gelernt hat, wie man bedeutungsvoll stirbt: den Tod einer Pflanze zu sterben, die reich ist an fruchtbarem, lebensspendendem Samen. Der einzige tragische Tod ist der, der in vollständiger Bedeutungslosigkeit und in totaler Erschöpfung oder Langeweile vor sich geht – das heißt, in spiritueller Niederlage.

Die Kunst, alle Erfahrungen zu einem kreativen Ende zu bringen, ist die größte aller Künste – und vielleicht die in unserer westlichen Welt am wenigsten ausgeübte. Was diese Kunst erfordert, ist zu allererst den Mut, die »Geister« der Vergangenheit zurückzuweisen. Es ist diese Zurückweisung, die auch *Abtrennung* genannt wird. Es kann keine wirkliche Freiheit in der Wiedergeburt geben, ohne eine bewußte Abtrennung von der Vergangenheit, ohne die Fähigkeit, die ganze Vergangenheit zu einem bedeutsamen und harmonischen Abschluß zu bringen, und den Mut aufzubringen, zu sagen: »Schluß«. Man sollte die Erinnerung daran aufgeben, was man unfertig zurücklassen mußte, nicht assimiliert und ungelöst, wenn man in das neue Leben eintreten soll, in den neuen Zyklus der Erfahrung.

Geister bleiben leider weiter bestehen mit einem subtilen Halt innerhalb des Unterbewußten – Geister von Dingen, die man nicht getan hat, von ungesagten Worten, von kleinen und großen Gesten, welche das Herz und die Hände nicht veranlaßt werden konnten, auszuführen. Der Redner, der auf der Uhr an der Wand sieht, daß seine Zeit zu Ende ist, daß er seine Rede zu einem Ende bringen muß, mag sich plötzlich an alles erinnern, was er sagen wollte, aber nicht gesagt hat. Wird er versuchen, das alles in einen Haufen von abschließenden Aussagen hineinzudrängen, die seine Zuhörer nur völlig verwirren würden? Redner versuchen dies oft, und besiegen sich damit selbst. Man muß den Mut aufbringen, die ungesagten Dinge abzustoßen, die ungelebten Gesten, die nicht erfahrene Liebe, um auf der Grundlage dessen, was getan *wurde,* einen überzeugenden Abschluß zu erreichen. Dies erfordert natürlich Geschicklichkeit, noch mehr aber erfordert dies Mut. Es ist dies eine eigene Art von Mut, eine psychologische Art, es ist aber ein Mut der allerreinsten Art, oft viel schwieriger aufzubringen als die Stärke, auf gute Weise in der Erregung der Schlacht zu sterben. Die Natur dieses Mutes wird normalerweise weder erkannt, noch richtig verstanden. Es ist nicht eine emotionale oder physische Art von Mut. Sie ist teilweise mental, hauptsächlich aber ein Akt von spirituellem Willen. Man nimmt seine Verluste und geht neuerlich weiter, im vollen Bewußtsein, daß man eines Tages, an irgendeinem Ort, den abgestoßenen Geistern wieder begegnen wird. Aber wenn man in der Zwischenzeit genügend gewachsen ist und sich auf einer höheren Ebene des Bewußtseins und der Kraft etabliert hat, dann wird man besser wissen, wie man mit dem unvollendeten Geschäft fertig wird.

Astrologische Textbücher wiederholen, daß das zwölfte Haus das Haus des Karma und der Bindung ist. Aber es ist auch potentiell der Bereich der Vollendung und das Symbol des makellosen Endes, welches die Einleitung für eine herrlichere Zukunft darstellt. Was das zwölfte Geburtshaus andeutet, ist, wie man makellose Erfüllung erreichen kann, wenn man sie überhaupt erreichen kann. Es sagt nicht, ob man viele Abfallprodukte und viele nicht beendete Geschäfte am Ende seines Lebenszyklus oder am Ende jedes der kleineren Zyklen zurücklassen wird oder nicht. Es sagt nicht, ob man fähig sein wird, seine Geister abzustoßen oder nicht – sie mit einer Segnung abzustoßen und mutig seinen Geist und sein Leben zu erneuern. Aber es sagt etwas bezüglich der Natur und der Beharrlichkeit der Geister, mit denen man umgehen muß; und es gibt ein allgemeines Bild des Unbewußten – des Bereiches der Geister und der Überreste von ungelösten Problemen oder von ungelösten Erfahrungen. Es schlägt den besten Weg vor, wie man mit seinen Geistern und mit den sich auflösenden Produkten des Unbewußten umgeht.

Das zwölfte Haus gibt ebenso positive Anzeichen wie auch jedes andere Haus. Es gibt in der Tat keine schlechten Häuser. Aber es gibt Erfahrungsbereiche, in denen Krisen stattfinden und stattfinden *müssen* zugunsten der Entwicklung einer größeren Zukunft. Im sechsten Haus begegnet man Krisen, die die Vorbereitung des Lebens der Beziehungen betreffen – den Bereich des siebenten Hauses. Man muß diesen Krisen erfolgreich begegnen, wenn man wahrhafte Partnerschaft und das tiefe, vibrierende Gefühl des Teilens ausgeglichener Partnerschaft erfahren soll. Im zwölften Haus resultieren Krisen aus der Art, wie man seine Beziehungen zur Gemeinschaft oder zur Kultur und ihren Werten ausgearbeitet hat. Im zwölften Haus begegnet ein Mensch den Resultaten seiner sozialen und beruflichen Niederlagen oder Frustrationen, aber auch den Resultaten seiner Erfolge und Gewinne. Vor allem anderen begegnet er den weniger offensichtlichen Resultaten der Methoden, die er verwendet hat, um Ruhm oder Kraft zu erreichen, wie auch der Faulheit und Unbeweglichkeit, die ihm innere oder äußere Niederlagen bereiteten. Viele Leistungen produzieren tatsächlich einen Schatten, so dunkel, wie das Erreichte großartig war.

Erfolg löst oft Ablehnung oder Feindseligkeit aus, oder er kann anderen Elend oder sogar den Tod bringen. Man sollte sich dieser negativen Resultate bewußt sein, wie auch der Ängste, des Schuldgefühls, der Reue und der Alpträume, welche vergangene tragische Szenen wiederholen und die man nicht beenden kann – die Schatten, die unsere eigenen Taten erzeugt haben, direkt oder indirekt, willentlich oder unbewußt.

Der einzige Weg, um mit einem Schatten umzugehen, ist, ihn durch die Verwendung von Lichtern aus verschiedenen Richtungen zu erleuchten und in den Brennpunkt zu bringen. Man darf sich nicht ängstigen und man darf nicht einfrieren. Geister und Schatten werden verschwinden, wenn sie dem Licht des Verständnisses und des Mitgefühls ausgesetzt werden.

Die astrologische Tradition schreibt dem vierten Haus die Bedeutung des »Endes aller Dinge« zu, weswegen sich der Leser wundern mag, wie dies zu dem paßt, was im vorangegangenen Abschnitt über das zwölfte Haus gesagt wurde. Diese scheinbare Widersprüchlichkeit kann gelöst werden, wenn man erkennt, daß das Ende, von dem die alten Astrologen sprachen, ein totales Ende war, ein Ende, das keinen neuen Anfang andeutete. Im zwölften Haus steht der individuelle Mensch einem Ende gegenüber, welches zu einem Anfang werden kann und dies auch tut – ein Übergang zwischen zwei Zyklen. Er steht auf der Schwelle zwischen zwei Zuständen.

Aber lassen Sie uns voraussetzen, daß er über diese Schwelle stolpert und zusammenbricht; daß, während er seinen Geistern begegnet, diese ihn überwältigen. Dann ist der neue Zyklus keine Wiedergeburt, sondern ein Abstieg in die jähe Schlucht endgültiger und vollständiger Auflösung. Er hat den entscheidenden Augenblick der Umwandlung verpaßt, und er steigt stufenweise durch das erste, zweite und dritte Haus hinab, um auf den Boden zu stoßen, auf das letztendliche Ende, im vierten Haus.

Im tagtäglichen Leben sterben doch viele Dinge, ohne je wahrnehmbar wiederzukehren, zumindest insofern, als unser persönliches Bewußtsein dies wird je wissen können. In der Stunden-Astrologie, wenn sich eine Person über eine bestimmte konkrete Sache erkundigt, bezieht sich das vierte Haus im Stundenhoroskop tatsächlich auf das *Ende* der Sache. Doch was ganz tot erscheint, kann Geister hinterlassen; in diesem Falle kommen dann die Überreste der Sache, die man für tot hielt, zurück, um den Menschen im Unterbewußten zu peinigen.

Es sollte keiner Sache erlaubt werden, einen endgültigen Tod zu sterben; alles sollte umgewandelt und umgeformt werden – umgewandelt im elften Haus und umgeformt im zwölften Haus. Jeder Zyklus der Tätigkeit, wenn er zu seinen Phasen des elften und zwölften Hauses kommt, sollte theoretisch zu einem neuen Anfang von Tätigkeit auf einer höheren Ebene umgeformt werden. Nichts kommt zu einem toten Ende, außer es hat zu einer entscheidenden Zeit der Krise und der Möglichkeit versagt, umgeformt zu werden oder umgesetzt zu werden, in etwas Neues und Größeres. Der symbolische Platz, an dem es so umgesetzt werden kann, ist das zwölfte Haus. Nur wenn diese Umsetzung versagt hat, tritt das endgültige Ende des vierten Hauses unausweichlich und durch voranschreitende Phasen ein – im ersten, zweiten und dritten Haus, die dann rein negativ als Phasen der Auflösung angesehen werden. Das zwölfte Haus ist daher ein zutiefst wichtiger Bereich der Erfahrung, mit einer Bedeutung, die weit über die oberflächliche Interpretation hinausgeht, die ihm durch die klassische Astrologie zugesprochen wird. Es ist tatsächlich ein Haus des Mysteriums, denn alle Übergangszustände sind mit mysteriösen und nicht zu wissenden oder mit irrationalen Elementen angefüllt. Auch diesen muß begegnet werden, welche Form sie auch immer annehmen. Ihnen sollte, ausgestattet mit einem klaren Verständnis der gesamten Reihenfolge vergangener Erfahrungen, begegnet werden mit Mut und mit Glauben, wie auch mit Erbarmen. Solche Begegnungen sind Versprechen der Unsterblichkeit.

# Der dreistufige Zyklus individueller Erfahrungen

In diesem Buch habe ich die Geburtshäuser als Sektoren des *Raumes* definiert, der den menschlichen Organismus umgibt, während er seinen ersten Atemzug tätigt, wodurch seine primäre und grundsätzliche Beziehung zu einer offenen Umwelt festgelegt wird, zum Universum. In der weiteren Interpretation der Bedeutung der Häuser als Felder der Erfahrung sollte es jedoch klar geworden sein, daß das, was geschildert wurde, tatsächlich eine zyklische Reihenfolge von zwölf Phasen in einem Prozeß der individuellen Entfaltung ist; und jeder Prozeß deutet natürlich den Faktor der *Zeit* an. Daher gibt es ein gewisses Maß an Zwiespältigkeit in meiner Betrachtung. Diese Zwiespältigkeit bezieht sich einfach auf die grundsätzlichste Tatsache der Existenz – auf die Tatsache, daß es Zeit braucht, um sich aller Bedeutungen der Existenz innerhalb des einen umgebenden Raumes bewußt zu werden.

Wir können dies anders ausdrücken, indem wir sagen, daß die Zeit das Maß der Unfähigkeit des Bewußtseins eines Menschen ist, auf welcher Ebene dieses Bewußtsein auch operieren mag, *alles* sofort zu erfahren, was einem möglich ist zu erfahren. Ein individuelles Bewußtsein operiert in bezug auf die Fähigkeit eines strukturierten Geistes und seiner Instrumente – das Gehirn und das ganze Nervensystem – um sich gewahr zu werden, um zu beziehen, zu integrieren und Anreize der bescheidensten Arten zu interpretieren. Diese Fähigkeit ist limitiert; der Geist kann nur eine bestimmte Menge und nicht mehr auf einmal zu einer Zeit aufnehmen und verarbeiten. Es sind die Grenzen dieser Fähigkeit, die die Beziehungen von Raum zu Zeit festlegen; je mehr die geistige Fähigkeit limitiert ist, desto mehr Zeit ist notwendig, um den ganzen umgebenden Raum abzusuchen und um auf ihn zu reagieren.

Alle Möglichkeiten der Erfahrung öffnen sich und menschliche Wesen, die an einem bestimmten Punkt im Raum geboren wurden, beziehen sie zueinander und so wirken sie zusammen. Daher kann, wie ich sagte, ein Mensch theoretisch auf das Leben in jedem Augenblick im Sinne aller Häuser reagieren. Wenn er hinausläuft in eine Liebesaffaire des fünften Hauses oder ein Kind zeugt, dann können die siebente Haus-Qualität seiner Beziehung zu einem anderen Menschen, seine beruflichen Leistungen, seine Freundschaften und seine Träume *im Hintergrund* stehen; wie natürlich auch sein Selbstbild – erstes Haus – und seine Besitzungen – zweites Haus. Trotzdem wird seine hauptsächliche Aufmerksamkeit auf der Liebesbeziehung liegen; sein Ichbewußtsein wird in dieser Art von Erfahrung zentriert sein. Es könnte nicht auf diese Weise zentriert sein, wenn er nur drei Jahre alt wäre, einfach weil die Drüsen und die Gehirnfunktionen, die für solch einen Aufmerksamkeitsbrennpunkt und für die folgende Erregung spezialisierter Körperenergien benötigt werden, dann noch nicht genügend *verwirklicht* wären, auch wenn sie in einem latenten Zustand schon existieren.

Wir beschäftigen uns daher mit einem graduellen Prozeß der Selbstverwirklichung, das heißt, mit einer heranwachsenden Person. Dieses Wachstum findet statt, oder es kann stattfinden, auf drei bestimmten Ebenen – obwohl auch hier die Trennung zwischen diesen Ebenen nicht zu scharf gezogen werden sollte. Eine »höhere« Ebene kann schon auf einer tieferen teilweise widergespiegelt und leuchtend sein.

In meinem Buch *Astrologie der Persönlichkeit* beschrieb ich im Detail »die Entfaltung des individuellen Selbst«, und der Leser wird auf das dort Gesagte hingewiesen. Die Sache wurde auch aus einem etwas verschiedenen Gesichtspunkt in *New Mansions for New Men* (1938, Teil Eins: Einleitung, Seiten 3 und 11) besprochen. Was in diesen Werken gesagt wurde, kann in einigen wenigen Abschnitten wie folgt zusammengefaßt werden:

Die Erfahrungen einer Person, die einen gefestigten Zustand von Individualisierung erreicht hat, können auf drei grundsätzlichen Ebenen stattfinden und der natürliche Prozeß des Wachstums der Persönlichkeit ist – im breitesten Sinne des Ausdrucks – zyklisch; wie ich schon sagte, dauert jeder Zyklus theoretisch 28 Jahre. Die Zahl 28 kann als »das Maß des Menschen« angesehen werden, besonders des Menschen in einem individuell bewußten und selbstverwirklichenden Zustand der Existenz – der Mensch, wie wir ihn uns heute ideell vorstellen, der »archetypische« Mensch.

Während jedes 28-Jahre-Zyklus richtet ein Mensch normalerweise seine Aufmerksamkeit nacheinander auf (und durchläuft symbolisch) jedes der zwölf Felder der Erfahrung, die durch sein Geburtshoroskop symbolisiert sind. Schritt für Schritt nimmt er so viel wie möglich Kenntnis von den Möglichkeiten der Erfahrung, die jedem Hausbereich vom ersten bis zum zwölften Haus innewohnt. Dann wird der Prozeß auf einer »höheren« Ebene im Zeitraum von 28 bis

56 Jahren wiederholt, und, zumindest potentiell, ein weiteres Mal auf einer noch mehr integrierenden und spirituelleren Ebene im Alter von 56 bis 84 Jahren. Der 84-Jahr-Zyklus ist der des Uranus, und im astrologischen Symbolismus ist die Kraft der Selbstumwandlung charakteristisch für die Funktion des Uranus. Eine wahrhaft individualisierte Person mit einem relativ gut entwickelten Geist birgt in sich die Möglichkeit, ihren Grad der Wahrnehmung so umzuwandeln, daß sie sich von einer Bewußtseinsebene auf eine andere bewegen kann, daß sie somit ihr inneres Sein andauernd repolarisieren kann. Der Mensch auf einer mehr primitiven und stammesartigen Evolutionsstufe war nicht fähig, sein Bewußtsein auf diese Art zu individualisieren oder umzuwandeln – obwohl in besonderen Fällen ein anderer Prozeß wahrscheinlich am Werke war, jedoch waren die Resultate grundsätzlich verschieden.

Man kann daher von drei »Geburten« sprechen, die eine Art von dialektischer Reihenfolge repräsentieren –, von These, Antithese und Synthese. Astrologisch ausgedrückt: ein Mensch wird in der physischen *Biosphäre* dieses Planeten zum Zeitpunkt seines ersten Atemzuges geboren – These. Er wird im Alter von 28 Jahren in die psychomentale *Noo-Sphäre* geboren. Und potentiell kann er im spirituellen Bereich – der *Pneumosphäre* – im Alter von 56 Jahren wiedergeboren werden, vorausgesetzt, daß sein Bewußtsein im Sinne individueller Werte wahrhaft entwickelt wurde während seiner erwachsenen Phase im Alter von 28 bis 56.

Wenn es keine solche Entwicklung gegeben hat, oder diese Entwicklung beendet wurde, dann kann die Zeitspanne, die während der sechziger Jahre und bis zum Tod andauert, kaum irgendetwas anderes bedeuten, als eine langsame Auflösung oder eine Atrophie der Persönlichkeit.

Die erste Geburt in die Materie ist auch die Geburt im Bereich eines bestimmten rassischen, kulturellen und sozialen Typus von Bewußtsein. Dort wechseln die Wurzeln der Persönlichkeit, zufolge einer kollektiven Tradition, wie auch zufolge eines genetischen Musters. Diese Wurzeln sind die Fundamente des Tempels des Individuums, Fundamente im dunkeln, kollektiven Unbewußten. Der junge Mensch bringt theoretisch die Vergangenheit in der Gegenwart zu einem Stadium der Erfüllung, während er die Studien erfolgreich abschließt, die ihn in die Lage versetzen, die Vergangenheit seiner Kultur zu assimilieren, oder allgemeiner, die Vergangenheit der Menschheit; aber er kann auch gegen das rebellieren, was er als veraltet, bindend und verzerrend einschätzt.

Die zweite Geburt ist die »Geburt in die Individualität«. Der junge Mensch kann etwa im Alter von 28 erkennen, was oder wer er als Individuum ist. Er kann dies im Sinne einer bestimmten Berufung innerhalb eines akzeptierten sozialen Systems erkennen, dem er neue Elemente beisteuern kann, oder er kann »sich finden« durch einen langen Kampf gegen seine Tradition. Vor diesem Alter aber ist das, was der Heranwachsende und/oder Student als sein eigen ansehen mag, höchstwahrscheinlich nur eine Form von Protest, motiviert durch seine Unzufriedenheit mit alten Mustern. Protest bindet so wirkungsvoll wie Unterwürfigkeit; man ist durch Haß ebensoviel gebunden wie durch Liebe. Die wahre Geburt-in-die-Individualität findet nur dann statt, wenn *durch und doch jenseits* der Unzufriedenheit und des Protests die heranwachsende Person sich des Tones seines wahren Selbst und Schicksals gewahr wird. Negative Revolte sollte dann positiver Selbstbestätigung weichen.

Die dritte »Geburt«, wenn sie überhaupt stattfindet und nicht bloß die Form eines ungenauen Gefühls oder einer Sehnsucht nach spirituellen Werten annimmt, sollte zugleich die kollektive Vergangenheit der Gesellschaft, wie auch die Leistungen des Individuums transzendieren. Aber in diesem selben Prozeß des Transzendierens finden *beide,* die kollektiven wie auch die individuellen Faktoren, ihre Erfüllung. Das Individuum kommt zur klaren Erkenntnis seiner Funktion in seiner Gemeinschaft oder innerhalb der menschlichen Evolution als ein Ganzes; und seine Gesellschaft kommt zur Erkenntnis des Wertes seines Beitrages. Auch wenn sein Beitrag ein reinigender und revolutionärer ist, sollte es doch während dieser letzten 28-Jahr Spanne des Lebens des Menschen irgendeine Erfahrung der Anerkennung und der Akzeptierung durch wenigstens eine »Samen-Gruppe« geben, der zukunftsorientierte Individuen angehören. Der Beitrag tendiert dann dazu, die Form von »Symbolen« anzunehmen, welche, indem sie auf andere Menschen übertragbar sind, zumindest für eine kurze Zeitspanne die relative Unsterblichkeit des Individuums sicherstellen, welches die spirituelle Ernte seiner Erfahrungen durch sie verwirklicht hat. Symbole können in diesem Falle spezifische Taten darstellen, die in der Erinnerung derer zurückbleiben, die zu ihren Zeugen wurden, wie auch Werke der Kunst, Bücher oder Lehren.

Astrologisch und auch im Sinne von astronomischen Tatsachen, stellt man sich, wenn man an einen Prozeß der Selbstverwirklichung durch die zwölf grundsätzlichen Felder charakteristischer Erfahrungen denkt, eine zyklische Bewegung des Punktes vor, der die essentielle Individualität einer Person darstellt, der Aszendent. Es sollte klar sein, daß der Horizont in Wirklichkeit – von dem der Aszendent ja das östliche Ende in einem zweidimensionalen Geburtshoroskop ist – sich nach der physischen Geburt *bewegt*. Diese Bewegung findet auf Grund der Umdrehung der Erde in der Richtung gegen den Uhrzeigersinn um ihre Achse statt – das heißt, vom ersten Haus zum zweiten, dritten, etc... Jedoch, wie ich schon sagte, während sich das verändern mag, was im Himmel am Horizont gesehen wird, so verändert sich die Tatsache, daß eine Person einen Horizont erfährt, nicht. Überall trägt das Individuum einen Horizont und einen Meridian mit sich herum; diese stellen die strukturellen Faktoren seiner Individualität und seines Bewußtseins dar. Wenn der Mensch im interstellaren Raum treiben sollte, hätte er keine Erfahrung eines Horizonts.

Die meisten Astrologen denken von dem Kreis der Häuser immer noch so wie von der täglichen Umdrehung unseres Erdballs um seine Achse. Vom planetarischen Gesichtspunkt ist dies tatsächlich der Fall und, als ich *Astrologie der Persönlichkeit* schrieb, folgte ich hauptsächlich diesem Wege, obwohl ich mich schon damals mit einigen seiner Verwendungen unzufrieden fühlte. Ich kam in den folgenden Jahren dann zur Erkenntnis, daß, wenn man ein Geburtshoroskop eines Individuums betrachtet, und zwar nicht als das eines Planeten zu einem bestimmten Augenblick, es notwendig wurde, dem Raumfaktor einen essentiellen Platz zu geben. In jeder personenzentrierten Astrologie muß akzeptiert werden, daß der Mensch auf der Oberfläche des Globus lebt und nicht in seinem Zentrum. Was das Geburtshoroskop repräsentiert, ist die Beziehung des Individuums zum Universum im Augenblick seiner Geburt; es ist *seine Orientierung im Raum*. Die individuelle Person *ist* ihre räumliche Beziehung zum Universum und zu allem, was zu diesem Augenblick in ihm ist. Dies ist das *permanente* Muster ihrer individuellen Selbstheit – oder man könnte sagen, die Blaupause des Tempels der Selbstheit; und Blaupausen sind Raumfaktoren.

Doch diese Blaupause stellt nur einen Archetypus dar, eine ideelle und potentielle Struktur. Das Ideal muß zur Realität werden, die Blaupause muß zu einem tatsächlichen Gebäude werden, und dies bedeutet einen Prozeß der graduellen Verwirklichung. Dies ist es, was der Astrologe meint, wenn er von Progressionen und Transiten spricht. Aber diese beschäftigen sich in erster Linie, wenn nicht ausschließlich, mit den Bewegungen der Planeten. Astrologen haben auch die Bewegung des Geburtsmeridians verwendet – also die Geschwindigkeit der Erdumdrehung – als Grundlage für Zeitmessungen und Voraussagen, zum Beispiel in den sogenannten Primär-Direktionen.

Diese beziehen sich jedoch auf die tatsächlichen Bewegungen der himmlischen Körper und auf ihre Einflüsse auf die Erde; daher auf *Veränderungen in der Umwelt des Individuums*. Wenn ich mich auf 28-Jahr Zeitspannen beziehe, dann meine ich damit subjektive Veränderungen im bewußten Selbstbild einer Person – das heißt, die Einstellung, die ein Mensch sich selbst gegenüber hat, wenn er der Herausforderung der tagtäglichen Erfahrungen entgegentritt. Dieses Selbstbild entwickelt sich, wenn Veränderungen im Rhythmus und in der Intensität der Energien des Körpers vor sich gehen. Zu einem großen Maße folgt die Veränderung dem Altersfaktor. Das Selbstbild ist normalerweise in seinem Charakter sehr unterschiedlich, in einem Kind, in einem 40-jährigen oder in einem pensionierten Menschen. Dies sind generische Veränderungen, aber sie sind tief geformt durch persönliche Charakteristika und durch Geschehnisse.

Diese Veränderungen kann man in großem Maße symbolisieren, wenn man den folgenden Weg einschlägt. Man stelle sich vor, daß der Aszendent oder der Punkt des Selbst sich über das ganze Horoskop hin gegen den Uhrzeigersinn alle 28 Jahre bewegt; alle sieben Jahre berührt er eine der Ecken des Geburtshoroskops. Daher wird am siebenten Geburtstag der Nadir-Punkt erreicht, am 14. der Deszendent, am 21. der Zenit oder die Himmels-Mitte, ein neuer Zyklus beginnt mit 28 und dann wieder mit 56.

Dies ist das Bild des wohlbekannten 7-Jahr Zyklus, der so oft in esoterischen Schriften erwähnt wird. Ich habe die Bedeutung dieser Zeitspannen – 7, 14, 21, 28, 35, 42, 49, 56, etc. – in *Astrologie der Persönlichkeit* behandelt, wie auch in verschiedenen Artikeln. Dieser Zyklus, ich wiederhole, betrifft jeden Menschen mehr oder weniger tief, er erbringt ihm mehr oder weniger charakteristische und entscheidende Geschehnisse oder Veränderungen im Bewußtsein. Aber der *individuelle Charakter* dessen, was im Sinne dieses Zyklus stattfindet, kann auch *angezeigt werden* – ich werde nicht sagen *ermittelt* – durch die Kontakte, die der Punkt des Selbst mit den Geburtsplaneten macht, während er um die Lebensuhr kreist, die der Häuserkreis repräsentiert.

Diese Kontakte scheinen in sehr vielen Fällen im Bewußtsein des Individuums Veränderungen auszulösen, oft aber auf eine nicht offensichtliche Weise. Diese Veränderungen können von äußeren Geschehnissen abhängen oder sich auf diese beziehen, sie müssen dies aber nicht immer tun.

Es tritt ein Problem auf betreffend des besten Weges, wie man den Fortschritt des Punktes des Selbst messen soll. Man kann die Anzahl der Grade des Tierkreises zwischen dem Horizont und dem Meridian durch sieben teilen, und so kalkulieren, wieviele Grade der Punkt des Selbst in einem Jahr durchwandert. Aber da die Ost-Nord und die Nord-West Quadranten eines Geburtshoroskops in den meisten Fällen nicht die gleiche Anzahl von Graden beinhalten – und das gleiche trifft auf die West-Süd und die Süd-Ost Quadranten zu – bedeutet dies, daß der Punkt des Selbst sich in unterschiedlicher Geschwindigkeit bewegt. Aber dem in diesem Buche formulierten Konzept zufolge, ist das Essentielle der *räumliche Charakter* der Häuser – welcher auf das Campanus-System der Häuserteilung paßt – und *nicht der Zeit-Faktor,* das heißt, die Zeit, die benötigt wird, damit ein Tierkreisgrad und auch die Planeten vom Horizont bis zum Meridian aufsteigen – Placidus-System. Daher scheint es mir logisch, den *Raum,* der den Neugeborenen auf der Oberfläche des Globus umgibt, in gleiche Abschnitte aufzuteilen. Jedes Haus repräsentiert 30 Grad von personenzentriertem Raum. Der Punkt des Selbst bewegt sich durch diesen Raum in gleichmäßiger Geschwindigkeit von Häuser-Spitze zu Häuser-Spitze mit der Geschwindigkeit von 28 Monaten pro Haus – das heißt, 28 Jahre geteilt durch 12.

Will man also feststellen, wann der Punkt des Selbst genau einen Planeten kreuzt, muß seine Position im Sinne von Haus-Raum kalkuliert werden. Dies ist eine komplexe Kalkulation, aber in solch einer Technik ist Genauigkeit nicht sehr bedeutungsvoll, da wir uns mehr um subjektive Veränderungen im Bewußtsein und um psychologische Einstellungen kümmern, als um Geschehnisse, die sich genau innerhalb der Zeit befinden. Der Punkt des Selbst erreicht die Spitze des zweiten Hauses eines Geburtshoroskops 28 Monate – zwei Jahre und vier Monate – nach der Geburt, und die Spitze des vierten Hauses, den Nadir, 84 Monate, das heißt, 7 Jahre, nach der Geburt. Wenn sich ein Planet genau in der Mitte zwischen der Spitze des dritten und der Spitze des vierten Hauses befindet, dann wird der Punkt des Selbst diesen Planeten im Alter von 5 Jahren und 10 Monaten kreuzen, und, in seiner zweiten Umdrehung, 33 Jahre und 10 Monate nach der Geburt. Wenn wir die Anzahl der Tierkreisgrade innerhalb eines Hauses durch 28 teilen, dann wird das Resultat den Raum in bezug auf Tierkreisgrade festlegen, den Raum, den der Punkt des Selbst in einem Monat durchquert, während er sich in diesem Haus befindet.

In meinem eigenen Geburtshoroskop befindet sich zum Beispiel der Mond auf 25° Wassermann im zweiten Haus, welches von 1° Wasches von 1° Wassermann bis 16° Fische reicht – im Campanus-Haus-System. Das Haus beinhaltet somit 45 Grade. Die Zahl 45 geteilt durch 28 ergibt 1,6 – etwas mehr als ein und ein halber Monat pro Grad des Tierkreises. Der Mond ist 23 Grade von der Spitze des zweiten Hauses entfernt, was bedeutet, daß er gerade knapp hinter dem Mittelpunkt des zweiten Hauses steht. Die Spitze des zweiten Hauses korrespondiert mit dem Alter von 30 Jahren plus 4 Monaten. Daher kreuzte der Punkt des Selbst meinen Geburts-Mond, als ich 30 Jahre und 4 Monate plus ein Jahr und etwas über zwei Monate alt war, also im Alter von 31 einhalb. Während dieses Monats erfuhr ich eine der sehr seltenen Orchesteraufführungen meiner symphonischen Werke, *The Surge of Fire,* und diese war ein denkwürdiger Erfolg. Der Punkt des Selbst berührte meinen Geburts-Merkur bei 4 1/2° Fische, als ich 33 Jahre und etwa 9 Monate alt war, und zu diesem Zeitpunkt wurde mein Buch *The Rebirth of Hindu Music* in Indien verlegt, wie auch ein Buch mit Gedichten in Carmel, Kalifornien. Noch wichtiger aber ist, daß ich während dieser Zeit damit anfing, viele Vorlesungen zu halten und auch meine Philosophie in einem strikteren Sinne zu definieren.

Genau im Alter von 35 – als der Punkt des Selbst ins vierte Haus eintrat – wurde die Entscheidung getroffen, die zwei Uonate später zu meiner ersten Heirat führte. Der Punkt des Selbst hatte gerade meine Geburts-Sonne gekreuzt – dritter Grad Widder – als ein Todesfall und darauf folgende Ereignisse den Rahmen für diese Heirat schufen. Dies führte indirekt dazu, daß ich den Großteil meiner Aufmerksamkeit der Astrologie widmete, wie auch in größerem Rahmen dem Schreiben.

Zu der Zeit, als der Punkt des Selbst eine dreifache Konjunktion von Pluto, Mars und Neptun am Ende meines sechsten Hauses passierte, war ich schwer krank gewesen – im Alter von 13 bis 14 – und 28 Jahre später entwickelte sich eine wesentlich weniger ernste, aber doch auch schwierige Situation, die eine Art von psychologischer Krise miteinschloß. Bedeutungsvolle Kontakte und Veränderungen in meinem Sinne von Beziehung fanden statt, als der Punkt des Selbst den Jupiter in meinem siebenten Haus kreuzte, zum ersten und zum zweiten Male. Als er 1966 das dritte Mal kreuzte, erfuhr ich eine Ausweitung des öffentlichen Interesses an meinen Werken und an meinem Wege dem Leben gegenüber. Das dritte Kreuzen meines sechsten Geburtshauses manifestierte sich als eine riesige Ausweitung in der Arbeit, und als Konsequenz dessen mußte ich gegen andauernde Müdigkeit ankämpfen und den Altersprozessen des Körpers medizinische Beachtung angedeihen lassen.

Solch ein Beispiel bedeutet an sich nicht viel. Es gibt Fälle, die sehr bedeutungsvolle Verbindungen zwischen den planetarischen Kontakten des sich bewegenden Punktes des Selbst und Veränderungen im Bewußtsein enthüllen; in anderen Fällen sind diese Verbindungen nicht so klar. Offensichtlich hängt viel davon ab, wie eine Person auf die Möglichkeit der inneren Umwandlung reagiert. Man kann nichtsdestotrotz sagen, daß die Kontakte zwischen dem Punkt des Selbst und den Planeten im allgemeinen dazu neigen, die Zeiten im Leben einer Person aufzuzeigen, wann die Funktionen, die diese Planeten repräsentieren, dazu tendieren, das Selbstbild der heranwachsenden Person auf eine besonders bemerkenswerte Art zu beeinflussen. Kontakte des Punktes des Selbst mit den Positionen der »vorangeschrittenen« Planeten, entsprechend den sekundären Direktionen, können auch bedeutungsvoll sein. Man fand in einigen Fällen, daß sie den tatsächlichen Geschehnissen genauer entsprachen, denen, die Veränderungen im Bewußtsein auslösten. Das Rätselhafte daran ist, daß man oft keine Entsprechung für Veränderungen oder für Krisen findet, die man als sehr grundsätzlich einschätzt. Es kann sein, daß diese Krisen tatsächlich die unausweichliche Folge von vorangegangenen Wendepunkten und von individuellen Entscheidungen sind, die zu jener Zeit nicht wichtig erschienen. Hier stehen wir dem ernstesten aller astrologischen Probleme gegenüber, der Festlegung, wann irgendetwas *wirklich* anfängt.

# DRITTER TEIL

# Die vier Ecken und ihre Tierkreis-Polaritäten

In den vorangegangenen Kapiteln besprach ich die allgemeinen Bedeutungen der zwölf Häuser als untereinander verwandte und voranschreitende Felder der Erfahrung. Das Individuum muß die Inhalte dieser zwölf grundsätzlichen Arten von Erfahrungen durchgehen und sie aufnehmen, um in konkretem Sinne und unter den in der irdischen Umwelt, in der er lebt, vorherrschenden Umständen die Potentialitäten zu verwirklichen, die dem Augenblick seiner Geburt innewohnen. Die Definition des siebenten Hauses als der Bereich, der sich auf Erfahrungen der Partnerschaft bezieht, sagt nichts aus über den Charakter dieser Erfahrungen im Leben einer bestimmten Person, noch sagt es uns irgendetwas darüber, wie sich diese Person ihren nächsten Mitarbeitern gegenüber verhalten und auf sie reagieren wird. Der Astrologe versucht, diese Faktoren zu verstehen, wie auch die Natur der Tätigkeiten und Reaktionen des Individuums, indem er beachtet: 1) das Tierkreiszeichen und den Grad an der Spitze des Hauses; auch die Anzahl der Grade in dem Haus und ob es ein eingeschlossenes Zeichen beinhaltet oder nicht; 2) den planetaren Herrscher des Zeichens an der Spitze und 3) ob ein oder mehr Planeten in dem Geburtshaus stehen.

Astrologische Textbücher sagen normalerweise, oft mit einer sehr unglückseligen Art von Bestimmtheit, was von der Anwesenheit jedes Zeichens des Tierkreises an der Spitze von jedem Haus *abgeleitet* werden kann. Ich hebe das Wort »abgeleitet« hervor, weil dies bloß eine Ableitung ist, eine Möglichkeit, im besten Sinne ein zu erwartender Trend. »Textbücher« stellen recht unausweichlich ein analytisches Bild dessen dar, was alles bedeuten *könnte*; und oft beziehen sich die unter jeder Überschrift im Textbuch angeführten Bedeutungen auf völlig verschiedene Dinge, die sich auf den ersten Blick kaum zueinander beziehen lassen. Wenn die Beschreibungen und die Auflistung richtig sind, dann gibt es trotzdem eine grundsätzliche Beziehung zwischen den Charakterzügen oder den Arten von Geschehnissen, die angeführt wurden. Jedoch ein Haus, an dessen Spitze wir zum Beispiel das »expandierende« Zeichen Schütze finden (Herrscher = Jupiter), mag auch den Saturn enthalten, ein Planet, dessen Natur limitierend, einengend und oft frustrierend ist. Das grundsätzliche Problem, dem man bei der Interpretation eines ganzen Geburtshoroskops gegenübersteht, ist, was man am besten der Person, deren Horoskop man interpretiert, sagen soll, unter Berücksichtigung ihres Alters, ihrer gegenwärtigen Umstände, und der wahrscheinlichen Fähigkeit, die sie haben mag, um auf das, was gesagt wird, konstruktiv zu reagieren. Aber diese Dinge können hier nicht besprochen werden, und ich weise den Leser im besonderen auf meine Bücherreihe über humanistische Astrologie hin.

In diesen Büchern habe ich den Unterschied zwischen einem holistischen und einem strikt analytischen Annäherungsweg zur Astrologie erklärt, zwischen »personenzentrierten« und »ereignisorientierten« Arten der Interpretation. Wenn ich diese Dinge hier erwähne, dann nur deshalb, weil ich in diesem und im nächsten Kapitel versuchen werde, einige Punkte zu klären, die sich auf die übliche Textbuch-Art der analytischen Interpretation beziehen. Dies schien notwendig zu sein, um einen gewissen Grad von Bestimmtheit und Verwendbarkeit der allgemeinen Prinzipien zu erreichen, die in den vorangegangenen Kapiteln formuliert wurden.

Selbst wenn der Astrologe seine Aufmerksamkeit analytisch auf einen einzelnen Faktor im Horoskop richten muß, so gibt es doch gewisse grundsätzliche Tatsachen, die er im Kopf behalten sollte. Die wichtigsten davon sind die, daß alles in einem Horoskop seine polaren Gegensätze hat, und daß jeder Faktor eine negative wie auch eine positive Bedeutung haben kann, ohne Rücksicht darauf, ob er nun normalerweise als gut oder schlecht, glücklich oder unglücklich eingereiht wird. Dieses *Prinzip der Polarität* stellt den Eckpfeiler jeder guten astrologischen Interpretation dar, und er ist besonders überzeugend, wenn wir uns mit den *Achsen* im Horoskop beschäftigen. Der Horizont und der Meridian sind Achsen; der Aszendent und der Deszendent, der Zenit und der Nadir sind die theoretischen Enden dieser Achsen, während sie die Ekliptik kreuzen. Ebenso sind die Nord- und Süd-Knoten des Mondes und aller Planeten die zwei Enden von Achsen. Die Bedeutung eines Endes zu definieren, *ohne in der Definition die Bedeutung des anderen Endes miteinzuschließen,* ergibt einfach keinen Sinn, zumindest wenn man zu einem vollständigen Bild einer Situation oder einer Persönlichkeit gelangen will.

Was ich damit meine, ist zum Beispiel, daß, wenn man die charakteristischen Qualitäten eines Löwe-Aszendenten beschreiben will – das heißt, wie das Selbstbild der Person einen Löwe-Charakter aufweist –, dann sollte man die unausweichliche Tatsache berücksichtigen, daß seine Einstellung zu Partnerschaft – der Deszendent – einen

Wassermann-Charakter aufweisen wird; und umgekehrt. Man kann den Weg, wie man sich selbst sieht – was auch den besten Weg andeutet, um seine essentielle Individualität und sein einzigartiges Schicksal zu erfahren – nicht von der Art und Weise trennen, wie man anderen Leuten begegnet und verschiedenste Arten von Partnerschaft eingeht. Diese beiden Faktoren in der Persönlichkeit – Selbstheit und Beziehung – spielen andauernd ineinander, weil sie zwei gegenseitig abhängige Aspekte eines grundsätzlichen Triebes sind, des Triebes in Richtung vollen individualisierten Bewußtseins. Man kann nicht alleine bewußt sein, in einer Leere; die Arten der Beziehungen, die im siebenten Haus angedeutet sind, müssen irgendeinen Grad von bewußtem Gewahrsein des Selbst und einer anderen Person miteinschließen.

Wenn daher ein astrologischer Text die Charakteristika aufführt, die man dem Widder am Aszendenten zuschreibt, dann sollte diese Auflistung Eigenschaften beinhalten, die auch der Waage am Deszendenten zugesprochen werden können. Dies wird oft getan, ohne jedoch klarzustellen, wie die Charakteristika in der Beschreibung des Aszendenten beinhaltet sind, und dies kann verwirrend sein. In den meisten Fällen denkt der Astrologe jedoch überhaupt nicht an den Waage-Deszendenten, während er seinem Kunden über dessen Widder-Aszendenten erzählt, und in einem solchen Falle muß die Interpretation essentiell unvollständig bleiben. Ich werde daher in Grundrissen andeuten, wie man zu einer bipolaren Interpretation des Geburtshorizontes als einem Ganzen kommen kann, die zugleich den Aszendenten und den Deszendenten berücksichtigt. Solch eine Interpretation wird im Sinne der Tierkreiszeichen stattfinden, die man an *beiden* östlichen und westlichen Enden der horizontalen Linie unseres heutigen zweidimensionalen Horoskops findet. Dann werde ich das gleiche mit der vertikalen Meridian-Achse tun, die den Zenit mit dem Nadir verbindet – oder, im Sinne des Tierkreises, das MC mit dem *Imum Coeli*.

Ich will jetzt nur wiederholen, daß sich der Horizont auf das Bewußtsein bezieht; der Meridian auf Kraft. Der Aszendent – der östliche Abschnitt des Horizonts – repräsentiert das innewohnende und instinktive Gewahrsein des Selbst oder der Individualität. Hier entdeckt ein Mensch seine Eigenartigkeit, seine spirituelle Identität, die auch die Schlüsselnote seines Schicksals bedeutet. Hier entdeckt auch eine Person ihre Verschiedenheit von anderen Personen. Auf der anderen Seite symbolisiert der Deszendent – der westliche Abschnitt des Horizonts – die besondere Art des Individuums, wie es an die Probleme und Möglichkeiten herangeht, die sich von zwischenpersönlichen Beziehungen ableiten, und allgemein, die sich von allen Beziehungen ableiten, in die es gewillt ist, auf einer Grundlage von Gleichheit und Gemeinsamkeit einzugehen. Hier muß die Verschiedenheit des Individuums den Verschiedenheiten anderer Personen angepaßt werden; dies wird durch Zusammenarbeit und in einem Geiste der Liebe und des Teilens möglich – oder negativ, durch Feindseligkeit und Konflikt.

Der Meridian bezieht sich auf die Kraft, die aus der Integrierung von vielen Elementen innerhalb eines organisierten und strukturellen existentiellen Ganzen ersteht. Was im vierten Hause inbegriffen ist, ist die Integration der Persönlichkeit und die Stabilität ihrer Operationen und ihres grundsätzlichen Annäherungsweges dem Leben gegenüber, ob dieser Weg nun durch familiäre oder nationale Traditionen festgelegt wird oder durch den eigenen Rhythmus des Seins der Person. Das zehnte Haus zeigt den natürlichsten und besten Weg an, wie ein Individuum in einen kollektiven Organismus integriert werden kann, das heißt, in eine Gemeinschaft, einen Beruf, einen nationalen Staat.

Wenn man diese Prinzipien im Kopf behält, können wir weiterfahren mit einer kurzen Charakterisierung der verschiedenen Arten von Geburts-Horizonten und -Meridianen.*

## DIE WIDDER-WAAGE-VERBINDUNG

Diese beiden Zeichen sind Tag-und-Nachtgleichen-Zeichen des Tierkreises. Während des gesamten jährlichen Sonnen-Zyklus stehen zwei Kräfte in Wechselwirkung, die ich die Tageskraft und die Nachtkraft genannt habe und die den chinesischen Polaritäten von *Yin* und *Yang* entsprechen. Bei der Frühjahrs Tag-und-Nachtgleiche sind die Tageskraft und die Nachtkraft von gleicher Stärke; das heißt, die Tage und Nächte sind gleich lang. Aber die Tageskraft ist im Aufsteigen begriffen, angefüllt mit dynamischer Intensität, während sie die Nachtkraft überwältigt. Bei der Herbst Tag-und-Nachtgleiche sind die beiden Kräfte wiederum von gleicher Stärke, aber jetzt ist die Tageskraft im Abnehmen, im Zurückziehen begriffen, und die

* Für eine detaillierte Studie der zwölf Zeichen des Tierkreises wird der Leser auf *The Pulse of Life* hingewiesen (neue Ausgabe von Shambala Publications, Berkely, California).

Nachtkraft ist eifrig dabei, ihre Macht zu stärken und ihre Kontrolle der Situation.

Der Widder repräsentiert eine geradlinige Bewegung des Lebens in Richtung auf einen konkreten, greifbaren und personalisierten Zustand der Existenz, da es in der Natur der Tagkraft liegt, die Manifestation durch Differenzierung und Personalisierung auf *jeder* Ebene zu erreichen. Wenn daher der Widder das Zeichen ist, das am östlichen Horizont aufsteigt, während der erste Akt von zumindest relativer Unabhängigkeit durchgeführt wird – der erste Atemzug – dann wird dem latenten Bewußtsein des Kindes ein eher impulsiver und heftiger Eifer aufgeprägt, um seine Einzigartigkeit des Schicksals – sein *Dharma* – festzulegen, und zu versuchen, wer es ist, dadurch klarer zu definieren, indem es in den Lebenssituationen eine führende Rolle einnimmt.

Widder ist ein Zeichen, welches eng mit dem Geiste der Jugend verbunden ist. Zu diesem Zeitpunkt beginnt die Tageskraft gerade, ihre Stärke geltend zu machen; sie ist noch unsicher. Aber da sie unsicher ist, gleicht sie dies aus, indem sie aggressiv ist. Die Person mit einem Widder-Aszendenten mag dazu tendieren, sich selbst romantisch zu betrachten. Dieser Mensch mag voll sein von Sehnsüchten und Wünschen, was immer ihm sein essentielles und einzigartiges Selbst widerspiegelt. Die Ziele seiner Wünsche und der Spiegel seines wahren Selbst werden dazu tendieren, Waage-Charakteristika zu besitzen, denn die Waage wird das Zeichen an seinem westlichen Horizont sein, der Deszendent, und daher das Symbol des Weges, wie er zwischenpersönliche Beziehungen angehen wird – oder angehen sollte.

Waage repräsentiert eine Bewegung in Richtung auf die Entwicklung eines sozio-kulturellen Bewußtseins, auf den Eifer eines »Ichs« mit einem »Du« zusammenzuwirken, so daß durch dieses Zusammenwirken ein größeres Leben erfahren werden kann. Weil der Widder-Aszendent den typischen Jüngling stimuliert, der sich nach Selbstausdruck und nach der Bestätigung seiner Einzigartigkeit sehnt, braucht er als eine ausgleichende Kraft einen Sinn von sozialen Werten. Man muß *etwas* haben, wofür, oder in dem man sich bestätigen kann, auf der Widder-Ebene aber sollte dies keine zu große Herausforderung darstellen; es wäre besser, wenn es die Form einer Gruppe, einer kollektiven Reihe von Werten, eines edlen Ideals annähme oder vielleicht ein Vertrauen in etwas, das dem Trieb des Widder in Richtung Selbstverwirklichung gestattet, in der Freisetzung von unpersönlichen oder transzendenten spirituellen Energien Form anzunehmen.

Wenn sich die umgekehrte Situation anbietet, das heißt, wenn die Waage bei der Geburt aufsteigt und sich der Widder senkt, dann tendiert das Individuum dazu, ein Bereich der Operation für kollektive Sehnsüchte oder für Gruppenideale zu sein, denn es liegt im Sinne der Gruppentätigkeit oder zumindest im Sinne einer starken und ideellen Partnerschaft, daß das Individuum erlernen wird, was oder wer es ist. Dies bedeutet nicht, daß die Person »ausgeglichen« sein wird – das Waage-Symbol der »Balance« wird von Astrologen nicht wirklich verstanden* – sondern eher, daß sie sich in großem Maße mit ihrer sozialen oder kulturellen Rolle beschäftigen wird, mit dem Wert ihrer Taten des Selbstausdrucks. Dieser Mensch wird es nicht einfach haben, einsam zu sein, und er kann Unsicherheit und innere Verwirrung erfahren, bis er seinen Platz in irgendeiner Art von Gruppe oder Gesellschaft gefunden hat, wo er instinktiv fühlt, daß er da ist, wohin er wirklich gehört.

Dieser Mensch wird einen individualisierten, sich selbst verwirklichenden und emotionalen Partner brauchen, um ihm zu helfen, sich selbst *durch* die Beziehung zu finden. Dies mag manchmal bedeuten, sich in eine Partnerschaft den Weg zu bahnen auf eine jugendliche Art und Weise oder, sich in eine anbetende Zugehörigkeit zu einer Person hineinzustürzen – oder zu einer personalisierten Sache – in eine Beziehung, in der Mensch mit dem Waage-Aszendenten seine Fähigkeit für Gruppenorganisation und für soziale, kulturelle oder religiöse Genüsse unter Beweis stellen kann. Jede Gruppenerfahrung erfordert die antreibende Gegenwart einer individualisierten Vision oder eine Freisetzung von Energie.

Die Bedeutung, die man der Anwesenheit von Widder und Waage an den beiden Enden der vertikalen Linie des Horoskops zusprechen kann, verfolgt die vorhin dargelegten Prinzipien, außer, daß wir uns jetzt mit der Fähigkeit für Organisation und Integration auf beiden Ebenen beschäftigen: der privat-persönlichen – viertes Haus – und der öffentlich-beruflichen – zehntes Haus. Wir sollten daher über die beste Art von *Kraft* nachdenken, die in diesem Prozeß der persönlichen und sozialen Integration gesucht und erfahren werden kann.

Widder an der Spitze des vierten Hauses betont das Bedürfnis nach scharf in den Brennpunkt gebrachter Tätigkeit und nach Enthusiasmus oder Glaube in der Suche nach persönlichen Grundlagen und innerer Sicherheit. Sicherheit dürfte kaum in passiver Unterwürfig-

* Es ist nicht ausschlaggebend, wie Waagen traditionell aussehen, sondern *wofür sie verwendet werden*. Sie dienen dazu, den Beitrag des Individuums zur Gesellschaft oder zu einer Gruppenbeziehung abzuwägen, im Sinne irgendeines *gemeinschaftlich akzeptierten Wertstandards*. In der Waage setzt die Gemeinschaft Standards, die den Wert der individuellen Anteilnahme in jeglichem Gruppenprozeß bestimmen.

keit einer Tradition oder einem Familienmuster gegenüber früher gefunden werden. Wie ein englischer Philosoph in den frühen 30er-Jahren des 20. Jahrhunderts schrieb: »Die einzige Sicherheit ist die Nicht-Sicherheit«; oder man könnte sagen: Die beste Verteidigung ist der Angriff. Das Problem lautet: Wohin will man gehen?

Das Tierkreiszeichen an der Himmelsmitte sollte die Antwort auf diese Frage geben, und dieses Zeichen ist unwandelbar die Waage. Daher sollte das Ziel darin bestehen, an einer bestimmten sozialen Tätigkeit teilzunehmen, oder vielleicht an der Festlegung neuer sozialer Werte. Dieser Sinn der Anteilnahme an einem gemeinschaftlichen Unternehmen kann so überwältigend sein, daß er die Aufopferung der an einem strikt persönlichen Leben anhaftenden Werte bedeuten kann – besonders in einem Falle, wenn der Schütze am Aszendenten steht. Solch eine völlige Widmung für einen sozial-kulturellen Prozeß, vielleicht ein tiefumwandelnder oder sogar revolutionärer Prozeß, kann ein tiefes Gefühl persönlicher Unsicherheit verbergen. Dies wiederum kann eine quasi-jungenhafte und ungefestigte Annäherung an Situationen zuhause bedeuten, vielleicht eine Revolte gegen die Mutter und gegen alle bindenden Formen besitznehmender Liebe. Man sollte eine Lösung für persönliche Probleme der Integrierung in jenen traditionstranszendierenden Werten suchen, die die Teilnahme an einer großen, zukunftsorientierten oder spirituell-religiösen Gemeinschaft der Seele enthüllen könnte – hoffentlich! – die sich in einem kritischen Stadium zwischen zwei psychologischen und geistigen Phasen der menschlichen Evolution befindet.

Hier sollte es jetzt zu einer Diskussion bezüglich eines wichtigen Faktors kommen, den ich in meiner Analyse der Widder-Waage Verbindung kaum erst angeschnitten habe – die Position der Planeten, die die Tierkreiszeichen Widder und Waage beherrschen und die Aspekte, die diese Planeten zu anderen Planeten einnehmen. Innerhalb der Grenzen dieses Buches ist es jedoch unmöglich, diesen Faktor und alle Probleme, zu denen er Anlaß gibt, zu besprechen. Heute ist das Konzept der »planetarischen Beherrschung« recht zwiespältig. Es ergab einen bedeutsamen Sinn innerhalb des alten geozentrischen ptolemäischen Systems, da es im Sinne der Sonne-Mond Polarität und der fünf Ebenen der planetaren Tätigkeit (jede von einem Planeten beherrscht) formuliert war. Da aber jetzt Planeten jenseits des Saturn verwendet werden, wurde das symmetrische Bild des alten Systems zerstört, und die Beherrschung sollte wahrscheinlich nach unserem modernen Konzept des Sonnensystems anders verstanden werden.

Trotzdem kann, auch in dieser unbeholfenen und sich verändernden Situation, ein Studium der Planeten, die traditionell die vier Ecken des Geburtshoroskops beherrschen, sehr bedeutungsvoll sein, besonders im Sinne des Hauses, in dem die Herrscher der Tierkreiszeichen an den vier Ecken stehen. Wenn zum Beispiel Mars – Herrscher des Widder im alten System – sich im siebenten Haus einer Person befindet, dann ist die Mars-Funktion, die sie am wirkungsvollsten verwenden sollte, um ihre Identität und ihr Schicksal zu entdecken, eindeutig in Verbindung mit Heirat und Partnerschaft. Der Schlüssel für die Erforschung des Selbst liegt in der Art von Beziehungen, in die das Individuum eingehen wird. Wenn sich der Mars im fünften Haus befände, dann käme der Mensch wahrscheinlich am besten zur Entdeckung, *wer* er ist in der Widerspiegelung seiner Schöpfungen oder seiner Kinder – oder durch alle dynamischen Versuche, das nach außen zu projezieren, *was* in ihm tätig ist. Im sechsten Haus würde der den Aszendenten beherrschende Planet andeuten, daß der Schlüssel zur Selbsterforschung in hingebungsvoller Arbeit, in Dienst oder in Jüngerschaft liegt.

Die gleiche Art von Betrachtung könnte in bezug auf die anderen Ecken des Geburtshoroskops angewandt werden, und sie könnte vielleicht – aber viel unwirksamer – auf die Planeten bezogen werden, die die Tierkreiszeichen an den Spitzen der Mittel- und der Eck-Häuser beherrschen. Ein Mensch mit dem Herrscher des Zeichens am Deszendenten im zweiten Hause mag seine intimen Beziehungen eng in finanzielle Sachen verwickelt sehen, wie auch einer genauen Verwaltung seiner angeborenen Fähigkeiten und Mittel bedürftig; im achten Hause könnte es sich auf das Bedürfnis nach Wiedergeburt durch Erfahrungen der Ich-Aufopferung beziehen, wenn etwa eine Heirat ihre umwandelnden Potentialitäten verwirklichen soll, oder bezüglich einer vorsichtigen Abwägung der finanziellen Folgen einer Partnerschaft, wenn sich diese als bedeutungsvoll und wertvoll herausstellen soll.

Die durch solch eine Technik gegebenen Möglichkeiten sind vielfältig; sie können im besonderen in beruflicher Führung mit Bezug auf das zehnte Haus und den planetarischen Herrscher des Zeichens, der vom zehnten Haus angeschnitten wird, verwendet werden. Wenn sich dieser Herrscher im fünften Haus befindet, dann ist der Selbstausdruck für den Erfolg in gemeinschaftlichen Tätigkeiten notwendig, wie auch im Beruf. Wenn sich an der Himmels-Mitte die Waage befindet – wobei dann Venus der Herrscher des zehnten Hauses ist – dann wäre die Möglichkeit des Erfolges in irgendeiner kreativen

Tätigkeit oder im Gebären eines begabten Kindes offensichtlich. Wenn aber dieser Planet sich in disharmonischen und angespannten Beziehungen zu anderen Planeten befindet, dann erfordert die Verwirklichung dieser Möglichkeiten große Anstrengung und Entschlossenheit. Eine Opposition zwischen Venus und Saturn würde dazu tendieren, den Erfolg zu verzögern, oder sie erfordert tiefes Erforschen und vielleicht auch einen Kampf gegen festgesetzte Muster sozialer Handlungen oder konventioneller Freunde, die trotzdem am Ende auf die eigene Seite gewonnen werden können.

Aus alledem sollte klar hervorgehen, wie wichtig es ist, daß das Häuser-Muster eines Geburtshoroskops genauestens festgelegt wird, und, daß die Ecken auf den genauen Zeitpunkt des ersten Atemzuges kalkuliert werden. Ebenso wird klar, wie unvollständig jedes System »gleicher Häuser« sein muß, welches die beiden Achsen, die durch den Zeitpunkt und den Platz der Geburt festgelegt werden, außer acht läßt – oder auch jedes andere Systen, das die Häuser nicht beachtet.

## DIE STIER-SKORPION-VERBINDUNG

Diese beiden Zeichen repräsentieren die Reaktion, die auf Tätigkeiten folgt, die während der Phasen der Tag- und Nachtgleichen begonnen wurden. Sie beziehen sich auf einen Prozeß der Verschmelzung und der Stabilisierung, der durch einen bestimmten organischen Zweck beherrscht wird. Im Stier ist dieser Prozeß hauptsächlich auf der biologischen und instiktiven Ebene wirksam; im Skorpion wird die Identifikation mit Kräften angedeutet, die auf die Durchwirkung von individuellen Einheiten hinzielen, mit dem Zweck, einen größeren sozialen oder »okkulten« Organismus aufzubauen – ein Ineinandergehen, welches, um wirkungsvoll zu sein, die Wurzel des Seins selbst erreichen muß (daher die Verbindung von Skorpion mit Sex). Doch es ist der Stier, der die Operation der natürlichen und biologisch zwingenden sexuellen Funktion symbolisiert, während die sexuelle Tätigkeit im Skorpion einen personalisierten Charakter hat. Im Skorpion befriedigt sie *menschliche* Bedürfnisse und beantwortet *individuelle* Sehnsüchte. Ihre Zwänge sind psychologische, mehr als drüsenbedingte und instinktive; daher ist diese Achse besitzergreifend in einem persönlichen Sinne und allen Arten von Verzerrungen ausgesetzt, aber auch der Umwandlung. Im Stier andererseits ist die sexuelle Funktion einfach ein prokreativer Instinkt, der darauf ausgerichtet ist, eine Nachkommenschaft zu erzeugen oder eine strikt natürliche Freisetzung von biopsychischen Energien.

Mit dem Stier am Aszendenten entdeckt eine Person normalerweise ihre wahre Identität durch Produktivität, auf einer Ebene oder auf einer anderen. Man produziert und tendiert dazu, den Produkten anzuhängen. Es mag zu einer weitgehenden Identifikation mit dem Prozeß der Produktion wie auch mit der Person oder Gruppe kommen, deren Bedürfnisse durch diesen Prozeß befriedigt werden. Es mag nicht nur zu einer Fixierung des Zwecks kommen, sondern auch zu Stolz auf die Leistungen, biologische oder soziale, und als Folge dessen kann es zu einem großen Maß von Selbstzentrierung kommen und daher zu einem etwas engen Horizont. Trotzdem können in dem besonderen Bereich der Produktion, in dem das Dharma des Individuums operiert, große Resultate erreicht werden. Spirituell oder sogar psychologisch ausgedrückt, besteht das Problem darin, den Resultaten seiner Tätigkeit nicht persönlich anzuhaften, und der Natur oder dem Leben zu erlauben, *durch* die eigene Person zu wirken.

Ein Stier-Aszendent bedingt einen Skorpion-Deszendenten. Der Mensch wird zumindest teilweise seine Ich-Anhaftung an seine eigenen Produkte opfern müssen, indem er in Beziehung zu Menschen tritt, die eine sozialere Vision besitzen, oder die der Erfahrung der spontanen und natürlichen Freisetzung von organischen Energien bedürfen. Solche Beziehungen stärken den Teil seiner Natur, der breitere Horizonte und in vielen Fällen eine mehr bewußte und kontrollierte Erkenntnis der Produktivität sucht – wie auch einen mehr verantwortungsvollen Annäherungsweg auf die Gruppenaufgabe. Der einzelne mag Partner suchen, durch die er sich vollständiger der größeren sozialen, moralischen oder politischen Sachlagen bewußt werden kann.

In der entgegengesetzten Situation wird ein Mensch mit einem Skorpion-Aszendenten oft versuchen, seine Rolle in der Gesellschaft dadurch zu erfüllen, daß er die Kraft von ihm nahen Personen in Anspruch nimmt. Viele politische Führer wurden mit dem Skorpion als dem aufsteigenden Zeichen geboren – Disraeli, Gandhi, Lenin, Stalin, Mussolini. Diese Leute erfreuen sich an der Verwendung von sozialer Macht und an der Identifikation mit dem Bedürfnis ihrer Völker, irgendeine Art von organischer Integration auf der nationalen Ebene herbeizuführen; aber, wenn sie sich ihren Partnern zuwenden, so ziehen sie Lebenskräfte aus ihnen heraus und verlangen konkrete Resultate auf Grund fixierter Bahnen der Tätigkeit.

Die Fixierung des Zwecks und die natürliche organische Produktivität des Zeichens Stier, wenn es in Beziehung zum vierten Haus gebracht wird, hebt die Wichtigkeit hervor, daß das Individuum in einem besonderen Land und in einer Tradition tiefe Wurzeln schlägt, wie auch die Wichtigkeit eines soliden Zuhauses als Grundlage. Aber, wie auch in jedem anderen Falle, hängt der Charakter dieser Disposition weitgehend davon ab, in welches Tierkreiszeichen der Aszendent läuft, denn der Aszendent liegt am Ursprung all dessen, was die essentielle Funktion des Individuums *als ein Individuum* charakterisiert, das heißt, seine Identität als eine einzigartige Person. In den gemäßigten Zonen der nördlichen Halbkugel, wenn sich am Nadir des Horoskops das Zeichen Stier befindet, dann kann man erwarten, daß am Aszendenten Steinbock, Wassermann oder sogar Schütze steht. Der »Erd«-Charakter des Stier würde durch einen Steinbock-Aszendenten gestärkt werden, und der Krebs-Deszendent würde zur Konzentration auf die Produktivität beitragen, innerhalb des Radius des Heimes oder eines wohldefinierten Bereiches der Tätigkeit. Ich muß hier kaum wiederholen, daß jede astrologische Indikation zu vielen anderen in Beziehung gesetzt werden muß – tatsächlich zum ganzen Horoskop – ehe man ihre Bedeutung im Sinne des Charakters und des Schicksals einer Person erfassen kann. Die individuelle Persönlichkeit ist ein Seil, bestehend aus dynamischen Faktoren, und kein einzelner Faktor kann verstanden werden, wenn man ihn aus dem Zusammenhang der ganzen Tabelle herausnimmt – was der Grund dafür ist, daß solch eine analytische Charakterisierung, wie sie hier vorgeschlagen wird, nur angedeutet und teilweise gültig sein kann, es geht hier nur am allgemeine Prinzipien.

Der Stier symbolisiert im Zyklus des Jahres den evolutionären Aufstieg des Lebens in Richtung zur Sonne, den Aufstieg des Saftes, der die Pflanze ernährt und seinen Höhepunkt in der Blüte erreicht. Die Skorpion-Himmels-Mitte, die diesem Aufstieg polar gegenübersteht, wenn der Stier an der Spitze des vierten Hauses steht, repräsentiert das Aufblühen der Lebensenergie innerhalb des, zumindest relativ, erwachsenen Organismus der Persönlichkeit – und daher die Herrlichkeit junger Körper, die ineinander verliebt sind und versuchen, durch sexuelle Umarmungen, die Erfahrung der Kraft zu erreichen, die sich durch die Vereinigung von Lebenspolaritäten ausdrückt. Nach einem weiteren Zyklus der Erfahrung, etwa im Alter von 50, kann diese Erfüllung von Lebensenergien durch eine Verherrlichung von sozial-beruflichen Leistungen ersetzt werden. Auch diese deuten eine Verbindung mit einer überpersönlichen Realität an – mit einer Gruppe, Nation, mit der Menschheit – die soziale Kraft erzeugt. Diese mag in der Annahme von politischer Führung resultieren, besonders wenn das Zeichen Löwe aufsteigt – wie es der Fall in Bismarcks Horoskop war, und in dem von J. P. Morgan Sr., dem internationalen Bankier, der stark daran beteiligt war, die Vereinigten Staaten in den Ersten Weltkrieg zu führen.

Auch hier sehen wir wieder Polaritäten am Werke, an den entgegengesetzten Enden des Geburts-Meridians, Nadir und Zenit. Im vierten Haus ist das Produkt der Stier-Fruchtbarkeit *man selbst als eine Person;* im zehnten Haus sollte das Produkt des Dranges des Skorpion, mit anderen Personen in tiefer Weise zu verkehren, dazu führen, *ein bedeutungsvolles und produktives »Amt«* zu übernehmen. Der Inhaber des Amtes und das Amt selbst hängen voneinander ab. Resultate werden durch ihre Zwischenbeziehung erzeugt.

## DIE ZWILLING-SCHÜTZE VERBINDUNG

Das Zeichen Zwillinge wird durch einen lebendigen Eifer charakterisiert, das Ausmaß seiner persönlichen Erfahrungen durch viele Arten von menschlichen Kontakten auszuweiten und durch die Aufnahme vielfältiger Informationen, die sich bereitwillig anbieten. Zwilling ist das typischste Symbol für intellektuelle Neugierde, wie auch für die Art von Geist, welcher fein säuberlich und analytisch Wissen klassifiziert, für eine praktische und persönliche Verwendung. Das entgegengesetzte Zeichen, der Schütze, bezieht sich auf eine mehr abstrakte und gereifte Art von Wissen, welches sich mit der Integrierung von nur schwach verwandten Faktoren beschäftigt, mit Philosophie, Religion und auch mit jeder Form, die die Suche nach grundsätzlichen Werten und nach Verstehen oder Weisheit annehmen mag. Zwilling beschäftigt sich mit leicht zu erzielenden Begegnungen und mit dem konkreten Geist; Schütze beschäftigt sich mit allem, was den Horizont ausweitet, was einen von routinierter Existenz wegführt und einen anregt, große Träume zu träumen. Zwilling repräsentiert die Art von geistiger Fähigkeit, die sich mit der Kontrolle der Umwelt für eine größere persönliche Bequemlichkeit und für die Fütterung des Ich beschäftigt; der Schütze wird heimgesucht durch immer größere Horizonte, durch den Durst nach großen Abenteuern, jenseits des Bekannten.

Ein Zwilling-Aszendent deutet oft eine Gier nach Wissen an, wie auch die tiefverwurzelte Erfahrung, daß man durch Wissen und durch eine Vielfalt von Empfindungen und Kontakten seine eigene individuelle Identität entdecken wird. Tatsächlich wird die Verwendung von Gedankenprozessen sehr wichtig sein, aber es besteht die Gefahr, daß man sich in einem Netz von kleinen Belangen, von logischen Aussagen, Experimenten verfängt, und sich in einem Labyrinth von Informationen verliert, welches, obwohl es wohlgeordnet ist, einer größeren Bedeutung entbehren kann und soziale Konsequenzen nicht berücksichtigt. Der Schütze-Deszendent zeigt an, daß Beziehungen mit einer größeren Matrix von Werten aufgebaut werden sollten. Der Schütze gibt dem Zwilling seinen abstrakten Beziehungsrahmen, seine logischen Konzepte, seine Unzufriedenheit mit dem, was einem nahe liegt und mit dem zeitweise modischen. Er ermöglicht eine Ausweitung des Bewußtseins durch Beziehung. Die persönlich assimilierte Information und sogar die geistige Erkenntnis der eigenen essentiellen Natur sollte in bezug auf menschliche Kameradschaft und eine Teilung von Werten mit umfassenderem geistigen Verständnis verwendet werden.

Wenn der Schütze das aufsteigende Zeichen ist, mag der einzelne gerne reisen und sich am Leben im Freien erfreuen – so besagt es die Tradition! – aber in einem viel wichtigeren Sinne ist er eine Person, die erkennen wird, was und wer sie ist, durch Anteilnahme an einem größeren Zweck, an einem sozialen oder religiösen Glauben, an einer Suche nach der Wahrheit. Diese angestrebte Wahrheit mag so weit hervorstechen, daß das Individuum sie mit einem oft fanatischen Eifer vorantreibt und sie propagiert, zumindest aber mit großer Hingabe. Der einzelne mag seine eigene Wahrheit und sein Dharma dadurch erlangen, indem er anderen das lehrt, was ihn selbst mit Enthusiasmus angefeuert hat; er braucht aber den polarisierenden Einfluß des präziseren, mehr empirischen und mehr analytischen Zwilling-Geistes. Er sollte zumindest theoretisch Partner suchen, die mit ihm nach praktischeren Richtlinien zusammenarbeiten, vielleicht gemäß mehrerer Richtlinien des Strebens, so daß seine Verallgemeinerungen und sein Ausweitungswille mit einer Vielzahl von relevanter Information und mit Beziehungen auf vielen Ebenen gefüttert werden können.

Zwilling an der Spitze des vierten Hauses tendiert dazu, sich verändernde Situationen zu erschaffen, während der Prozeß der Persönlichkeitsintegrierung stattfindet. Der Baum der Persönlichkeit kann wie ein Palmenbaum oder wie ein Mammutbaum sein, mit einem sehr breiten und sich ausweitenden Wurzelgeflecht nicht weit unter der Oberfläche, statt einer tiefreichenden Pfahlwurzel. Die Konzentration auf sehr grundsätzliche Gefühle mag etwas schwierig sein. Der einzelne mag eine Gefühlsantenne für vielerlei Einflüsse und Anstöße für das Wachstum besitzen, eher als eine feste und sichere Erkenntnis dessen, was er wirklich ist und wofür er als Person steht. Die Gefahr besteht darin, sich als starkes und schlaues Ich zu entwickeln, als der tüchtige und vielleicht stolze Organisator komplexer Lebenserfahrungen.

In so einem Falle hängt viel vom Zeichen am Aszendenten ab. In den meisten Fällen wird dies entweder Wassermann oder Fische sein; nur im fernen Norden könnte es Steinbock sein, ein beruhigender Einfluß. Ein Wassermann-Aszendent kann Idealismus und/oder soziale Unzufriedenheit hervorheben; ein Fische-Aszendent würde dazu tendieren, der Zwilling-Grundlage der Persönlichkeit einen Hauch von Transzendenz und vielleicht von psychischer Unsicherheit zu geben. Auch die Positionen der Planeten im vierten Haus können in großem Maße die typischen Zwilling-Charakteristika umändern und polarisieren, indem entweder Unrast oder die Stabilisierung der intellektuellen Strukturen hinzukommt, von denen die Person im Sinne ihrer inneren Sicherheit abhängt.

Wenn die Situation umgekehrt ist und sich der Schütze an der Spitze des vierten Hauses befindet, dann sollte man nach philosophischen, religiösen oder nach ererbten Konzepten suchen, als den Wurzeln für eine Stabilisierung und Stärkung der Persönlichkeit. Ein persönlicher Ehrgeiz, einen starken Abdruck auf der Gesellschaft zu hinterlassen, mag ein bedeutungsvoller Faktor sein. Das frühe Zuhause kann vielen Einflüssen und Besuchern offenstehen. Die Mutter mag intensive religiöse Überzeugungen besitzen und diese dem heranwachsenden Kind und Jüngling aufstempeln. Später dann, in Zeiten der Krise, wird der einzelne dazu tendieren, seine innere Stärke durch starke Taten des Glaubens in seinem Schicksal zu erneuern, indem er philosophische oder moralische Rechtfertigungen für seine Gefühle und vielleicht für seinen sozialen Ehrgeiz sucht.

Mit dem MC im Zwilling sollten intellektuelle Fähigkeiten bis zum äußersten verwendet werden. Die Unterstützung von Intellektuellen, Spezialisten und Forschern wird im Streben nach einem sozialen oder beruflichen Ziel wichtig sein. Ein rascher Geist kann in der Anpassung an die Erfordernisse sehr wichtig sein, an die Erfordernisse jedweder öffentlicher Situation, mit der man umgehen muß. Diese Kraft der sozialen Anpassung und die Fähigkeit, mit Informationen umzugehen, sollte die Entschlossenheit und vielleicht die Selbstgerechtigkeit und den Bekehrungseifer des IC im Schützen des Horoskops ausgleichen. Franklin D. Roosevelts' Horoskop ist ein Beispiel für solch eine Situation, aber Planeten in seinem zehnten Haus, und eine massive Gruppierung im Zeichen Stier waren sogar noch wichtiger in der Festlegung seiner Persönlichkeit und seines Schicksals.

## DIE KREBS-STEINBOCK VERBINDUNG

Diese zwei Zeichen haben ihren Ursprung in den Sonnenwenden, den Augenblicken, in denen die beiden Polaritäten der solaren Lebenskraft in einem Zustand maximaler Unausgeglichenheit sind. Im Krebs ist die Tageskraft am Gipfel ihrer Kraft, auch wenn die Nachtkraft keineswegs ausgelöscht ist, sie wird von dann an langsam an Stärke zunehmen. Im Steinbock ist die Nachtkraft so beherrschend wie sie nur sein kann. Daher sind die charakteristischen Züge einer dieser beiden Kräfte in diesen Tierkreiszeichen übertrieben und überbetont. Diese Betonung dient einem grundsätzlichen Zwecke in dem allumfassenden Muster des Tierkreises: eine der beiden Polaritäten wird in allen ihren Bedeutungen und Begrenzungen enthüllt.

Im Krebs steht die Sonne, die sich in Richtung Norden in *Deklination* bewegt hatte – das heißt, die Sonnenuntergänge fanden drei Monate lang nördlich des genauen Westen statt – »still«, was die ethymologische Bedeutung des Wortes »solstiz« ist, *sol* Latein für Sonne. Dies symbolisiert eine plötzliche Umkehr des Prozesses, der während eines halben Jahres tätig war. Der Zwilling-Eifer nach der Eroberung von mehr Lebensraum und nach zunehmendem Wissen durch alle möglichen Experimente endet hier. Symbolisch ausgedrückt, der junge Mann, der seine Energien in Experimenten mit verschiedensten Dingen verstreut hatte, erhält eine Anstellung, heiratet und läßt sich nieder, um der Ernährer einer Familie zu werden. In diesem Sinne repräsentiert Krebs die stabilisierende Kraft eines Zuhause. Lebensenergien werden in einen *Brennpunkt gebracht;* und ein Heim kann einen engen und exklusiven Brennpunkt der Aufmerksamkeit darstellen, das einen wohldefinierten Rahmen für die Geburt und die Erziehung eines Kindes darstellt.

Dieses in-den-Brennpunkt-bringen von Energie kann auf verschiedenen Ebenen operieren. Albert Einstein hatte einen Krebs-Aszendenten. Seine Ideen führten zum Konzept eines endlichen sphäroidischen Universums, und er war damit beschäftigt, ein grundsätzliches Prinzip, das alle bekannten Manifestationen von Energie miteinschlossen, zu formulieren. Weil der Krebs-Typus nach konkreter Verwirklichung von Einheit an der Wurzel von allen Formen der Erfahrung strebt, kann er zu mystischen Erkenntnissen einer gewissen Art geführt werden. Das Zeichen Krebs wird oft mit psychischen Gaben in Verbindung gebracht, die Gültigkeit dieser Ansicht hängt aber weitgehend davon ab, was man mit psychisch meint. Hellseherei ist normalerweise ein holistischer Prozeß, in dem die Essenz und die Bedeutung einer Situation *als ein Ganzes* von dem Hellseher als ein Symbol oder als eine Szene gesehen wird. Das Charakteristische hier ist die Tätigkeit des *Ganzmachens*. Das Erbauen eines Hauses – und nicht bloß eines physischen Hauses – ist eine ganzmachende Tätigkeit. Das bipolare Paar, Mann-Frau, wird ideell zu einem Ganzen gebracht, deshalb prokreativ, weil sie als eine einzige biologische und soziale Einheit gefestigt werden.

Der Steinbock bezieht sich auch auf das Erreichen der Integration, während sich aber der Krebs auf die enge biopsychische Einheit einer *persönlichen* Situation bezieht, so beschäftigt sich Steinbock mit den großen politischen oder verwaltenden Institutionen eines komplexen Nationalstaates. In den meisten Fällen sind moderne Staaten nicht aus Leuten der selben Rasse oder Kultur zusammengesetzt; tatsächlich ist es der Zweck eines nationalen Staates – zumindest spirituell ausgedrückt – verschiedene Rassen und Kulturen zu integrieren. Die Probleme, denen alle wesentlichen Nationen gegenüberstanden und denen sie immer noch gegenüberstehen, erstehen aus der Tatsache, daß mehrere eigenständige ethnische Gruppen untereinander zu Wirkung und zu Zusammenarbeit kommen sollen, in der Festlegung und vor allem in der Aufrechterhaltung einer perfekten Einheit. Frankreich ist ein typisches Beispiel, aber ebenso Großbritannien und natürlich in besonderem Maße die Vereinigten Staaten.

Ein Krebs-Aszendent wird dazu tendieren, daß sich eine Person mit sehr bestimmten, vielleicht intellektuell formulierbaren oder erfahrungsgemäß umsetzbaren Zielen beschäftigt. Die Sachlagen sind scharf definierbar und beziehen sich auf individuelle Persönlichkeiten. Ein Steinbock-Aszendent führt einen zur Entdeckung seiner eigenen essentiellen Identität und ebensolchen Schicksals, durch Tätigkeiten, die die Integration von fernen Faktoren oder von grundsätzlichen Gegensätzen erfordern, die nur integriert werden können durch die Anwendung eines strikt logischen Systems oder legaler Instrumente, die irgendeine Art von Polizei erfordern, um Ordnungsmuster durchzusetzen.

Vielleicht noch wichtiger ist, daß die Person mit einem Krebs-Aszendenten mehr Vertrauen in die Verwendung von persönlicher Kraft und von der dynamischen Kraft der Liebe setzen wird, während die Person mit einem Steinbock-Aszendenten auf große unpersönliche

Konzepte der Organisation zurückgreifen wird. Carl Jung hatte einen Steinbock-Aszendenten und sein System der Tiefenpsychologie betont die Idee, daß die Kraft der Archetypen des kollektiven Unterbewußtseins letzten Endes wichtiger ist, als die Kraft von strikt persönlichen Gefühlen oder von intellektuellen Konzepten. Andererseits hatte Adler, ein anderer Psychologe, der die Freud'sche Schule verließ, einen Krebs-Aszendenten, und er betonte die Wichtigkeit der rein persönlichen Reaktion auf irgendeine Art von Behinderung und des Willens-nach-Kraft, der Gefühle der Minderwertigkeit dadurch kompensiert, daß er Aggression ausdrückt.

Der Mensch mit dem Krebs als dem aufsteigenden Zeichen wird auch diesen Prozeß der persönlichen Kompensation verwenden, aber nur dann primär, wenn er Beziehungen zu anderen Menschen aufbaut. Er hat Angst davor, ihnen in einer Person-zu-Person Zwischenbeziehung gegenüberzutreten. Er mag sich unter breiten Konzepten und Steinbock-artigen sozialen Verallgemeinerungen verstecken. Er hat eine soziale *Persona* aufgebaut, um eine Rolle zu spielen, in der er anderen Leuten überlegen erscheint; Hellseherei kann sich als etwas herausstellen, wie man die Personen, mit denen man in Beziehung tritt, mit der eigenen überlegenen Wahrnehmungsgabe beeindruckt, während man sich gleichzeitig innerlich schmerzhaft der eigenen individuellen Unsicherheit bewußt ist.

Auf der anderen Seite wird der Mensch mit einem Steinbock-Aszendenten anderer Leute bedürfen, mit denen er von Person zu Person in Beziehung treten kann, denn er könnte sich ohne solche verwirklichende Zusammentreffen und nahe zwischen-persönliche Einfühlung persönlich zu weit engagiert fühlen, in ehrgeizige Schemata und in großflächiges soziales Planen oder in mystische und kosmische Erkenntnisse. Der Steinbock kann sich auf Erfahrungen und Fähigkeiten beziehen, die viele Menschen »mystisch« nennen würden, aber die Beziehung liegt mehr im Sinne des Typus von Bewußtsein, welches fähig ist oder es anstrebt, intensiv im Sinne eines transzendenten Typus von Ordnung zu operieren oder im Sinne einer kosmischen und – im wahren Sinne dieses so mißbrauchten Wortes – okkulten Verwendung von Kraft. Er mag dazu tendieren, andere Leute mit solch einer Kraft zu überwältigen, indem er potentielle Subjekte sucht, um das zu erfüllen, was er für sein Schicksal hält. Es könnte dies eine katabolische Art von Schicksal sein.

Krebs an der Spitze des vierten Hauses deutet einen Menschen an, in dem die archetypischen Charakteristika, die mit der Zahl 4 im numerologischen Symbolismus zusammenhängen – vielleicht das



katabolisch =

universalste aller symbolischen Systeme – recht stark vertreten sind. Dies deshalb, weil der Krebs auch das vierte Zeichen des Tierkreises ist. Tatsächlich kann die so oft von Astrologen betonte Identität der Bedeutung von Krebs und dem vierten Haus nur auf solch einer numerologischen Grundlage gerechtfertigt werden. Die Zahl 4 ist das Symbol der konkreten Verkörperung und der grundsätzlichsten Gefühle, die mit der Operation der Lebensenergien und ihrer psychischen Obertöne zusammenhängen – die grundsätzlichen Triebe, wie sie die Psychologen studieren. Diese Zahl definiert den Prozeß der Integration, wie er *auf der biopsychischen Ebene* innerhalb des menschlichen Bewußtseins tätig ist. Sie bezieht sich auf die Art von Intelligenz, die als der folgsame Diener der Lebenskraft wirksam ist, um eine sichere Grundlage für das Wachstum der Persönlichkeit zu erschaffen – eine Intelligenz, deren Tätigkeiten durch Zweckmäßigkeit, Empirismus und Anpassung an konkrete organische Bedürfnisse kontrolliert wird. Im astrologischen Symbolismus wird diese Intelligenz auf den Mond bezogen, und der Mond soll das Zeichen des Krebses beherrschen. Er bezieht sich auf die Mutter, nur weil es die Mutter ist, die sich um das Baby kümmert, das seine eigenen Bedürnisse nicht befriedigen kann – das Bedürfnis nach Nahrung, Kleidung, Schutz, Reinheit und auch nach Sicherheit und Liebe.

Der Krebs-IC bezieht sich daher auf das besonders starke und wahrscheinlich lebenslange Bedürfnis des Individuums, die eigene Aufmerksamkeit bezüglich seiner Fähigkeit, sich verändernden Umständen in seinem privaten Leben anzupassen, in den Brennpunkt zu bringen. Dies betont die Wichtigkeit nicht nur eines Lebens zuhause, sondern auch all dessen, was sich auf den Prozeß der Persönlichkeitsintegration bezieht. Solch eine Konzentration auf das Naheliegende, auf das Organische, auf die Gefühle und auf irgendeine Art von Mutterbild, könnte jedoch überwältigend sein, wenn sie nicht mit der Bedeutung des Steinbock-zehnten-Hauses integriert wird: das heißt, eine ebenso starke Beachtung dafür, sich sicher in einer sozialen Position festzulegen. Dieses letztere verschafft die soziale Kraft und das Geld, die notwendig sind, um ein sicheres und befriedigendes Zuhause aufrechtzuerhalten.

Wenn die Situation umgedreht wird und man den Steinbock am Nadir-Punkt der Tabelle findet, dann könnten sehr wohl öffentliche Sachlagen das Privatleben einer Person beherrschen – das heißt, wenn kein besonderer planetarischer »Einfluß« im vierten und zehnten Haus am Werk ist. Berufliche oder soziale Tätigkeiten werden jedoch dazu tendieren, durch Zweckmäßigkeit bestimmt zu sein. Tatsächlich sollte das öffentliche oder berufliche Leben mit einem scharfen Sinn für Anpassung an die sich rasch verändernden Launen der Gemeinschaft gelenkt werden. Wenn der Mensch seine Persönlichkeit des vierten Hauses mit einem starken, sozialen oder kosmischen Zweck identifiziert – Steinbock – dann wird er wirklich eine flexible Reaktion benötigen, einen Zweck der Zeiteinteilung, und ein »psychisches« Gefühl dafür, was lebenswichtig und akzeptabel für seine Umgebung ist, damit er Erfolg haben kann. Zusammen mit solch einer Position findet man meistens einen Waage-Aszendenten. Dies hebt natürlich die Beschäftigung mit sozialen Belangen und Werten hervor, wie auch die Fähigkeit, mit Gruppen umzugehen – und, in diesem Umgang seine eigene Identität zu finden.

## DIE LÖWE-WASSERMANN VERBINDUNG

Die vier kardinalen Zeichen des Tierkreises beziehen sich auf vier sehr charakteristische Arten der Sonnentätigkeit, insofern als die Natur in der irdischen Biosphäre betroffen ist – Arten der Tag-und-Nachtgleichen und Arten der Sonnenwenden. Diese Arten der Tätigkeit werden in Stier, Löwe, Skorpion und Wassermann »fixiert«. Sie sind innerhalb von vier spezifischen Arten von menschlichen Organismen fixiert; sie werden kondensiert, konzentriert und es wird ihnen spezifische Form gegeben, die mit spezifischen Arten von Substanzen angefüllt wird – und wir wissen, daß Substanz oder Materie einfach ein kondensierter Zustand von Energie ist. Wenn ein schöpferischer Mensch eine Symphonie komponiert, oder wenn er malt, oder wenn ein schauspielernder Künstler auf einer Theaterbühne die Persönlichkeit eines Stückes darstellt, dann projeziert er seine persönliche Vision, indem er die ästhetischen Materialien zusammenbringt, die ihm seine Kultur zugänglich gemacht hat, oder die er sich aus seiner natürlichen Umwelt zusammengesucht hat. Er »fixiert« diese Materialien in einer Form, die seinen persönlichen Charakter ausdrückt, oder, während einiger kollektiver Zeiträume, den Charakter seiner Kultur, Religion, oder seiner gemeinschaftlichen Lebensweise.

Im Stier wird die Erregbarkeit der Tag-und-Nachtgleichen der Tageskraft durch die Verwendung der in der Biosphäre zugänglichen Materialien gefestigt und inkorporiert. Im Löwen wird den personalisierenden Charakteristika der Sommer-Sonnenwende eine individuelle Form gegeben, in der eine Spezies des Lebens und eine bewußt entwickelte menschliche Person sich verkörpert oder widerspiegelt sieht. In der entgegengesetzten Sektion des Tierkreises gibt der Wassermann einem gefestigten sozialen Ganzen Form – einer ethnischen Gruppe oder Nation – und erzeugt das, was wir eine Kultur nennen. Eine Kultur findet ihren Ausdruck in einer breiten Vielfalt von Kunstformen, Sozialformen, Klubs, Salone für die Diskussion neuer oder alter Ideale, etc. Eine Kultur kann sich nur dort entwickeln, wo der soziale Wille seine Vorherrschaft über die heterogenen Wünsche und Meinungen der einzelnen Mitglieder der Gemeinschaft festgelegt hat; dort, wo eine bestimmte »Lebensweise« erschienen ist.

Der individuelle Mensch mit einem Löwe-Aszendenten versucht herauszufinden, wer er ist, indem er Spiegel schafft, auf die er das projezieren kann, was sein ursprüngliches Geburtspotential ist – oder seine Seelen-Potentialitäten und sein *Dharma*. Er versucht, sein Selbst in seinen Schöpfungen zu finden, auf welcher Ebene auch immer diese Schöpfungen sich verkörpern; daher mag die Schöpfung ein Kind sein, ein Kunstwerk, eine bestimmte Art von sozialer Ausführung, etc. Wenn man diesen Prozeß gut versteht, werden zwei Faktoren klar hervortreten. Erstens, daß der individuelle Mensch mit einem aufsteigenden Löwen sein Streben nach Selbstprojektion auf alle notwendigen Materialien beziehen muß; er muß sehen, daß sie seiner projezierten *Vorstellungskraft* und seiner Willenskraft zur Verfügung stehen und reagieren – in Sanskrit: *Kriyashakti* und *Ichchashakti*. Wenn diese notwendigen »Materialien« andere menschliche Wesen sind, dann wird die Löwe-Person zu dem Menschen, der führen *muß* und der sogar über Leute oder soziale Projekte regieren muß. Aber der zweite Faktor, der nicht vergessen werden sollte, besteht darin, daß dieses Streben nach Selbstprojektion in der Tatsache wurzelt und durch sie bedingt wird, daß das Individuum *sich nicht sicher ist,* was es essentiell ist. Dieser Mensch tendiert dazu, sozial unsicher zu sein, weil er sich seines *Dharma* unsicher ist. Er muß sich erst sich selbst beweisen, ehe er im Spiegel seiner Schöpfungen entdecken kann, wer er ist. Seine großen Gesten mögen tatsächlich Kompensationen für diesen inneren Mangel sein. Er muß, koste es was es wolle, herausfinden, wie Leute auf ihn reagieren, und vielleicht seine Stärke daran erkennen, wie sie ihm gegenüber unterwürfig sind. Um seinem unklar erkannten Selbst Ausdruck verleihen zu können, muß er fähig sein, mit kulturellen Produkten umzugehen, und somit mit Wassermann-Symbolen, Worten und Konzepten. Er begegnet seinen Partnern im Sinne von immensen Konzepten – soziale, kulturelle, okkulte. Diese werden benötigt, um die *grundsätzlichen Formen* für seinen Willen nach Ausdruck zu erschaffen. Daher muß der Löwe-Aszendent mit dem Wassermann-Deszendenten zusammenwirken.

Wenn die Situation umgedreht wird und bei der Geburt das Zeichen Wassermann aufsteigt, dann tendiert der individuelle Mensch dazu, sich spontan und instinktiv mit seiner Kultur und mit allen ihren Genüssen zu identifizieren; oder mit großen Träumen der Reform, mit der Herausforderung an alte Strukturen, mit der Pionierleistung für ein neues Zeitalter. Dann wird er, weil diese kulturellen Formen einer wirklichen lebenswichtigen Bedeutung entbehren, außer sie werden personalisiert, sich Partner suchen, die mit ihm zusammenarbeiten werden – entweder Partner in einem kulturellen Spiel oder in der Reform und vielleicht in revolutionären Tätigkeiten. Diese Partnerschaften können einen sehr emotionalen Charakter besitzen, denn dieser Mensch wird vollständige Zusammenarbeit und oft auch Exklusivität fordern.

Wenn sich das Zeichen Löwe an der Spitze des vierten Hauses befindet, könnte das Leben zuhause und die Entwicklung seiner Persönlichkeit durch ein Gefühl des Stolzes bedingt sein, wie auch durch ein Bestreben, in einer zumindest relativ verschwenderischen Villa zu leben, die zu einer Bühne für seinen Selbstausdruck wird, oder zumindest abgestimmt auf das Bedürfnis das zu verkörpern, wovon er fühlt, daß es ihm durch das Recht des Geschicks zusteht. Richard Wagner war ein ausgezeichnetes Beispiel für solch eine Situation. Der Prozeß des vierten Hauses für die Integrierung der Persönlichkeit mag dramatische Übertöne annehmen, manchmal vielleicht am Rande von theatralischer Übertriebenheit. Die Person mit dem Löwen am Nadir seines Geburtshoroskops kann eine etwas ergötzliche aber doch besitzergreifende Mutter haben. Wo immer sie auch ist, wird diese Person der »König des Reiches« sein wollen – und es mag ein sehr gut befestigtes Reich sein.

Der Wassermann-MC deutet normalerweise das Vertrauen des kreativen Menschen auf berufliche und soziale Muster an, als Bereiche für die Projektion und die Festlegung seiner persönlichen Kraft. Oft strebt er nach irgendeinem relativ großen und vielleicht idealistischen Bereich, in dem öffentliche Betätigung möglich ist; er möchte eine breite Bühne, auf der er seine Rolle spielen kann, eine Rolle, in der er individuell glänzen kann. Seine ganze Gemeinschaft sollte solch eine Bühne sein, es könnte aber auch ein beruflicher Bereich sein, der sich mit neuen Erfindungen beschäftigt, oder der die Möglichkeit bietet, ein Führer oder ein Prophet zu werden.

Wenn der Wassermann an der Spitze des vierten Geburtshauses steht, dann sollte die Suche nach persönlicher Integration tief durch soziale Belange beeinflußt sein, und das Leben zuhause kann durch idealistische oder revolutionäre Träume inspiriert oder sogar überrannt werden. Dann wird sich die Löwe-Himmels-Mitte als die Tendenz manifestieren, Energien emotional und dramatisch in das zu investieren, was immer die Erfüllung der Wassermann-Ideale ermöglicht. In solch einer Situation finden wir oft einen Skorpion oder Waage-Aszendenten, und dies betont um so mehr das Gefühl der Identifikation mit sozialen oder okkulten Gruppen.

## DIE JUNGFRAU-FISCHE VERBINDUNG

Der Jungfrau-Typus wird durch sein analytisches und kritisches Temperament charakterisiert, wie auch durch das Bestreben, die essentiellen Energien seiner emotional-persönlichen Natur zu reorientieren oder zu repolarisieren. Jungfrau ist das Symbol für eine psychologische Krise und kann sich auch auf schlechte Gesundheit beziehen oder auf ein starkes Gefühl, daß etwas hinsichtlich der Gesundheit getan werden sollte. Die Jungfrau folgt dem Löwen ebenso, wie die Schwierigkeiten, die der zu persönlichen Manifestation unseres Strebens nach Selbstausdruck auf alle Fälle folgen. Dies kann aber auch den Fortschritt auf eine höhere Ebene des Bewußtseins und persönliche Metamorphose bedeuten.

Die Person mit Aszendent Jungfrau wird sich durch ihre voranschreitenden Umwandlungen hervorheben, durch ihre spirituellen Bewältigungen, ihre körperlichen Verjüngungen. In einigen Fällen wird sie viel erreichen durch einen Sinn für Demut und durch einen Willen anderen zu dienen; in anderen Fällen wird es viel Kritik geben oder ein Beharren auf technischen Errungenschaften. Es mag eine tiefe Sehnsucht nach Reinheit oder sogar nach Heiligkeit geben, die zu Selbsttäuschung und zu falschen Ergebenheitseinstellungen führen kann.

Der Menschentypus mit einem Jungfrau-Aszendenten begegnet seinen nächsten Mitmenschen auf eine Fische-Weise; dort, wo er als Individuum kritisch ist, kann er sehr leicht als Liebhaber oder als Partner viel zu offen sein. Er strebt nach dem Verlieren seiner selbst in einer Gemeinschaft oder in einer Aufgabe, nur weil er versucht, seinen individuellen Status als jemand zu erreichen, der eine persönliche Metamorphose erfahren hat. Er muß sich dem oder demjenigen widmen, was den Zustand des Seins zu verkörpern scheint, der das Ziel dieser Metamorphose ist.

Fische symbolisiert einen Zustand sozialer, kollektiver Krise. Auf der durch dieses letzte Tierkreiszeichen symbolisierten Stufe des Lebens findet sich der Mensch durch soziale Stürme hin und her getrieben, gegen die er machtlos ist. Er wird durch die schicksalhaften Konsequenzen der »Sünden« seiner Väter und seiner vergangenen Zyklen als ein Individuum kontrolliert. Er muß alle festen Dinge aufgeben, jeden Komfort und jede Sicherheit und alles Vertrauen auf soziale, kulturelle oder religiöse Strukturen verlieren, wenn er im Widder als ein wahres Individuum wiedergeboren werden soll, als ein Ursprung neuen Lebens. In der Jungfrau muß ein Mensch bindende persönliche Begrenzungen aufgeben. In Fische muß er seine Ergebenheit alten Göttern und uralten Gesetzen gegenüber aufgeben und dem neuen Gott gegenübertreten, dessen Antlitz noch nicht enthüllt ist.

Der Typus mit einem Fische-Aszendenten mag dem kollektiven Unterbewußten gegenüber weit offenstehen – vielleicht als ein Medium, vielleicht als ein wahrhafter Seher. Er kann aber auch ein Kreuzfahrer sein, ein Führer von Armeen oder von Gruppen, die sich einer größeren Zukunft für ihre Nationen oder für die Menschheit widmen. Gerade diese Offenheit dem Unbekannten gegenüber wird nach Partnerschaften einer kritischen Jungfrau-Art verlangen. Der Mensch mit dem aufsteigenden Zeichen Fische wird von den ihn Liebenden verlangen, daß sie ununterbrochene Metamorphosen durchmachen. Er mag von seinen Mitarbeitern eine rigorose Disziplin und ein makelloses Benehmen verlangen. Da seine Vision von riesigen Veränderungen eingenommen wird, wird er oft täglichen trivialen Dingen mit Ungeduld und mit peinlicher Sorgfalt begegnen. Sich selbst gegenüber wird er dem Instinkt vertrauen, aber er wird versuchen, in seinen Partnern Intellekt und Genauigkeit der Technik zu finden, oder er wird in seinem Umgang mit anderen solche Jungfrau-Charakteristika aufweisen.

Da Jungfrau und Fische Zeichen sind, die sich auf kritische Stadien in der Evolution des Bewußtseins beziehen, wie auch auf die Fähigkeit, Kraft konstruktiv zu verwenden, kann man erwarten, daß, wenn diese Zeichen am Geburts-Meridian gefunden werden, dieser Mensch dazu tendieren wird, Kraft zu erschaffen und sein Schicksal zu erfüllen, inmitten persönlicher und sozialer Umwandlungen. Er mag entdecken, wohin er gehört, in der Anstrengung, Sachlagen in persönlichen oder sozialen Situationen zu begegnen, die seinen Impuls zu dienen herausfordern, oder sein Spielen einer Rolle innerhalb revolutionärer Aufstände.

Jungfrau an der Spitze des vierten Hauses sollte normalerweise jede Menge Selbstanalyse und Selbstkritik dem Prozeß der Persönlichkeitsintegration beisteuern. Der Wert von althergebrachten und normalerweise als selbstverständlich angesehenen Traditionen kann in Frage gestellt werden; es mag eine große Voreingenommenheit für die Verbesserung der Situation zuhause geben. Der Einfluß der Mutter kann zu Sorge bezüglich Diät und Gesundheit führen; das Kind kann sich wegen einer kritischen Mutter verwirrt und aus der Fassung gebracht fühlen. Wenn der Krebs das aufsteigende Zeichen ist, dann mag die Möglichkeit eines Mutterkomplexes, gegen den das Individuum mehr oder weniger erfolgreich rebellieren kann, recht groß sein. Wenn Zwilling aufsteigt, dann ist eine größere Betonung von intellektuellen Prozessen und von analytischen Prozeduren wahrscheinlich.

Jungfrau-IC bedingt Fische am Zenit. Das öffentliche und/oder berufliche Leben sollte sich mit großen sozialen Belangen beschäftigen, besonders im Sinne einer Umwandlung des *status quo*. Albert Einstein mit einem Krebs-Aszendenten ist dafür ein gutes Beispiel, da ihn seine Arbeit direkt in Veränderungen von ehrfurchterregender Größe bezüglich der Führung internationaler Angelegenheiten verwickelte. Er betonte die Verwendung des Instinkts selbst in wissenschaftlichen Forschungen, und seine Ahnenwurzeln besaßen tragische Übertöne. Fische-MC begünstigt oft einen musikalischen Beruf, wie im Falle von Richard Strauß, aber eine Fische-gemäße Beteiligung an der Gesellschaft kann viele Formen annehmen. Wie immer hängt viel davon ab, ob Planeten im zehnten Haus stehen oder nicht und welche Planeten dies sind. Der große Humorist Will Rogers hatte ein Fische-MC. Humor ist, in einem Sinne, auf Krisensituationen bezogen, da er die angenommenen Werte und Erscheinungen herausfordert, besonders in bezug auf öffentliche Figuren und Institutionen. Andererseits führte Papst Pius XII., mit einem Fische-MC und einem Schütze-Aszendenten, eine religiöse Organisation in einer Zeit der Krise an.

Wenn die Situation umgedreht wird und Jungfrau an der Himmels-Mitte steht – und Fische daher an der Spitze des vierten Hauses – könnte man auf einen Menschen treffen, der sich mit großen sozialen Trends zu einer Zeit identifiziert, wenn es sein persönliches Schicksal sein mag, Kräfte radikaler Veränderung in einen Brennpunkt zu bringen. Dieses zwingt ihn wiederum, eine kritische Jungfrau-Haltung gegenüber sozialen Institutionen oder gegebenen beruflichen Mustern einzunehmen. Wir sehen dies stark betont in dem Geburtshoroskop des großen Bilderstürmers Nietzsche und auch in dem von Benito Mussolini, dem Förderer des Faschismus und des Verwaltungsstaates. (Mussolini verwendete sogar Rizinusöl als Instrument politischer Macht, wobei seine Banden die politischen Widersacher am Abend vor wichtigen politischen Reden und Wahlen zwangen, eine riesige Menge davon zu sich zu nehmen – mit den zu erwartenden Folgen für den Verdauungstrakt der Opfer!) Lenin war ein weiteres Beispiel mit einem Skorpion-Aszendenten, der eine leidenschaftliche Identifizierung mit kollektivierenden Kräften andeutet – sein Fische-Nadir passend auf eine Heimat in einer Krise der totalen Umwandlung.

Zum Abschluß dieses Kapitels sollte ich noch einmal betonen, daß das Gesagte Trends andeutet, die tief umgewandelt werden können durch die Anwesenheit von Planeten in den Eck-Häusern und durch deren Beziehungen zu anderen Planeten. Zusätzlich dazu kann die Wichtigkeit der *Grade* des Tierkreises an den vier Ecken eines Horoskops kaum überschätzt werden. Aber dies bezieht sich auf einen anderen Studienbereich, der voll mit Zwiespältigkeiten und mit verwirrenden Ansprüchen steckt, trotzdem aber sehr bedeutungsvoll ist. Ich kann hier nur feststellen, daß Grad-Symbole der Interpretation des tieferen Charakters der Ecken und aller Planeten eine neue Dimension hinzufügen können. Sie zeigen, zumindest versuchsweise, die innere Qualität der grundsätzlichen Situation und der Tätigkeit an, die durch die Ecken und durch die Planeten, die sich an diesen Graden befinden, ausgedrückt werden; die ganze Reihenfolge der 360 Grade kann theoretisch mit den 64 Hexagrammen des I Ging verglichen werden. Um dies aber tun zu können, muß die zyklische Reihenfolge der Grad-Symbole ihre Gültigkeit durch ihren Zusammenhalt und durch die strukturellen Wechselbeziehungen zwischen den Symbolen, wenn diese einander auf mehrere Arten verwandt sind, unter Beweis stellen.

Die einzige Gruppe, von der ich glaube, daß sie diesen Anforderungen genügt, sind die Sabischen Symbole, die während der 20er-Jahre des 20. Jahrhunderts von Marc Edmund Jones und Elsie Wheeler aufgezeigt wurden, und die ich mit Marc Jones' Erlaubnis in »*Astrologie der Persönlichkeit*« reproduzierte. Als jedoch dieses Buch geschrieben wurde – 1934-36 – hatte ich diese Symbole noch nicht genügend verwendet, um zu erkennen, daß ihre Formulierung und besonders ihre Interpretation zu einem großen Maße überholungsbedürftig war. Marc Jones versuchte dies in einem späteren Buche zu tun: *Sabische*

*Symbole.* Ich persönlich bin aber mit den Resultaten nicht zufrieden. Eine Reihe von Artikeln, die ich in *American Astrology,* 1945-46, schrieb, *The Wheel of Significance,* hinterläßt auch noch viel Arbeit. Trotzdem, selbst in der Form, in der sie jetzt zugänglich sind, können diese Symbole in den Händen eines intuitiven Interpreten zu einem bedeutungsvollen Werkzeug werden. In den Händen eines Interpreten, der ihnen keinen philosophischen oder sozialen Gesichtspunkt aufzwingt, sondern es jedem Detail des symbolischen Bildes oder der Szene erlaubt, für sich selbst zu sprechen.

# Die Planeten in den zwölf Häusern

Die Beziehung zwischen einem Planeten und einem Haus kann auf zwei Arten interpretiert werden. Einerseits deutet der Planet in einem Haus an, daß die grundsätzliche Art der Erfahrungen, auf die sich das Haus bezieht, zum größten Nutzen durch die physiologische und besonders durch die psychologische Funktion, die der Planet symbolisiert, angewandt werden kann. Andererseits deutet die Tatsache, daß sich ein Planet in einem bestimmten Haus befindet, an, daß der Charakter der Erfahrungen, die durch dieses Haus repräsentiert werden, die Art und Weise beinflussen wird, in der die planetare Funktion normalerweise operiert. Um diesen letzten Punkt zu verdeutlichen, können wir sagen, daß Menschen, die in einer arktischen Region leben, stark verschiedene Leberfunktionen und Triebe in bezug auf physische Leistungen aufweisen werden im Vergleich zu Menschen, wie wir sie in den Tropen kennen.

Die Häuser wurden oft mit verschiedenen Arten von Lebens*umständen* in Verbindung gebracht, und diese Interpretation stimmt bis zu einem gewissen Punkt. Was in einer strikt personenzentrierten und humanistischen Astrologie essentiell ist, ist die *Erfahrung* des Individuums unter diesen Umständen (Um-stände heißt wörtlich das, was den Erfahrenden umgibt); in anderen Worten, es wird eher der subjektive Aspekt der Häuser hervorgehoben, als die objektive Situation, die die Erfahrung auslöst. Dies scheint deshalb viel wichtiger, weil die gleichen äußeren Umstände in verschiedenen Individuen verschiedene Erfahrungen erzeugen können, sogar zu verschiedenen Zeiten im Leben des gleichen Individuums. Was psychologisch und holistisch bedeutend ist, ist die Einstellung des Individuums zu dem, was passiert.

Ein Planet in einem Haus deutet an, welche Art von funktionaler Tätigkeit diese Einstellung *natürlich bedingen* wird. Es ist »natürlich« für eine Katze, Vögel fressen zu wollen, aber die Katze kann so erzogen werden, daß sie sie nicht jagt. Im Sinne des ökologischen Gleichgewichts der Natur ist es jedoch am »besten« für jeden lebenden Organismus, je nach seinem Instinkt zu handeln, wobei der Tod bloß eine Phase im riesigen rhythmischen Prozeß der Natur darstellt. In der Bhagavad-Gita fordert die göttliche Manifestation, Krishna, seinen

Jünger Arjuna auf, seinem *Dharma* zu folgen. Dieses ist im Menschen das *bewußte* Äquivalent zum triebhaften und unbewußten Instinkt in Tieren und Pflanzen. Arjuna, einem Führer der Krieger-Kaste, wird gesagt, seine Feinde nicht unter dem Impuls von *persönlichem* Haß zu schlagen, sondern als ein geweihter Vermittler des göttlichen Willens, der diesem Willen die Verantwortung für die Resultate des Kampfes überläßt.

Wenn daher Mars im ersten Haus einer Person steht, dann wird es diese Person für »natürlich« halten, als ein Individuum mit Mars-hafter Triebhaftigkeit zu handeln; indem es so vorgeht, wird es am »besten« zur Erkenntnis seiner essentiellen »Wahrheit des Seins« oder spirituellen Identität gelangen. Andererseits wird die Mars-Funktion in dieser Person dazu tendieren, recht stark individualisiert zu sein, da ihre grundsätzliche Aufgabe darin bestehen wird, dem Individuum zu enthüllen, was es wirklich ist. Die Mars-Funktion wird am wirkungsvollsten dann sein – sie wird am echtesten ihre Aufgabe erfüllen – wenn sie im Sinne der Belange des ersten Hauses verwendet wird, und zum Beispiel nicht im Sinne von Liebesaffairen und Kindern (fünftes Haus) oder von zweitem und achtem Haus (Management, Verwaltung von persönlichen oder ehelichen Geschäften, etc.).

Dies soll offensichtlich nicht den Gedanken vermitteln, daß die Mars-Funktion nicht in allen Lebensumständen operieren kann, in denen sie benötigt wird; aber *der typische Charakter* dieser Operation im obengenannten Falle sollte den Stempel einer hochindividualisierten Aufgabe tragen, und, zumindest in einem Sinne, sollte er dauernd mit dem zentralen Problem der Selbstentdeckung in Beziehung gebracht werden, wenn er von maximalem Wert für die Person sein soll, die Mars im ersten Haus hat.

Ich glaube, daß nur wenn diese grundsätzliche Bedeutung der Planeten und ihrer Positionen in den Geburtshäusern klar verstanden wird, der Student der Astrologie dieses besondere astrologische Werkzeug zu seinem Vorteil verwenden kann. Die Schwierigkeit im Aufführen von spezifischen Beispielen liegt darin, daß die Hausposition eines Planeten nur einen von vielen dauernd zusammenspielenden Faktoren darstellt. Es sollte jedoch klar sein, daß ein Planet in irgendeinem Haus, oder in irgendeinem Tierkreiszeichen, immer seinen grundsätzlichen funktionalen Charakter beibehält. Das traditionelle Konzept, daß ein Planet stark oder schwach, hervorragend oder nachteilig in gewissen Haus- und Zeichen-Positionen ist, ist eine offene Frage; in jedem Falle verändert Stärke oder Schwäche den funktionalen Charakter des Planeten nicht. Sie kann höchstens andeuten, ob

Umstände oder genetische Muster mehr oder weniger der Operation der Funktion zuträglich sind. Eine relativ schwache Funktion kann das Bewußtsein des Organismus beherrschen und vielleicht Ersatzmittel für die Tätigkeit finden, wenn solch eine Tätigkeit für das Überleben oder für die grundsätzliche Aufgabe des Individuums essentiell ist; darüber hinaus sollten wir erkennen, daß sogenannte disharmonische Aspekte auch große Kraft freisetzen können. Trotzdem macht die Position eines Planeten nahe einer der vier Ecken des Horoskops seine Funktion zu einem bedeutenden Merkmal innerhalb der grundsätzlichen Einstellung der Person dem Leben gegenüber.

Was im weiteren folgt, soll nur als eine Reihe von allgemeinen Aussagen oder als Richtlinien für die Interpretation angesehen werden. Ich wiederhole, daß viele Faktoren das abändern können, was gesagt wird. Kein Astrologe kann mit Sicherheit feststellen, auf welcher Ebene die Funktion des Planeten im Leben des Individuums, dessen Horoskop studiert wird, operieren wird, außer der Bewußtseinszustand und die evolutionäre Ebene des Individuums ist bekannt und intuitiv gefühlt. Selbst dann ist keine absolute Sicherheit möglich, da das Individuum in den meisten Fällen wirklich offen entscheiden kann, welche Art von Reaktion es gegenüber jedweder grundsätzlicher Herausforderung haben wird.

DIE SONNE deutet in jedem Haus an, daß die Art von Erfahrung, auf die sich das Haus bezieht, dazu tendieren wird, eine spontane und zumindest relativ kräftige Freisetzung von Lebensenergie zu fordern.

Im *ersten Haus* sollte diese Energie die Suche nach der Identität und die intuitive Erkenntnis dessen, wer man wirklich ist, oder auch das Selbstbild, beleuchten und unterstützen. Der Mensch mit einer gerade aufsteigenden Sonne mag einen inneren Enthusiasmus erfahren, ein frisches Wesen oder einfach eine robuste Gesundheit, die ihm gestatten wird, das, was er ist, in einer zwingenden und bestimmten Art auszustrahlen. In solch einer Suche nach Identität und in allen Taten, die eine persönliche Selbstbestätigung und emotionale Intensität erfordern, wird die Sonnenfunktion stimuliert werden, sehr erfolgreich zu wirken. Der negative Aspekt dieser Position mag Stolz und »Unverschämtheit« sein.

Im *zweiten Haus* tendiert die Sonne dazu, die Produktion von innerem oder äußerem Reichtum voranzutreiben, das heißt, das Herausströmen von kollektiven, angestammten oder sozialen Energien in die Persönlichkeit hinein; das Resultat mag sein, daß diese kollektiven Energien – die sich als Geld manifestieren können – die Individualität der Person überwältigen – daß sie den Menschen gebrauchen werden, anstatt er sie. Vitalität kann zu Besitzgier werden, »Haben« kann »Sein« überwältigen. Andererseits kann die Person zu einem höchst erfolgreichen Verwalter von Reichtum werden und ihr individuelles Schicksal auf diese Art erfüllen.

Im *dritten Haus* sollte die solare Vitalität die Eigenschaft der Anpassung an die Umwelt hervorheben, was in charakteristisch menschlichem Sinne Intelligenz bedeutet. Intellektuelles Streben wird einen reichlichen Fluß von Energie anziehen. Erleuchtende Erfahrungen können durch die Kraft des Geistes erreicht werden – eines Geistes, der zugleich analytisch und klar ist. Die Sonne im dritten Haus macht die Person nicht notwendigerweise zu einem Intellektuellen im üblichen Sinne des Wortes. Sie kann ihn jedoch zu einer mächtigen Kraft machen, die alles ihn umgebende mit lebensspendenden Energien versorgt, wie Abdul Baha, der Sohn des großen persischen Propheten, der während 40-jähriger Gefangenschaft in Akka allen seinen Gefährten Licht und Liebe brachte.

Im *vierten Haus* betont die Sonne die lebensspendende Kraft der inneren Erfahrungen der persönlichen Integration, und deutet in vielen Fällen den lebendigen Kontakt mit seinen Ahnen, seinem Zuhause und mit seiner Tradition an. Die Wurzeln der Persönlichkeit sind stark, und die Erfahrung ihrer Kraft mag natürlich und spontan zu einer Art von Erleuchtung führen. Aber die Beschäftigung mit dem Heim und mit dem Land kann ein großes Ausströmen von Energie erfordern. Selbstvertrauen und ein tiefer Glaube an den eigenen »Ursprung« kann für solch eine solare Position charakteristisch sein, es mag aber auch bedeuten, daß man nach Sicherheit streben und dafür auch kämpfen soll.

Im *fünften Haus* kann die Sonne – muß es aber nicht – künstlerische Schöpfungskraft und strahlende Spontaneität im Selbstausdruck enthüllen. Die Lebenskräfte tendieren dazu, sich in abenteuerlichen und vielleicht spekulativen Aktionen auszudrücken, die normalerweise reich an emotionalen Inhalten sind, oft aber egozentrisch, und so bloß einen Ausweg von innerem Druck darstellen, der unerträglich scheint. Das Liebesmotiv kann beherrschend sein, wie z.B. im Falle des Herzogs von Windsor. Es kann auch ein starkes Streben nach der Verwendung von Macht und vielleicht nach Führung vorliegen, besonders in Situationen, die eine intensive Vitalität erfordern. Hier könnte man z.B. Franklin D. Roosevelt und Lenin anführen.

Im *sechsten Haus* kann die Sonne den Wert andeuten, den das Befolgen eines Weges des Dienstes, der Widmung und der Jüngerschaft besitzt, denn ein meisterhaftes Individuum kann diesen Weg erleuchten. Harte Arbeit oder Konzentration wird Energien von Ursprungsquellen der Kraft tief im Individuum hervorholen. Krisen und umwandelnden Geschehnissen wird mit großer Widerstandskraft und mit Vertrauen begegnet werden. Es sollte der Person klar sein, daß solchen herausfordernden Geschehnissen begegnet werden muß und, daß ihnen erfolgreich begegnet werden kann. Ein Sinn für Hingabe an eine höchst erregende Aufgabe kann erwartet werden, aber die Sonne in dem Haus, das sich auch auf Gesundheit und Krankheit bezieht, kann die Notwendigkeit andeuten, die Willenskraft für Selbstheilung zu verwenden. Es bedeutet *nicht* eine niedrige Vitalität, sondern eher das in-den-Brennpunkt-bringen von Lebensenergien für den Zweck, irgendeine Schwäche, Karma oder das Resultat von Fehlern zu überwinden.

Mit der Sonne im *siebenten Haus* tendieren die Lebensenergien dazu, hauptsächlich im Spiel von zwischenpersönlichen Beziehungen angeregt zu werden. Das Individuum wird normalerweise die klarste Erkenntnis seiner grundsätzlichen Lebensaufgabe dadurch erreichen, daß er sich mit anderen in einer Partnerschaft zusammentut, mit einem Blick auf die Erstellung einer Grundlage, auf die ein Gefühl gemeinsamer Anteilnahme an einer sozialen Aufgabe aufgebaut werden kann. Der Mensch kann ein Licht für seine Partner sein, oder er kann seine wahre Berufung im Umgang mit Sachlagen zwischenpersönlicher Beziehungen entdecken – wie es der Psychologe C. G. Jung tat. Im negativen Sinn kann er ein Autokrat sein, der seine Partner dazu verwendet, seinem Ziel der Meisterschaft dienlich zu sein. Auf jeden Fall werden zwischenpersönliche Beziehungen große Aufmerksamkeit erfordern und auch bekommen; sie werden das beste im Individuum hervorbringen, je nach dem Charakter seines Selbst und seines Schicksals.

Im *achten Haus* kann die Sonne die Früchte jeder Beziehung segnen, wie auch alles, was das Gefühl der engen Verbindung mit einem Gruppenprozeß und mit der Integrierung darin – ein soziales oder okkultes Ritual – erweitert und beleuchtet. Sie kann die Fähigkeit für Management anspornen, wie auch für Identifikation mit jeder Kraft oder Einheit, die einem scheinbar helfen kann, durch die Barriere des Bekannten, des Egozentrischen, hindurchzustoßen. Sie wird die Verwendung besonders hervorheben, die man der Kraft angedeihen läßt, die sich aus Beziehungen ergibt, und aus dem, was die nicht ferne Vergangenheit der Rasse oder Gesellschaft verwendbar gemacht hat; daher die Beziehung dieses Hauses auf Vermächtnisse.

Im *neunten Haus* beleuchtet die Sonne das Verstehen, sie kann aber auch einen alles-verzehrenden Ehrgeiz andeuten. Sie aktiviert alle Versuche der Selbst- oder Gruppen-Ausweitung. Die Anziehungskraft des Fremden und des Exotischen mag groß sein, wie auch die des Mystischen. Religionen und philosophische Bestreben werden betont, weil der Lebenstrieb sich auf die Entdeckung der Grundlage richtet, auf der alle sozialen und kosmischen Beziehungen operieren; daher die Bedeutung von Leben und alle Geschehnisse. »Große Träume« sollten beobachtet und studiert werden. Die Gefahr besteht darin, durch Größe überwältigt zu werden, oder durch Größenwahn den Kontakt mit den tagtäglichen Tatsachen zu verlieren.

Da das *zehnte Haus* der Bereich der Erfüllung und der öffentlichen oder beruflichen Operationen ist, kann die Sonne in diesem Haus äußeren Erfolg, Führung, soziale Macht und Prestige andeuten. Sie kann sich darauf beziehen, einen wohlbekannten Vater zu haben, oder daß man in einer autoritären Gesellschaft lebt. Sie kann auch bedeuten, daß die grundsätzliche Energie der eigenen Natur mehr oder weniger andauernd aufgefordert sein wird, schwierige oder sogar negative Situationen in den Griff zu bekommen. Wenn ein Planet in einem Haus steht, dann können sich auch Probleme bezüglich der Art von Kraft ergeben, die der Planet repräsentiert. Mit dieser Sonnenposition wird Hervorragendes oft durch Selbstüberwindung erreicht, in anderen Fällen aber kann es eine natürliche, spontane und nicht zu unterdrückende Ausstrahlung in der Persönlichkeit geben, die das Charisma von Menschen hervorbringt.

Die Sonne im *elften Haus* kann bei solchen Menschen gefunden werden, deren Bestreben nach sozialer oder kultureller Reform oder Revolution weißglühend leuchtet, von Menschen, die in die sozialen oder kulturellen Gruppen, denen sie angehören, eine neue Vitalität hineinbringen können. Die Energie dieser Menschen wird sich mehr nach der Zukunft hin orientieren als in Richtung auf die erwartete Erfüllung traditioneller Muster. Sie können Kreuzfahrer für einen Zweck sein – wie es George Washington, Sun Yat-sen oder der Schriftsteller Upton Sinclair waren. Aber sie können auch ausgezeichnete Verwalter von sozialem Reichtum sein, und sie sollten Freundschaften wertschätzen und auch kultivierten Geschmack entwickeln.

Die Sonne im *zwölften Haus* tendiert dazu, Licht auf »nicht beendete Geschäfte« der Vergangenheit zu werfen. Das Aufklären von Karma kann zu einer zentralen Lebensaufgabe werden, was die Reinigung des Unterbewußten und die Abwehr der Geister des ungelebten

Lebens bedeuten kann – ob im Sinne des Konzepts der Reinkarnation oder in bezug auf die ersten 28 oder 56 Jahre dieses gegenwärtigen Lebens. Das Individuum mag große solare Energie für die Ausführung dieser Arbeit benötigen und seine Aufmerksamkeit wird von ihr wieder und wieder angezogen werden. Persönliche Erleuchtung mag stattfinden, während man im Gefängnis sitzt, oder eingeschlossen ist durch physiologische, soziale oder psychologische Krisen. Kraft kann dem Individuum zukommen durch die Identifizierung mit irgendeinem großen Bild des kollektiven Unbewußten, auf dessen Basis ein neuer Anfang stattfinden kann.

DER MOND in einem Haus deutet jenes Feld der Erfahrung an, in dem die Fähigkeit, sich den Herausforderungen des tagtäglichen Lebens anzupassen, am ehesten gefordert wird. Der individuelle Mensch wird seinen Weg vorsichtig abtasten müssen, bereit, erforderliche Kompromisse einzugehen. Er muß aufpassen, daß er nicht zu viel von persönlichen Launen getrieben wird, oder durch die Erfordernisse derer, die von ihm bezüglich Anleitung und »Bemutterung« abhängen.

Im *ersten Haus* ist diese Mondeigenschaft bezüglich Anpassung und instinktiver Abschätzung von Möglichkeiten und Gefahren innerhalb einer mehr oder weniger genau definierten individualistischen Struktur tätig. Der individuelle Mensch benötigt diese Eigenschaft – die sich auch als ein Vertrauen auf eine Mutterfigur manifestieren kann – um seine Einzigartigkeit und sein Schicksal verwirklichen zu können. Erfahrungen der Selbstentdeckung können, unter gewissen Mondaspekten, flüchtig und irrational sein. Im Horoskop einer Frau kann die Erfahrung der Mutterschaft entscheidend sein und das ganze Leben strukturieren.

Mit dem Mond im *zweiten Haus* muß ein Mensch alle seine Fähigkeiten ohne Starrheit verwenden, und dem gegenüber offen bleiben, was jeder Tag mit sich bringt. Wenn er eine öffentliche Figur ist, ein Künstler oder Schriftsteller, wird die öffentliche Reaktion seine finanzielle Situation bedingen. Alle Geldsituationen dürften eher schwankend sein. Eine Person mit dem Mond im zweiten Haus kann den Bedürfnissen der Zeit und den Anforderungen des kollektiven Unbewußten gegenüber sehr sensitiv sein.

Ein Mond im *dritten Haus* sollte die intellektuelle Tätigkeit und die Fähigkeit anregen, seinen Weg durch eine Umwelt zu finden, die gestört oder chaotisch sein kann. Beziehungen mit Gleichartigen und besonders mit einer weiblichen Verwandten – oder mit Frauen im allgemeinen – können die Fantasie erregen und die Entwicklung eines forschen Intellekts lenken. Objektivität wird benötigt, um Gefühle zu ergänzen und Launen zu zerstreuen.

Im *vierten Haus* bezieht sich der Mond weitgehend auf den Einfluß der Mutter und auf das Gefühl, das man gegenüber seinem Zuhause und seiner Tradition hat. Das Individuum mag sich oft von seinen psychischen Grundlagen zurückziehen, vielleicht aus Furcht vor der Begegnung mit störenden Konfrontationen. Ein starkes Einfühlungsvermögen in die Gefühle von Menschen und in die psychische Atmosphäre, der Plätze, an denen man wohnt, mag für das Überleben oder für den Frieden des Geistes und der Seele notwendig sein; es mag aber auch Probleme auslösen wegen einer zu subjektiven Einstellung gegenüber den harten Realitäten der Existenz. Ein Beispiel dafür ist Helen Keller, die, obwohl taub und blind, mit der Hilfe einer bemerkenswerten Frau eine wohlbekannte Person und ein Symbol für mutige Anpassung wurde.

Der Mond im *fünften Haus* kann die poetische Vorstellungskraft hervorheben, jedoch auch ein unstetes emotionales Leben verursachen, das Leidenschaftsimpulsen gegenüber offen ist. Doch die Mondfunktion wird hier benötigt, um als die Mutter von Kindern zu handeln oder als die mystische Muse, die den Künstler oder Musiker inspiriert. Eine Mutter sollte es vermeiden, ihre Kinder in psychischer Abhängigkeit zu halten, obwohl diese ihre Führung sehr stark benötigen.

Im *sechsten Haus* kann der Mond extreme persönliche Einfühlungsgabe gegenüber dem Bedürfnis nach Veränderung und persönlicher Reorientierung mit sich bringen. Der individuelle Mensch braucht diese Mondfunktion, um mit Problemen der Anpassung auf oft sehr anstrengende Arbeitsumstände oder auf schlechte Gesundheit fertig zu werden. In Zeiten der Störung mag er sich danach sehnen, bemuttert zu werden, stattdessen sollte er sich aber auf seine Fähigkeit verlassen, sich anzupassen und wirksame Kompromisse einzugehen, auch wenn dies nur als bloße Zweckmäßigkeit erscheinen mag.

Im *siebenten Haus* sollte der Mond die Einfühlungsgabe vermitteln, die dazu benötigt wird, sich auf die Eigenarten und Forderungen eines Partners einzustellen. Flexibilität in Belangen der zwischenpersönlichen Beziehungen, besonders in der Ehe, ist sehr wichtig. Die Beziehung selbst sollte genährt werden und ihr sollte sogar mehr Aufmerksamkeit gezollt werden als dem anderen Partner. Es sollte ein Partner ausgewählt werden, der auf die eigene psychische Projektion reagieren kann, besonders wenn das siebente Haus im Horoskop eines Mannes betrachtet wird.

Im *achten Haus* kann sich die Mondfunktion auf die Fähigkeit beziehen, sich entwickelnde Trends im Bereich der Geschäfte vorauszusehen, wie auch auf das Bedürfnis, eine einfühlsame Einstellung gegenüber öffentlichen Launen einzunehmen. In diesem Feld der Erfahrung kann der Mond wie ein magischer Spiegel sein, der ungesehene Kräfte am Werk wiederspiegelt. Wenn er aber in angespannten Aspekten zu einigen Planeten steht, kann dieser Mond Verwirrung, okkulte Verherrlichung und eine Passivität gegenüber elementaren Kräften mit sich bringen. Anleitung und ein analytischer, praktischer Geist sollte sehr wertvoll sein.

Der Mond im *neunten Haus* deutet die potentielle Fähigkeit an, sich ungewohnten und vielleicht exotischen oder transzendenten Verhältnissen der Existenz anzupassen, wie auch an neue Konzepte und Symbole. Dies ist eine wertvolle Mondposition für Leute, die in großen Aufgaben wirksam sind oder auf der Suche nach metaphysischen Wahrheiten oder nach abstrakten Prinzipien. Sie tendiert dazu, das Bewußtsein zu befähigen, das zu bedenken, was der Geist vielleicht nicht rational analysieren kann. In einigen Fällen kann sie Seherkräfte erzeugen oder ein scharfes Verständnis der tiefen Strömungen in der Politik, wie auch die Fähigkeit, anwendbare Operationspläne zu formulieren.

Im *zehnten Haus* deutet der Mond eine Fähigkeit an, große Konzepte oder soziale Pläne dann in die Tat umzusetzen, wenn es praktisch und vor allem zweckdienlich ist, dies zu tun. Das Bedürfnis des Augenblicks und die Stimmung der Allgemeinheit in bezug auf soziale und politische Sachlagen werden geistreich eingeschätzt, und eine dementsprechende Tat folgt ganz leicht, außer natürlich wenn die Mondfunktion durch andere Faktoren gestört wird. Präsident Franklin D. Roosevelt ist ein gutes Beispiel für einen Mond im zehnten Haus, aber mit einem starken Mars in der Nähe, der seine öffentliche Tätigkeit herausfordert. Gandhi ist ein weiteres Beispiel.

Im *elften Haus* kann der Mond entweder die Leistungen einer Gesellschaft oder deren Lebensweise widerspiegeln, und bringt dem Individuum gute Freunde und entspannte Gefühle, oder er kann dieses Individuum dazu bringen, sich scharf der sozialen Ungerechtigkeiten und Versagen bewußt zu sein und so ein kollektives Gefühl öffentlicher Unzufriedenheit und vielleicht der Rebellion in einen Brennpunkt zu bringen. Im traditionellen Horoskop der Jeanne d'Arc ist der Mond im elften Haus in Konjunktion mit Jupiter – eine recht schlüssige Position für den, dessen »Stimmen« zum Aufstand des besetzten Vaterlandes und zur Geburt der französischen Nation führten.

Im *zwölften Haus* kann der Mond eine psychische Begabung andeuten oder die allgemeine Fähigkeit, im Geiste die ganze Bedeutung des Übergangs zwischen einem endenden Zyklus und der Geburt eines neuen zu überdenken. Alles hängt davon ab, was mit dieser Fähigkeit angefangen wird. Sie kann überwältigend und verwirrend sein. Sie kann das Karma jählings herbeiführen und damit zu einer Art Endabrechnung führen. Man muß sich vor einer passiven oder niedergeschlagenen Einstellung hüten, wie auch vor einer zu großen Offenheit gegenüber dem kollektiven Unbewußten oder gegenüber den eigenen persönlichen Komplexen.

MERKUR in einem Haus deutet das Feld der Erfahrung an, in dem die Kraft, Informationen mitzuteilen, sich der Resultate und Auslöser von vergangenen Erfahrungen zu erinnern und zwischen diesen Erfahrungen Beziehungen herzustellen, mit einem Maximum an Wirksamkeit operieren kann. Was auch aufgezeigt wird, ist die Art Umstände, die die Verwendung dieser Merkurkraft benötigen werden.

Wenn dieser Planet im *ersten Haus* steht, wird der Mensch dazu tendieren, seine geistigen Fähigkeiten dazu zu verwenden, um die Natur seines essentiellen Seins und Schicksals zu entdecken. Er wird sich von anderen Personen durch seinen intellektuellen Zugang an seine eigenen Probleme unterschieden sehen. Viel wird davon abhängen, ob die Sonne über oder unter dem Horizont steht. Im Horoskop des Hindu-Mystikers Ramakrishna stehen Merkur und Jupiter im ersten Haus, aber bei seiner Geburt standen Sonne und Mond im zwölften Haus in Konjunktion, wodurch seine vitalen religiösen Energien polarisiert waren.

Im *zweiten Haus* mag es eine Notwendigkeit geben, sich intellektuell auf finanzielle und verwaltende Probleme zu konzentrieren oder auf Wege, wie man die von seiner Kultur gebotenen Gedankenanstöße verwenden soll. Vielleicht um natürliche Produkte oder Produktionstechniken oder Käufliches zu verbessern. Man kann durch intellektuelle Anstrengungen Geld verdienen.

Im *dritten Haus* ist der Merkur in einem Bereich der Erfahrung wirksam, auf den er besonders gut paßt. Intellektuelle Fähigkeiten, jeder Lernprozeß und Belange, die sich auf die Mitteilung von Information beziehen, sollten in der Abschätzung und Anpassung an seine Umwelt betont werden. Dies ist eine feine Position für Experimentatoren in der Wissenschaft wie Louis Pasteur und Luther Burbank.

Im *vierten Haus* sollte der Merkur besonders als die Kraft der intellektuellen Konzentration wirksam sein, wie auch als Unterscheidungsvermögen im Sinne dessen, was am besten dafür verwendet werden kann, um eine feste Grundlage für die persönliche Sicherheit und Stärke des Charakters zu erschaffen. In manchen Fällen wird der Geist in diesem Haus von nationalen und religiösen Traditionen beherrscht.

Im *fünften Haus* kann Merkur literarische Fähigkeiten mit sich bringen und auch die Fähigkeit, die eigenen emotionalen Impulse in solche Formen zu projezieren, wie man sie anderen Leuten mitteilen kann. Kreative Impulse könnten nichtsdestotrotz zu formal und systematisch sein und so einen Teil ihrer Spontaneität und Bestimmtheit verlieren. Andererseits kann der Geist durch Emotionen und Egoismus getrieben sein.

Im *sechsten Haus* tendiert Merkur dazu, sich auf den intellektuellen Arbeiter zu beziehen; oder er zeigt zumindest die Wichtigkeit auf, bei der Arbeit seinen eigenen Geist zu verwenden, oder dann, wenn man einer Aufgabe oder einer großen Person dient, der man sich hingebungsvoll widmet. Da sich das sechste Haus auf Situationen der Krise und der Selbstumwandlung bezieht, sollte der Geist flexibel, kritisch, unterscheidend und fähig sein, dem emotionalen Leben Objektivität angedeihen zu lassen – von anderen wie auch von sich selbst. Beispiele eines Merkur im sechsten Haus sind C.G. Jung, Franklin D. Roosevelt und V.I. Lenin.

Merkur im *siebenten Haus* begünstigt Kontakte mit Intellektuellen und alle Tätigkeiten, die zwischenpersönliche Beziehungen formalisieren – Kontrakte und intellektuelle Übereinkommen aller Arten. Der Geist wird wachsen und reifen, durch menschliche Beziehungen mehr als durch das Studium von Büchern. Man sollte in jeglicher Beziehung objektiv sein und versuchen, Klarheit herbeizuführen.

Im *achten* Haus wird Merkur dazu gebraucht, um die praktischen Details von Verträgen auf allen Ebenen herauszuarbeiten. Er sollte Gefühlen des Teilens und der Suche nach dem Jenseits Objektivität zuteil werden lassen. In diesem Haus kann Merkur transzendiert werden und es kann ihm größere Tiefe gegeben werden, wie es der Fall war im Leben von Ralph Waldo Emerson und von Mary Baker Eddy, der Gründerin der »Christian Science«-Bewegung.

Im *neunten Haus* wird Merkur dazu aufgefordert, abstrakte Konzepte oder religiöse Eingebungen so klar wie möglich zu definieren, oder vorsichtig ferne Reisen und großflächige Versuche der Ausweitung zu planen. Er kann behilflich sein, um sich an Träume zu erinnern und ungewohnte Erfahrungen auf die Individualität und Aufgabe zu beziehen.

Im *zehnten Haus* erbringt Merkur mit einiger Wahrscheinlichkeit der eigenen Berufung eine intellektuelle Grundlage. Er sollte die eigene bewußte Anteilnahme an der Gemeinschaft oder an der Gesellschaft als ganzes klar definieren. Der Geist tendiert dazu, in soziale oder berufliche Probleme hineingezogen zu werden, die einer Klärung bedürfen und von denen das Individuum glaubt, sie lösen zu können.

Im *elften Haus* kann Merkur viele wertvolle soziale Kontakte mit Individuen von intellektuellem Status bringen. Der Geist sollte dazu verwendet werden, die Vergangenheit zu studieren und zu kritisieren und eine bessere Zukunft zu planen. Freunde können von dir geistige Anregung wie auch intellektuellen Rat erwarten. Man sollte versuchen, die eigenen Hoffnungen und Wünsche klar zu formulieren.

Im *zwölften Haus* deutet Merkur auf ein Leben, das nach innen gewendet ist, ein Leben der Meditation, vielleicht transzendenten Aufgaben gewidmet oder gezwungen, von der Gesellschaft oder von Krankheit, sich von äußerer Tätigkeit zurückzuziehen. Große Aufmerksamkeit sollte Eingebungen, Ideen oder innerer Führung gewidmet werden. Der Geist mag sich auf die Handhabe sozialer Krisen oder Ungerechtigkeiten richten oder auf das eigene innere Karma und auf unterbewußte Triebe.

VENUS in einem Haus deutet das Feld der Erfahrung an, in dem der Wunsch nach zwischenpersönlichen Beziehungen und dem Teilen von Werten dazu tendieren wird, spontan und am wirksamsten zu operieren, wie auch, wo diese Art von Erfahrung ihre für die Person vollste Bedeutung freisetzen kann.

Mit Venus im *ersten Haus* wird eine Person wahrscheinlich danach streben, ihren einzigartigen Charakter und ihre individuelle Aufgabe auf eine offene und magnetisch anziehende Weise zu entdecken, da sie spüren wird, daß diese Entdeckung ihre Beziehung zu anderen Menschen miteinschließt. Man wird dazu tendieren, alles das, was man in Zusammenarbeit mit anderen verwirklicht, auf sich selbst zu beziehen. Vor allem anderen will man das, was Liebeserfahrungen und kulturelle Werte erbringen können. Man zieht andere an, oft aber nur, um sie entweder zu besitzen oder sie in sich selbst zu integrieren.

Im *zweiten Haus* ist der besitzergreifende Charakter der Venus wahrscheinlich recht stark. Der individuelle Mensch kann in sich das Aufblühen eines bedeutungsvollen Trends erleben, der von seiner kulturellen oder angestammten Vergangenheit ersteht und diese Vergangenheit zur Vollendung bringt. Er sollte daraus Wert und

Bedeutung ziehen; wenn sich diese Venusposition auf Reichtum bezieht, sollte er sie auf eine harmonische und bedeutungsvolle Weise wirken lassen, ohne daß er Liebe oder Bedeutung dem Besitz unterordnet.

Mit Venus im *dritten Haus* kann eine Person Wert und Liebe mit ihr nahestehenden Leuten teilen wollen, mit Verwandten und Nachbarn. Die Venus in diesem Haus beleuchtet die Bestrebung, aus der Umwelt das Beste zu machen. Man sollte versuchen, diese physische wie auch die psychologisch-soziale Umwelt zu verschönern, zu harmonisieren und zu integrieren, wie auch dem bloßen intellektuellen Opportunismus Wärme beizusteuern.

Im *vierten Haus* tendiert die Venus dazu, der Heimsituation Harmonie zu bringen und das eigene Gefühl der Verwurzeltheit in einer Familie, einem Land, in einer Tradition zu interpretieren, im Sinne der eigenen Verantwortung, die in diesen enthaltenen Werten zur Fruchtbarkeit zu bringen ist. Ein gewisser Grad von Introversion mag wertvoll sein, denn das Individuum muß seinen Gefühlen eine Bedeutung zukommen lassen.

Venus im *fünften Haus* deutet an, daß eine Person am besten ihr Leben dadurch einschätzen, wie auch die Bedeutung ihres Charakters verstehen kann, indem sie sich schöpferischer Tätigkeit zuwendet oder sich auf jemanden hinbewegt, der für die Enthüllung der archetypischen Wahrheit ihres Seins als Ansporn wirkt. Das Individuum muß sich nach außen projezieren, um sein Antlitz in den Augen und der Liebe von jemandem anderen widerspiegelt zu sehen. Diese Projektion mag wieder und wieder verhindert werden, das Bestreben danach bleibt aber. Es mag die Selbstprojektion ins eigene Kind bedeuten; wenn dies so ist, so muß zu große Anhänglichkeit und Besitzgier vermieden werden.

Im *sechsten Haus* strahlt Venus ein Glühen von Hoffnung und Glaube auf die Prüfungen der Zeiten des Übergangs aus, weil dem kritischen Stadium zwischen zwei Zuständen leichter eine Bedeutung im Sinne des ganzen Prozesses der Existenz gegeben werden kann. Dienst kann mit Liebe durchtränkt sein, die Routine der Arbeit mit gegenseitigem Verständnis zwischen Arbeitnehmer und Arbeitgeber. Des Jüngers emotionales Leben kann auf den Meister konzentriert sein und tatsächlich aufgeopfert werden, dies bedingt aber normalerweise eine schwierige Transzendierung des Ichs und emotionale Repolarisation.

Das *siebente Haus* ist theoretisch das Feld der Erfahrung, in dem die Venus wahrhaft erstrahlen kann, die Venus kann aber auch darauf bestehen, daß jede intime Beziehung ihre tiefste Bedeutung und ihren tiefsten Wert enthüllt. Die Qualität der Beziehung mag wichtiger sein als der Partner als ein Individuum; ohne Beziehung erschiene das Leben jedoch öde. Widersprüchliche Aspekte zur Venus können nichtsdestotrotz dem Bedürfnis nach Beziehung einen negativen oder sogar sadistischen Aspekt verleihen. Adolf Hitler bietet ein ausgezeichnetes Beispiel für eine Venus, die auf dem Pfad der Zerstörung wirksam ist, denn Venus war auch der planetarische Herrscher seines Waage-Aszendenten. Venus kann vernichten wie auch mit Liebe segnen.

Im *achten Haus* kann Venus Geschäftsabkommen und alle vertraglichen Vereinbarungen fruchtbar werden lassen. Das Teilen mit Partnern ist normalerweise harmonisch, aber Geld mag nicht der einzige daran teilnehmende Faktor sein. Venus in diesem Haus sollte dazu verwendet werden, um die Mitglieder einer produktiven Gruppe mit Liebe zu vereinen, oder eine Gruppe von Suchern nach transzendenten Realitäten zu vereinen. Sie sollte behilflich sein, die Bedeutung und den Wert der Gruppe klar und überzeugend zu erhalten.

Den typischen Erfahrungen des *neunten* Hauses sollte die Venus den Sinn individuellen Wertes beisteuern, den eine ehrgeizige Person oder ein Mensch, der versucht, in exotische oder pseudomystische Bereiche des Bewußtseins zu entfliehen, leicht verlieren kann. Aber die Venus in diesem Haus kann jedem Abenteuer oder jeder langen Reise Glanz und Aufregung beisteuern. Sie kann einem schöpferischen Künstler eine durch religiöse, metaphysische oder kosmische Aussichten inspirierte Vorstellungskraft geben.

Im *zehnten Haus* kann die Venus ein Zeichen in bezug auf künstlerische Berufung sein oder bezüglich der Fähigkeit, Gruppen von Leuten – oder von Materialien – zu organisieren und zu integrieren und ihnen eine bedeutungsvolle Form zu geben. Dies ist eine gute Position für eine reizvolle und intelligente Frau, die einen Salon besitzen will, wo sich wichtige Leute treffen. Sie kann dann eine bedeutungsvolle Rolle spielen, indem sie die richtigen Leute für den richtigen Zweck – wie sie ihn sieht – zusammenbringt.

Im *elften Haus* kann die Venus ein kräftiger Magnet sein, der Bereiche der Anziehungskraft festlegt, in denen Menschen sich an den Resultaten ihrer öffentlichen oder beruflichen Tätigkeiten erfreuen und von ihnen profitieren können, ob als wahre Freunde oder als Personen, die ein gemeinsames Ideal innerhalb einer gemeinsamen Kultur miteinander teilen. Die Liebe an Schönheit und an den

Künsten oder ein tiefes Mitgefühl für Leute, die von der Gesellschaft erdrückt werden, können erfahren werden. Venus in diesem Haus ist der große Humanist, wie auch der gebildete Mensch der Kultur. Gemeinschaftliche Werte werden wahrscheinlich bedeutungsvoller sein als persönliche Werte.

Im *zwölften Haus* kann Venus entweder Abhängigkeit von traditionellen Werten und von Gewinnen aus staatlichen Institutionen repräsentieren oder auch den Versuch des Individuums, die Bedeutung seiner eigenen Vergangenheit und der Leistungen seiner Gesellschaft auszuloten, vielleicht hauptsächlich deshalb, um eine bedeutungsvolle Grundlage für einen neuen Anfang zu haben. Unter schlechten Aspekten kann die Venus im zwölften Haus auf emotionale Komplexe hinweisen, die untersucht und bewältigt werden müssen, vielleicht an einem zurückgezogenen Platz oder eingesperrt.

MARS in einem Haus enthüllt das Feld der Erfahrung und daher die Umstände, unter denen physische Kraft, Initiative in der Verfolgung eigener Wünsche und ein gewisses Maß an Aggression am erfolgreichsten angewendet werden können in bezug auf das individuelle Schicksal und *Dharma* einer Person.

Im *ersten Haus* kann Marsenergie am besten dazu verwendet werden, um durch Erscheinungen hindurchzustoßen und um sich seinen Weg in das Zentrum des tiefsten eigenen Seins zu bahnen. Im allgemeinen kann die Suche nach einem Selbstbild am wirksamsten durch personalisierte Formen der Tätigkeit durchgeführt werden, indem man sich vollständig dem widmet, was man zu tun versucht. Ein gutes Beispiel dafür ist Präsident Theodore Roosevelt, dessen Politik des »großen Stabes« der amerikanischen Ausweitungspolitik einen starken Impuls gab. Roosevelt war ein schwächliches Kind und überkompensierte wahrscheinlich dafür, indem er zu einem Symbol der Aggression wurde.

Mars im *zweiten Haus* bedeutet nicht einen Mangel an Geld, wie es einige Astrologen behaupten, sondern eher dauerndes Geldausgeben, das keine Reservenbildung ermöglicht. Eine Person nimmt Risiken auf sich in der Verwaltung ihrer Mittel und mag vielleicht irrationalen Impulsen folgen. Alles muß verwendet werden und die Marsfunktion kann somit überpersonifiziert und in materielle Werte verwickelt werden. Eine Person mit Mars im zweiten Haus kann ein finanzielles Genie sein oder ein bloßer Verschwender.

Im *dritten Haus* deutet Mars das Bedürfnis nach Initiative und Mut in Sachlagen an, die die Umwelt beeinflussen. Umgekehrt kann er den Einfluß aggressiver Geschwister, Verwandter oder Nachbarn enthüllen, der eine Person dazu bringt, ihre Fähigkeit für intellektuelle Wendigkeit und für schnelle Taten zu verwenden. Der Geist wird wahrscheinlich scharf und analytisch sein, vielleicht beißend, wenn seine Ansichten angegriffen werden. Dante, Victor Hugo, Pasteur und Harold Wilson hatten Mars im dritten Haus.

Im *vierten Haus* kann sich der Mars auf ein Leben zuhause beziehen, in dem das Individuum Situationen gegenübertreten muß, die seine Gefühle erregen und Erbitterung auslösen; diese können ihn herausfordern, positiv zu sein. Das Bestreben, gegen eine verzerrte Tradition anzukämpfen, mag offensichtlich sein, wie im Falle von Martin Luther. Der individuelle Mensch mag danach streben, immer tiefer vorzudringen, um für seine persönlichen Tätigkeiten eine feste Grundlage zu finden, ohne Rücksicht auf Hindernisse oder auf Familiendruck.

Im *fünften Haus,* das sich auf emotionale Verausgabung und auf Selbstausdruck bezieht, tendiert der Mars dazu, den Wünschen einer Person ungewöhnliche Kraft und Herrlichkeit zu verleihen. Er kann die Verwendung des Willens und den Wert der rückhaltlosen Selbstprojektion und des Risikonehmens betonen. Er sollte die Kraft des Glaubens und die künstlerische Vorstellungskraft anregen. Der Zweck, dem der Wille und die Vorstellungskraft zugewendet sind, hängt von der Ebene ab, auf der das Individuum operiert. Lenin und Papst Pius XII., hatten solch eine Mars-Position.

Mars im *sechsten Haus* deutet oft einen natürlichen Trieb an, persönliche Behinderungen zu überwinden – vielleicht physische – und den Willen, sich selbst durch Arbeit, Training, Dienst und/oder Jüngerschaft umzuwandeln. Wenn man sich mit schlechter Gesundheit beschäftigt, dann deshalb, weil Krankheit als Herausforderung angesehen wird, um Heilung oder eine höhere Form von Wohlbefinden anzustreben. Mary Baker Eddy hatte ihren Mars in diesem Haus und gründete die »Church of Christ«, wissenschaftsbegründet auf Glaube, Wille und der Ablehnung des Bösen.

Eine Person mit Mars im *siebenten Haus* wird eifrig auf jede Form von engem Zusammensein zugehen. Dieser Mensch sollte in zwischenpersönlichen Beziehungen Initiative zeigen und nach Partnern suchen, in denen er Hingabe an eine Aufgabe erwecken kann, die sich seine Vorstellungskraft und sein Glaube geformt haben kann. Schwierigkeiten mit Partnern werden Herausforderungen darstellen, seinen Willen für Kraft oder Überleben zu verwenden.

Im *achten Haus* deutet Mars die Notwendigkeit an, in Geschäften eine aggressive oder zumindest starke Position zu vertreten, und eine Gruppe von Mitwirkenden zur Tat anzuregen. In dieser Stellung ist Mars der Führer von sozialen oder okkulten Ritualen, oft impulsiv und verantwortungslos im Lenken anderer zu einem Ziel hin.

Im *neunten Haus* beschwört Mars die Notwendigkeit, mit unbezwingbarer Kraft und Mut in allen großen Unternehmungen nach vorne zu drängen, sei es die Suche nach Reichtum, Kraft, Wahrheit oder Gotteserfahrung. Diese Position sollte Staatsanwälte und Rechtsanwälte begünstigen, wie auch Politiker während einer Zeit nationaler Ausdehnung; sie enthüllt den inneren Trieb, der aus Disraeli ein Symbol des britischen Expansionismus machte.

Erfahrungen des *zehnten Hauses* können durch Mars mit Energie versehen werden, mit der Kraft, die das Individuum zu öffentlichen Leistungen und zu Ruhm treibt. Es mag Widerstände geben, die man überwinden muß, aber ein guter Kampf ist etwas Erstrebenswertes. Erfolg wird hauptsächlich durch Initiative, Mut und Glaube herbeigeführt werden. Die Energie einer Person wird dazu tendieren, für öffentliche Zwecke mobilisiert zu werden. Beispiele dafür sind wieder Präsident Franklin D. Roosevelt und der Komponist Richard Wagner.

Im *elften Haus* sollte der Mars als Willenskraft in jedwedem Kampf für die Verwirklichung der eigenen Ideale verwendet werden. Man mag in Freundschaften sehr positiv sein müssen, oder im Vorantreiben von kulturellen oder spirituellen Zielen. Dies kann Verdruß und/oder intellektuelle Auseinandersetzungen bedeuten, die recht lebhaft und emotional werden. Dies ist eine gute Position für Reformer und Kritiker sozialer Ungerechtigkeit.

Eine Person mit Mars im *zwölften Haus* kann ihre Revolte gegen die Gesellschaft oder gegen das, was man in ihrem Unbewußten findet, bis an die Grenze treiben, in manchen Fällen auch im Kampf gegen das kollektive Unbewußte der Menschheit. Mars-Kraft kann dazu verwendet werden, um durch alte Illusionen oder »karmische Ablagerungen« hindurchzuschneiden – man nehme als Zeugen eines solchen Falles den großen indischen politischen Führer, Yogi und Dichter Sri Aurobindo – um die Vergangenheit zu erfüllen und umzuwandeln, oder einfach, um auf dem zu bestehen, was einem seitens der sozialen Institutionen zusteht.

JUPITER in einem Haus muß nicht »gutes Glück« in den Belangen andeuten, die von diesem Haus angezeigt werden. Er deutet an, welcher Lebensbereich es ist, in dem der Trieb in Richtung auf ein mehr ausgeweitetes, volleres Leben am bedeutungsvollsten in einen Brennpunkt gebracht werden kann. Essentiell symbolisiert Jupiter menschliche Kameradschaft und den Zuwachs an Wohlergehen oder an Kraft, die aus dem Zusammenleben und der Zusammenarbeit resultieren.

SATURN ist auf den meisten Gebieten der polare Gegensatz des Jupiter, da er den Trieb nach Selbstbegrenzung repräsentiert, um eine größere Sicherheit und eine mehr konzentrierte Art von Tätigkeit sicherzustellen; da jedoch der Mensch grundsätzlich eine soziale Einheit darstellt, findet die Saturnfunktion ihr wahres Operationsgebiet als das Resultat des Wirkens der Jupiterfunktion, das heißt, auf dem Gebiet der sozialen Beziehung. Saturn macht einen Menschen sicher in der Tatsache, daß ihn seine Gesellschaft akzeptiert und ihm seinen Platz in ihr garantiert, seinen Namen, seine Signatur.

Im *ersten Haus* deutet Jupiter an, daß es zu Selbstentdeckung durch die Verwendung von persönlicher Autorität und Verwaltungsgabe kommen wird. Der Guru verwirklicht seine »Göttlichkeit«, während er sein Bewußtsein innerhalb des Kreises seiner Schüler oder Jünger ausweitet; der Manager braucht soziale Tätigkeiten, die verwaltet werden wollen. Daher gibt es eine grundsätzliche Abhängigkeit von der Verwendung traditioneller Werte, die für die Gruppe Gültigkeit besitzen.

Wenn sich, andererseits, Saturn in diesem ersten Haus befindet, dann enthüllt er das Bedürfnis, *für* sich selbst und *durch* sich selbst zu definieren, was man ist. Es besteht eine Tendenz, der Form anzuhängen oder allem, was Intuitionen und inneren Auslösern konkrete Form gibt. Aber solch ein Anhaften zeigt, daß das Überleben oder die geistige Gesundheit von der klaren Definition und einem Brennpunkt abhängen kann. Keine Position des Saturn ist »schlecht«; Saturn bringt keine negativen Resultate der Art von Erfahrungen, die das Haus anzeigt. Er besagt einfach, was man am besten mit solchen Erfahrungen tun soll, und wo die selbstbeschützende und auf sich selbst gerichtete Kraft des Saturn am bedeutungsvollsten operieren wird.

Im *zweiten Haus* tendiert Jupiter dazu, der Erfahrung des Besitzens ein Gefühl der Fülle zu geben, vielleicht manchmal sogar der des Überdrusses. Die Jupiterfunktion wird dazu aufgefordert, physischen oder psychischen Reichtum im Sinne seiner akzeptierten sozialen Verwendung zu verwalten. Der Besitzer sollte sich selbst als einen Treuhänder dieses Reichtums für die Gesellschaft ansehen, da der Wert seiner Besitzungen sozialer Natur ist. Der egoistische Genuß von Privilegien repräsentiert den negativen Aspekt dieser Jupiterposition.

Wenn der Saturn im zweiten Haus steht, bedeutet dies nicht eine Abwesenheit von Besitzungen, sondern eine Kristallisierung des Konzepts und des Gefühls des Besitzens. Die Unbeweglichkeit von vergangenen sozialen Angewohnheiten ist vorherrschend, weil sich das Individuum unsicher fühlt. Seine Aufgabe besteht darin, seinen Sinn des Besitzens dort zu konzentrieren, wo er sich sicher fühlen kann, was bedeuten kann: in sich selbst. Er sollte die Ausweitung in Richtung auf immer größere neue Bereiche nicht erstreben, sondern sollte versuchen, traditionelle Werte und Energien um sein eigenes Zentrum herum in den Brennpunkt zu bringen. Der alte Geizhals ist die Karikatur solch eines Zieles.

Im *dritten Haus* sollte Jupiter den Erfahrungen Expansion bringen, die diesem Bereich verwandt sind. Die Intelligenz sollte breite soziale und moralische oder religiöse Ideen verwenden, im Streben nach einer nicht nur befriedigenden, sondern ausweitenden Anpassung an die Erfordernisse der Umwelt. Eine Person sollte allen Möglichkeiten begegnen, die mit dem Experimentieren, Lernen oder mit der Weitergabe von Informationen in einem Geiste guter Kameradschaft und sozialer Anteilnahme zusammenhängen; der Geist sollte Informationen in großen Kategorien nicht nur sammeln, sondern auch integrieren, um als eine Grundlage für abstrakte Verallgemeinerungen und für Prinzipien der Organisation zu dienen.

Im Gegensatz dazu sollte der Saturn in diesem Haus das Individuum lehren, wie man sich auf essentielle Dinge konzentriert und wie man vorsichtig wird, Objektivität und eine ökonomische Verwendung der Mittel entwickelt, um Wissen zu formulieren oder mitzuteilen. Die unmittelbare Umwelt, in der sich das individuelle Schicksal entfalten soll, kann gefährlich sein, oder die Person überempfindlich ihrem Druck gegenüber. Das jugendliche Ich muß abgedichtet oder beschützt werden, um ein gesundes Wachstum zu gewährleisten.

Im *vierten Haus* enthüllt Jupiter das Bedürfnis, die soziale Grundlage der Persönlichkeit auszuweiten, wie auch das Leben zuhause zu sozialisieren. Die Erfahrungen in bezug auf Persönlichkeitswachstum und auf die Identifizierung des Bewußtseins mit einer Art von Tradition oder einem Land werden ihre höchste Bedeutung dann erreichen, wenn ihnen mit Optimismus und Vertrauen in die Zusammenarbeit aller betroffener Personen begegnet wird. Negativ kann dies Stolz auf seine Vorfahren oder den Familienbesitz bedeuten, wie auch den übertriebenen Erwerbstrieb eines aufgeblähten Egos; oder, wenn schon nicht Stolz und Übergröße, dann ein Bestreben, Leute um sich herum in einem Hof von Bewunderern zu versammeln.

Der Saturn in diesem vierten Haus tendiert dazu, das häusliche Leben einzuengen, die Energien der Person zurück zu ihrem zentralen Ausgangspunkt zu ziehen und dazu, das Bewußtsein zu sehr zu strukturieren, wobei ihm ein strikter Moralkodex oder ein festgelegtes Ichmuster, ausgelöst durch Unsicherheit und Angst, aufgedrängt wird. Dies kann aber auch wertvoll sein, wenn es für ein Leben im Sinne eines sicheren und wohlgeordneten Wertbewußtseins erforderlich ist. Das Individuum sollte sich nicht über seine eigene Tiefe hinauswagen und sollte vorsichtig den Boden unter seinen Füßen abtasten. Saturn im vierten Haus kann einen karmischen Zustand zuhause und schweren Druck seitens der Eltern andeuten, aber Jupiter kann sogar noch mehr Schwierigkeiten durch einen überoptimistischen Geist und durch ein tiefverwurzeltes Sehnen nach »großen Dingen« mit sich bringen.

Im *fünften Haus* eröffnet Jupiter die Möglichkeit eines warmen und großzügigen Liebeslebens, das reiche und temperamentvolle Menschen miteinbezieht. Das Individuum sollte Vertrauen in seinen zukünftigen Erfolg haben, auch während schwerer Zeiten. Lehren und Erziehung können für ihn fruchtbare Tätigkeitsbereiche sein. Er kann daran glauben, daß er eine soziale Mission auszuführen hat, wobei es auch nur der Fall sein könnte, daß ihm so ein Glaube tatsächlich dazu dienlich ist, jeden seiner Versuche von Ichausdruck zu vergrößern. Die im fünften Haus in den Brennpunkt gebrachte Jupiterfunktion mag einen Drang nach Selbstbefriedigung und Bequemlichkeit bedeuten, dem man mit Hilfe anderer Menschen, die man nur als Mittel zum Zweck betrachtet, frönt.

Andererseits übt Saturn auf den Drang nach Selbstausdruck und nach Risiko in Liebe, Spekulation oder im Glücksspiel Zurückhaltung aus, weil es ein innewohnendes Gefühl von Gefahr gibt und eine Unsicherheit, die sich als Scheuheit und als sozialer Rückzug manifestiert. Doch Saturn an diesem Platz kann auch der schöpferischen Tätigkeit eine wesentlich größere Tiefe geben, auch wenn er die Produktion auf eine kleine Anzahl von Werken beschränkt oder auf sehr auserwählte oder technische Bereiche. Die Behinderungen des Individuums können jedoch die wahre Grundlage für seinen Erfolg oder Ruhm darstellen – wie bei der tauben und blinden Helen Keller.

Jupiter im *sechsten Haus* kann leicht die Beziehung zwischen Arbeitgeber und Arbeitnehmer oder zwischen Guru und Jünger in den Vordergrund bringen. Er kann eine Wärme des Verstehens und Zuneigung erzeugen, ohne von einem Sinn für Verantwortung abzulenken, oder abzulenken von der Autorität desjenigen, der seine Verantwortung zurückgibt. Man darf ein Interesse oder eine Anteilnahme an Arbeitsproblemen oder an allen Formen des Heilens erwarten. Der sich in einem Zustand der Umwandlung oder der Krise befindliche Mensch sollte Hoffnung und Zutrauen haben; und der Heiler oder Anleitende sollte sich seiner Arbeit vollständig widmen. Wichtigtuerei und Forderung nach irgendeiner Art der Anbetung sollte vermieden werden, zumindest in unserer westlichen Gesellschaft.

Saturn im sechsten Haus tendiert dazu, Gefühle der Minderwertigkeit in puncto Gesundheit, Stärke oder sozialen Fähigkeiten hervorzuheben und deutet daher das Bedürfnis nach Übung oder neuerlicher Übung, nach Selbstdisziplin und nach einem reinen oder eingeschränkten Lebensweg an. Es mag gut sein, den Willen zu üben und zu trainieren, aber dies kann den Charakter starr machen und das Ego kräftigen. Man vermeide die Disziplin in eine starre Abhängigkeit umzuwandeln, in eine Abhängigkeit von einer fixierten Routine, die keine Alternativen zuläßt.

Im *siebenten Haus* enthüllt Jupiter den Wert eines sich vertiefenden Verständnisses für zwischenpersönliche Beziehungen und für menschliche Zuneigung. Die Erfahrung der Partnerschaft sollte im Sinne einer sozial-kulturellen Aufgabe gesehen werden, das heißt, als eine Grundlage für eine wirksamere Anteilnahme an der eigenen Gemeinschaft oder an der Gesellschaft. Sollte der Aszendent des Individuums Schütze sein, wird es versuchen, seine essentielle Natur durch Beziehungen zu entdecken. Dieser Mensch mag sich entweder mit vielen verschiedenen Menschen in Beziehung setzen wollen oder mit einer Person, die einen Reichtum an möglichen Wegen für das intime Teilen von Energien oder Ideen bieten kann – Beispiel: C.G. Jung.

Der Saturn in diesem Haus bezieht sich auf ein eingeschränktes, aber vielleicht sehr bedeutungsvoll in den Brennpunkt gebrachtes Gefühl für zwischenpersönliche Beziehung. Sicherheit in der Beziehung wird eine Unterwerfung gegenüber festgelegten Mustern und traditionellen Ritualen erfordern. Irgendeine Art von angeborener Scheuheit oder Angst muß durch soziale Mechanismen überwunden werden, die das Individuum beschützen – oder, in einigen Fällen, durch eine harte Maske der Aggressivität. Es mag zu einer Übertragung der Vaterfigur auf den Ehemann kommen, oder sogar auf autoritäre soziale Figuren, deren Ehrgeiz einen starren Gehorsam erfordern mag, die aber auch einer wichtigen Aufgabe im Leben dienen.

Im *achten Haus* weist Jupiter auf das Bedürfnis hin, die Früchte jedweder Partnerschaft, die man eingeht, wirksam und breit angelegt zu verwalten. Die Gesellschaft mag diesem Individuum Verantwortungen auferlegen als Treuhänder von Reichtum. Als Anführer einer Gruppe wird er Verständnis, Einfühlungsgabe und einen Sinn für Abwägungen und fair play benötigen. Der angeborene soziale Sinn wird nach Situationen streben, in denen man mit einer Gruppe arbeiten und in irgendeiner rituellen Tätigkeit eine kontrollierende Funktion ausüben kann.

Der Saturn in diesem Haus kann auch eine Person in Beziehung zu einer Gruppe bringen, hauptsächlich aber für den Zweck, größere persönliche Sicherheit im Teilen ihrer Probleme und vielleicht auch ihrer Ängste mit anderen zu finden, während man irgendeiner Art von sozialer Arbeit nachgeht. Dieser Mensch mag versuchen, so viel Gruppenenergie wie nur möglich zu erhaschen, aber er mag es auch ablehnen, an irgendetwas teilzunehmen, was er für unsicher hält oder was seine Vorstellungskraft übersteigt. Wenn er doch teilnimmt, kann er sich einsam und überfordert fühlen.

Das *neunte Haus* bezieht sich auf ein Feld der Erfahrung, in dem der Jupiter mit all seiner Herrlichkeit erstrahlen kann, entweder im Sinne dessen, was einen starken sozialen Ehrgeiz und den Willen nach Macht fördert, oder im Sinne einer eifrigen Suche nach dem Verständnis des Prozesses der Existenz, ob nun auf der sozialen, legalen, geschichtlichen, religiösen oder auf der kosmischen Ebene. Der Geist – und vielleicht auch das Ego – erstreckt sich in immer größere Dimensionen, um Vorgänge zu verstehen und sie auf verwendbare Proportionen oder Formeln zu reduzieren. Die Gefahr dabei mag im fanatischen Eifer liegen oder im Verlust der Individualität innerhalb zu großer Projekte.

Saturn mag die Idee der Ausweitung akzeptieren, aber jeder Schritt des Prozesses muß fest gesichert werden. Die abstrakte Idee oder mystische Erfahrung muß in konkrete Formen gebracht und personalisiert werden. Die »Gottes-Erfahrung« der erleuchteten Seele wird in den Händen ihrer Nachfolger zu einer institutionellen Ansammlung von Symbolen. Der Ehrgeiz tendiert dazu, vom Ego auf das eingeschränkt zu werden, was immer Rang und Position auf traditionellen Grundlagen sicherstellt.

Im *zehnten Haus* fordert Jupiter, daß der individuelle Mensch auf große Rollen hinzielt, in denen soziale, politische oder religiöse Kraft offen demonstriert und bejubelt wird. Er mag in solch eine soziale Position hineingeboren werden – Königin Victoria – oder er mag durch jahrelange Anstrengung Macht und Ansehen erwerben – Victor Hugo, George Gershwin. Sogar wenn die öffentliche Anerkennung nicht erreicht wird, sollte das Ziel einer bedeutungsvollen

Anteilnahme an der Gesellschaft oder an universalen menschlichen Belangen im Bewußtsein des Individuums lebendig erhalten werden als sein essentielles Schicksal darstellend, obwohl persönliche Hindernisse vielleicht überwunden werden müssen.

Saturn in diesem Haus wird auch das Leben des Individuums zu irgendeiner sozialen Tätigkeit hinziehen, aber die Resultate dieser Tätigkeit werden oft in erster Linie dazu dienen, dem Ego einen beständigen Sinn von Sicherheit und vielleicht eine unangreifbare Position der Stärke zu geben. Nichtsdestotrotz bezieht sich dieser gekrönte Saturn in einigen Fällen auf die scharf in den Brennpunkt gebrachte Verwendung von sozialer oder politischer Macht für Aufgaben, die zumindest anfangs im Dienste des größten Wohlergehens einer Gemeinschaft oder Nation zu stehen scheinen, im Falle einer Gemeinschaft oder Nation, die in einem gestörten oder in Auflösung befindlichen Zustand lebt. Hitler ist ein gutes Beispiel für diese Saturnposition, wie auch vielleicht Napoleon; außerdem der englische Premierminister Benjamin Disraeli und der Gründer des modernen China, Sun Yat-sen. Die traditionelle Idee, daß ein Saturn im zehnten Haus politischen Erfolg bedeutet, der zur Niederlage führt, muß sicher nicht in allen Fällen zutreffen. Überhaupt ist das, was in der humanistischen Astrologie wichtig ist, nicht das Geschehen, sondern der Bewußtseinszustand des Individuums. Napoleon, Disraeli und Hitler hatten darin »Erfolg«, daß sie zu großen Symbolen in der Geschichte der westlichen Welt wurden; sie haben allem Anschein nach ihre ausersehene Rolle erfüllt.

Im *elften Haus* deutet Jupiter an, daß der individuelle Mensch seine Fähigkeiten in Richtung auf die Verwendung und Veräußerung seiner Ideale und seiner Vision innerhalb der Gesellschaft lenken soll. Henry Ford ist ein gutes Beispiel für Erfolg entlang dieser Richtlinien, wie auch der Mormonenführer Brigham Young. Das Ideal mag jedoch auch darin bestehen, daß man ein gutes Leben mit Freunden nach der Pensionierung genießt, wobei man über die beruflichen Leistungen hauptsächlich im Sinne der finanziellen Resultate gedacht hat, und im Sinne der Bequemlichkeit, die sie einem im hohen Alter erbringen werden.

Der Saturn in diesem Haus betont das persönliche Motiv, den Wert von Freunden und von kulturellen Kontakten im Sinne eines sichergestellten Genusses. Während Jupiter im elften Haus für eine wichtige soziale Umwandlung tätig sein kann – Ford hat ganz sicher, direkt oder indirekt, das Leben von Milliarden von Menschen verändert – so tendiert Saturn dazu, einen konservativen und traditionellen Gesichtspunkt anzudeuten, und, wie im Falle der Königin Victoria, eine starre Einstellung. Sogar im Zusammentreffen mit Freunden mag eine Person das Bedürfnis verspüren, auf Formalismus und auf moralische Tabus zu vertrauen, obwohl man die Saturnfunktion einfach dazu verwenden kann, Träumen eine Form zu geben oder um Tod und Depression zu symbolisieren.

Im *zwölften Haus* kann Jupiter viele Bedeutungen haben, je nachdem, was die grundsätzliche Beziehung eines Individuums zu seiner Gesellschaft und zur Kultur seiner Zeit ist oder war. Er kann Reichtum, Ehre und Bequemlichkeit am Ende eines Zyklus der Erfahrung bringen, der zum Zeugen eines erfolgreichen Aufstiegs zu einer sozialen Position wurde; er kann mitleidige und sozial gewidmete Männer und Frauen dazu führen, Kameradschaft und Zuneigung Menschen zu bringen, die von einer rücksichtslosen Gesellschaft angeschlagen wurden; er kann einige schöpferische Persönlichkeiten zu Symbolen der großen Errungenschaften einer sich zu Ende neigenden kulturellen Zeit machen – wie Dante im späten Mittelalter. Das unterbewußte Leben einer Person kann reorganisiert werden und Träume können bedeutungsvoll integriert werden, oder diese Position kann einem nach innen gerichteten Leben der Meditation das Bewußtsein einer spirituellen Führung öffnen – besonders in Zeiten sozialer Krise – und vielleicht dem Willen, sich aufzuopfern.

Saturn im zwölften Haus kann eine Person dazu führen, unterbewußten Bildern oder innerem Druck eine konkrete, sichtbare oder hörbare Form zu verleihen. Er mag einen tiefen Sinn psychischer Unsicherheit geben, der nach allem ruft, was einem verwirrten inneren Leben Ordnung und Stabilität verleihen würde, besonders wenn die soziale Umwelt chaotisch ist oder ihm irgendeine Art von Isolation oder Exil aufgezwungen hat. Das zwölfte Haus wurde »das Haus des Karma und der Bindung« genannt. Dies muß es nicht sein, aber der Saturn betont doch den Wert, mit dem »unbeendeten Geschäft« der Vergangenheit fertig zu werden. Dies kann von einigen als »vergangene Leben« *interpretiert* werden, was immer genau mit diesen zwiespältigen Ausdrücken gemeint ist.

Da die Planeten jenseits der Umlaufbahn des Saturn einige Jahre in einem Zeichen des Tierkreises verweilen, sind die Positionen, die sie in den Häusern eines Geburtshoroskops einnehmen, besonders wichtig. Dies sind jedoch Planeten, die tiefe und radikale Prozesse der Umwandlung repräsentieren, und das Problem für den Interpreten besteht darin, zu versuchen, intuitiv die Art festzustellen, wie eine Person auf solche Prozesse reagieren kann, und besonders, ob sie fähig ist, konstruktiv und positiv zu reagieren.

URANUS in einem Haus deutet die Art von Erfahrung an, die es der Kraft der Umwandlung und der Erneuerung innerhalb des tiefsten Seins gestatten wird, am bedeutungsvollsten zu operieren. In einigen Fällen sind die Möglichkeiten für eine radikale Umwandlung gering und die Person wäre nicht in der Lage, noch radikaleren Krisen zu widerstehen; aber eine Krise, die oberflächlich erscheint, kann manchmal bloß die Andeutung einer weiterreichenden und totalen Metamorphose sein, die unterhalb der bewußten Ebene stattfindet. Der Transit des Uranus über die Radix-Sonne einer Person ist in fast allen Fällen, die mir je untergekommen sind, ein Anzeichen von tiefgreifender Veränderung, es ist aber unmöglich, genau zu wissen, wie sich die Veränderung manifestieren wird. Sie wird hauptsächlich eine Veränderung des Bewußtseins und der Einstellung darstellen, oder sie kann die Form eines scheinbar äußerlichen, durch eine Krise ausgelösten Schocks annehmen, während in Wirklichkeit der Schock *wegen* des individuellen Entfaltungsmusters stattfindet, das heißt, sein Schicksal verlangt danach. Die gleiche Unsicherheit herrscht vor, wenn man versucht, die Bedeutung des Uranus in jedem Haus zu interpretieren. Das Folgende besteht deshalb nur aus sehr knappen Andeutungen.

Im *ersten Haus* deutet Uranus an, daß der Mensch seine essentielle Wahrheit oder sein Dharma hauptsächlich durch Krisen entdecken wird, die ihn herausfordern, darzulegen, zumindest sich selbst gegenüber, wo er steht und was seine Ziele sind. Die Person kann sich von Krise zu Krise bewegen, wobei jede vielleicht eine Erleuchtung mit sich bringt. Daher kann sie ein geborener Reformer oder Führer für irgendein Anliegen sein, welches den status quo herausfordert (Annie Besant, Mary Baker Eddy, Cromwell).

Im *zweiten Haus* können plötzliche Geschehnisse den finanziellen Status einer Person verändern, oder genetische Faktoren können physiologische Störungen und Krisen auslösen. Das Individuum kann seinen familiären Reichtum aufgeben und, indem er die Vergangenheit ablehnt, auf finanzieller Unabhängigkeit bestehen.

Im *dritten Haus* kann Uranus einen rastlosen Geist und eine sich oft verändernde Umwelt erzeugen, die eine Fähigkeit für schnelle Wiederanpassung erfordert. Das Individuum mag solche sich verändernde Zustände begrüßen – Beispiel: Mutsu Hito, der japanische Kaiser, der die Veränderung seines Landes vom Feudalismus zu moderner Industrie repräsentierte.

Im *vierten Haus* weist Uranus auf die Möglichkeit hin, konstruktiv entwurzelt zu werden, ein Mittler für grundsätzliche und durch und durch revolutionäre Kräfte zu werden. Es wäre sinnlos, statischen Heim-Mustern anzuhängen. Viel hängt hier davon ab, was Saturn und Mond im Geburtshoroskop anzeigen, denn Uranus ist der große Feind der Saturnsicherheit, wie auch der normalen Anpassung an eine ausgeglichene Umwelt.

Mit dem Uranus im *fünften Haus* kann eine Person Erfindungsgabe oder Originalität in schöpferischer Tätigkeit entwickeln. Dieser Mensch sollte nicht von traditionellen Mustern oder Ausdrucksweisen abhängen, sondern stattdessen eine neue Art entwickeln, um seine Energien freizusetzen und einen Eindruck auf seine Gesellschaft zu machen – Beispiele: Thomas A. Edison, der irische Poet und Okkultist William Butler Yeats und Swami Vivekananda, der Gründer der modernen Vedanta-Bewegung.

Im *sechsten Haus* betont Uranus die Notwendigkeit, Krisen mit Vertrauen und Entschlossenheit gegenüberzutreten. Der Wille zur Umwandlung wird auf den Plan gerufen, während man die Folgen von vergangenem Versagen oder Unfähigkeit erfährt. Krankheit sollte als eine Prüfung des Wachstums angesehen werden. Man sollte der sich in Entwicklung befindlichen Zukunft dienen und nicht einer Gegenwart, die in einer unbrauchbar gewordenen Vergangenheit wurzelt. Beispiel: Richard Wagner, Apostel der »Musik der Zukunft«, dessen Leben aus einer langen Reihe von Krisen bestand.

Mit Uranus im *siebenten Haus* kann ein individueller Mensch nicht mit einer völlig normalen Art von Beziehung zufriedengestellt werden, inklusive der Ehe. Er mag sich als Psychologe mit Krisen innerhalb zwischenpersönlicher Beziehungen befassen – C. G. Jung – oder mit dem Zusammenbruch von kollektiven Mustern des Zusammenhalts – George Washington, Sun Yat-sen. Er sollte dem Prinzip der kooperativen Tätigkeit einen neuen und freien Geist beisteuern – Henry Ford und sein Fließbandsystem für die Produktion.

Uranus im *achten Haus* erfordert eine neue Art der Verwaltung von Geschäftsabschlüssen, einen ungefesselten Geist, um die Suche nach dem Jenseits anzugehen und durch Gruppen zu arbeiten. Er betont die Notwendigkeit für radikale Veränderungen in der Operation sozialer Prozesse (V.I. Lenin, Percy Bysshe Shelley).

Im *neunten Haus* wird der Uranus dazu aufgerufen, den Geist einer Person zu revolutionieren, wie auch ihre traditionelle Einstellung zur organisierten Religion und zum Gesetz. Er kann das Individuum auf Pfade der physischen oder spirituellen Entdeckung geleiten. Nichts ist zu groß oder zu sicher, um nicht herausgefordert zu werden, und dies oft durch ungewöhnliche Methoden (Gandhi, der Herzog und die Herzogin von Windsor).

Im *zehnten Haus* deutet Uranus ein öffentliches Leben an, welches entscheidende Veränderungen akzeptieren muß oder sonst zerbricht (Stalin, Mussolini und die enthauptete französische Königin Marie-Antoinette). Es sollten neue Konzepte sozialer oder beruflicher Organisation in die Tat umgesetzt werden, sie werden für einen Erfolg benötigt. Die Flut der Veränderung mag tatsächlich unwiderstehlich sein.

Mit dem Uranus im *elften Haus* ist der individuelle Mensch typischerweise in soziale, politische oder kulturelle Ideale verwickelt, in Reform oder Revolution. Er sollte dynamische, anregende Freunde finden, die ihn herausfordern, seine Ideale umzuwandeln – Victor Hugo, Disreali.

Im *zwölften Haus* kann die Antriebskraft des Uranus am besten auf die eigenen unterbewußten Motive und auf jeden Komplex, der aus dem eigenen »ungelebten Leben« resultiert, in den Brennpunkt gebracht werden. Die Bühne sollte geräumt und für eine Wiedergeburt hergerichtet werden, selbst wenn dies in der Isolation oder während einer scheinbaren Niederlage geschehen muß. Ein neuer Strom von Energie kann das innere Leben durchfluten, sobald es der Zukunft gegenüber völlig geöffnet ist (Sri Aurobindo, der auch Mars in diesem Haus hatte). Das Individuum wird zu einem Vermittler für die kollektive Umwandlung.

NEPTUN in einem Geburtshaus wandelt um, indem er alles auflöst, was von der Vergangenheit noch übrig ist, aber er bewahrt innerhalb dieser Auflösung und Depersonalisierung die feinen Umrisse einer größeren und mehr-einschließenden Zukunft – vielleicht das, was oft Utopie genannt wird.

Da sich Erfahrungen in bezug auf das *erste Haus* normalerweise auf das zentrieren, was die Einzigartigkeit und Unterschiedlichkeit eines Individuums ausmacht, deutet Neptun in diesem Haus an, daß dies nicht der Weg ist, um die eigene innerste Wahrheit des Seins zu erreichen. Die Aufmerksamkeit sollte eher auf das Ganze gerichtet sein, von dem der einzelne ein Teil ist; oder sein Bewußtsein sollte jegliches Gefühl des Brennpunktes auf etwas aufgeben und dem Universum Einlaß gewähren. Damit würde der Sinn des Selbst, zumindest theoretisch, universal werden. Negativ kann dies zu Mediumismus führen und zu einem verwischten Selbstbild, vielleicht auch zu einer Abhängigkeit von psychedelischen Drogen. Es kann zu einem riesigen Mitgefühl für die Unterprivilegierten und Unterdrückten führen – Victor

Hugo, Autor der *Les Miserables* – oder es kann die Anwesenheit von wertvollen psychischen Gaben anzeigen.

Im *zweiten Haus* tendiert Neptun dazu, das normale Gefühl der Besitzergreifung aufzulösen. Man kann sich auf die Gesellschaft oder allgemein auf das Leben verlassen, das zur Verfügung zu stellen, was man braucht. In anderen Fällen kann sich das Individuum absichtlich einen Weg bahnen, durch den kollektive Kräfte und Bewegungen ohne Behinderung wirken können.

Mit Neptun im *dritten Haus* sollte ein Mensch seinem konkreten Geist und seinen Anpassungen an seine Umwelt gestatten, von kollektiven oder mystischen Kräften bestrahlt oder umgeformt zu werden. Er kann zu einem Sprachrohr für Erleuchtungen werden, die die Qualität seiner Umwelt herausfordern könnten. Für C. G. Jung bedeutete dies eine fortgesetzte Offenheit gegenüber dem kollektiven Unbewußten während seines ganzen Lebens.

Im *vierten Haus* fordert Neptun eine Person auf, ihre Anlehnung an Tradition und an Familienstrukturen aufzugeben (der Herzog von Windsor), vielleicht im Sinne eines großartigen Ideals oder persönlicher Faszination. Er mag aber auch die Verwendung von gemeinschaftlichen Bedürfnissen bedeuten, um eine breitere Grundlage der Existenz aufzubauen, oder den Ansporn, sich für ein weites Erfahrungsfeld zu interessieren. Henry Ford tat dies, zumindest symbolisch, und sein populäres Auto war ein wirksames Instrument, um die Grenzen der Heimszene zu sprengen.

Eine Person mit dem Neptun im *fünften Haus* kann von großartigen Abenteuern und von ungerechtfertigten Risiken angezogen werden. Sie mag versuchen, ihre Gemeinschaft dadurch zu beeindrucken, indem sie ihr das gibt, was diese ersehnt, statt daß sie ihre eigene individuelle Wahrheit des Seins veräußerlicht. Neptun im fünften Haus kann musikalische oder theatralische Begabungen andeuten, oder einen leichten Weg zu Liebeserfahrungen.

Im *sechsten Haus* hilft der Neptun, den Stolz aufzulösen, und ermöglicht es, durch persönliche Krisen, eine tiefe Art der Reinigung zu erfahren. Man sollte versuchen, humanitären Zwecken zu dienen, Mitgefühl zu entwickeln, zu heilen oder es Heilungskräften zu gestatten, einen zu einem Ganzen werden zu lassen. Im Horoskop von Gandhi deutete Neptun die Technik der Gewaltlosigkeit an und die Verwendung der »Kraft-der-Wahrheit«-*Satyagraha*.

Eine Person mit Neptun im *siebenten Haus* mag es beschwerlich finden, ihre Aufmerksamkeit auf eine einzige Partnerschaft zu richten. Sie mag weder selbst besitzen wollen noch von jemandem anderen in

Besitz genommen werden. Neue Ideale der zwischenpersönlichen Beziehung sollten das Bewußtsein erleuchten. Hier wird das Humanitäre gepriesen und die Suche nach einer transzendenten Vereinigung kann einen vollständig einnehmen – Richard Wagner.

Im *achten Haus* kann Neptun dazu verwendet werden, die Anteilnahme an Gruppenritualen und an Massenproduktion universal zu gestalten. Er tendiert dazu, das Bewußtsein der Teilnehmer an einer mystischen Erfahrung der überpersönlichen Einheit zusammenzuschmelzen. Auf der Ebene der Geschäfte betont er den Wert der Propaganda und der »versteckten Überreder«. Er kann zu illusorischen Zuständen des Paradieses führen.

Im *neunten Haus* stellt Neptun die Versuchung des Mystizismus oder der psychedelischen Erfahrungen dar, wie auch den Drang, den »vereinenden Zustand« des kosmischen oder theozentrischen Bewußtseins zu erreichen. Für einen mehr auf dem Boden stehenden Menschen kann er zu einem heilenden Beruf führen, besonders zu spirituellem Heilen. Einige wenige Personen kann er zur See führen, zur See und ihren riesigen Horizonten.

Im *zehnten Haus* sehen wir Neptun, wie er das öffentliche Leben mit einem sozialen Bewußtsein durchdringt, das sich nach fernen Grenzen erstreckt und eine ideale Gemeinschaft anstrebt. Auf dem Wege dorthin kann das Individuum den Sozialismus als ein Mittel zum Zweck akzeptieren. Das Leuchten des Lebens in der Gesellschaft mag auch anziehend wirken.

Mit dem Neptun im *elften Haus* tendiert eine Person dazu, große und humanitäre Ideale zu besitzen und von wunderschönen Utopien zu träumen. Erfahrungen in bezug auf Musik und die Künste, die mehr oder weniger abstrakte und transzendente Ideale darstellen, sollten von höchstem Wert sein. Man mag von idealistischen oder höchst sozialen Freunden angezogen werden.

Im *zwölften Haus* kann Neptun dem Individuum die Fähigkeit bieten, die Geister und Erinnerungen der Vergangenheit aufzulösen, oder er bringt psychische Begabungen und die Fähigkeit, riesige, aber vielleicht schwer greifbare Ansammlungen von Wissen anzuzapfen. Unterbewußte Bilder und pränatale Triebe können auf das Bewußtsein eindrängen. Mitgefühl für die Gepeinigten und für die, die unsere Gesellschaft »fallen« und leiden läßt, kann veredelnde Erfahrungen erbringen.

PLUTO kann viele Jahre lang in einem Tierkreiszeichen bleiben und als Folge dessen repräsentiert er hauptsächlich den Lebensstil eines ganzen Zeitabschnitts oder einer Generation. Im Geburtshoroskop eines Individuums tendiert die Position des Pluto in einem Haus dazu, anzuzeigen, in welchem Feld der Erfahrung die Person ihren größten Beitrag für die Gesellschaft und letzten Endes für die Menschheit erbringen wird. Es kann nicht viel mehr über seine Hausposition gesagt werden, weil viele vielleicht nicht auf das reagieren, was dieses Symbol des Typus des Menschen des 20. Jahrhunderts bedeutet. Wenn dieses Symbol wirksam ist, dann zeigt es normalerweise Erfahrungen einer tiefschürfenden und unveränderlichen oder nicht zu unterdrückenden Art an. Pluto tendiert dazu, den Prozeß der Umwandlung, den Uranus begann, zu *finalisieren*, aber indem er dies tut, öffnet er die Tür für eine neue Phase der Evolution des Bewußtseins. Was durch diese Tür hereinkommt, kann blindmachend und ehrfurchtgebietend sein, jedenfalls für das normale Bewußtsein des ichzentrierten Menschen.

Kurz gefaßt, eine Person mit Pluto in ihrem *ersten Haus* wird ihrer Gesellschaft am meisten beisteuern, indem sie die Einzigartigkeit ihrer Individualität hervorhebt. Dieser Mensch sollte kollektive oder spirituelle Kräfte in einen Brennpunkt bringen, und er sollte dies vollständig und kompromißlos tun. Mit Pluto im *zweiten Haus* sollte ein Mensch die Besitzungen und Fähigkeiten beisteuern, die in seinem totalen physisch-psychischen Sein latent vorhanden sind. Diese Fähigkeiten, ererbt von der angestammten Vergangenheit, können durch ihn zu einem neuen Wert für die Menschheit gelangen. Mit *Pluto* im *dritten Haus* kann die Fähigkeit der Person, bedeutungsvoll mit ihrer Umwelt umzugehen – ihre Intelligenz und Fähigkeit, Informationen zu vermitteln – die größte Sache sein, die sie denen weitergeben kann, die sie kennen.

Mit Pluto im *vierten Haus* sollte der wertvollste Beitrag einer Person für ihre Gesellschaft die Fähigkeit sein, die sie auch in ihrem persönlichen Leben aufweisen kann, verschiedenste Energien und Triebe in eine gesunde und kräftige Persönlichkeit zu integrieren. Integration bedeutet hier entweder innerhalb der traditionellen Wurzeln einer gefestigten kulturellen Einstellung einen neuen Ausdruck des Seins beispielhaft zu belegen, oder ein strikt individuelles Zentrum zu entdecken und von diesem innere Stärke und Sicherheit zu beziehen. Mit Pluto im *fünften Haus* kann ein Mensch eine schöpferische Zukunft zu erfüllen haben, wenn er es keinem geringeren Ziel gestattet, seine Aufmerksamkeit abzulenken und ihn auf emotionale Nebenwege zu führen. Seine Schöpfungen wären dann sein bedeutungsvollster Beitrag. Mit Pluto im *sechsten Haus* ist sein größter Beitrag die Fähigkeit, ausgeglichen und ohne Ablenkungen zu arbeiten und der Wille, in völliger

Aufopferung zu dienen, auch wenn die Arbeit selbst in einem absoluten Sinne unwichtig sein mag.

Wenn Pluto im *siebenten Haus* steht, kann die Fähigkeit eines Menschen, eng mit seinen Partnern zu verkehren – aber im Sinne von Prinzipien und sozialen Aufgaben, eher als auf einer emotionalpersönlichen Grundlage – sein größter Beitrag sein. Er kann menschlichen Kontakten eine neue Färbung geben, und daher auch den sozialen Prozessen. Im *achten Haus* kann Pluto die Beschäftigung mit einer oder der anderen Art von Ritual bedeuten. Der größte Beitrag, den eine Person, die mit solch einer Plutoposition geboren ist, machen kann, mag die Beweisführung sein, daß Menschen in ihrem Zusammensein neue Werte erzeugen und transzendente Energien freisetzen können. Mit Pluto im *neunten Haus* kann eine Person am wertvollsten die Erfahrungen und intellektuelle oder spirituelle Erkenntnisse beisteuern, die sie in ihrer Suche nach letztendlichen Werten und Bedeutungen erreicht hat.

Mit Pluto im *zehnten Haus* sollte eines Menschen charakteristische Anteilnahme an den Angelegenheiten seiner Gemeinschaft und an der »Arbeit der Welt« sein bedeutungsvollster Beitrag sein, denn dies ist seine Art der Integration der zwei Polaritäten der Existenz, das Individuelle und das Kollektive. Im *elften Haus* tendiert Pluto dazu, den Idealen eines Menschen und seiner Vision von besseren Dingen, die für ihn und für seine Mitmenschen kommen werden, einen bestimmten und vielleicht schicksalshaften Charakter zu geben. Wenn er ein nicht schwankendes und totales Interesse für diese Ideale zur Schau stellen kann, dann mag diese Tatsache alleine ein wertvoller Beitrag für die Noblesse des Menschen sein. Im *zwölften Haus* drückt Pluto seinen Stempel auf die letztendlichen Merkmale eines Zyklus der Erfahrung. Dieses »Urteil« zu akzeptieren und seinen Konsequenzen mit Mut und ohne Umschweife entgegenzutreten, das ist ein sehr bedeutungsvoller und schöpferischer Beitrag zur typischen menschlichen Fähigkeit, von Niederlage wie auch von Erfüllung zu lernen, und auf dieser Grundlage von Zyklus zu Zyklus sich weiter zu bewegen.*

* Für ein Studium der Bedeutung, die den Positionen der Mond-Knoten in einem Geburtshoroskop zugesprochen werden, siehe *The Planetary and Lunar Nodes* (Humanistic Astrology Series, Nr. 5).

# Nachwort

Zum Abschluß dieser Studie der zwölf astrologischen Häuser möchte ich gerne einen Punkt nochmals darlegen, den ich in dieser Zeit für sehr grundsätzlich halte, nicht nur in bezug auf die Ausübung der Astrologie, aber bezüglich fast jeden Bereiches menschlichen Strebens.

Ich habe an anderer Stelle den Unterschied zwischen einem »atomistischen« und einem »holistischen« Annäherungsweg zur Astrologie hervorgehoben, und ich habe aufgezeigt, daß der Konflikt zwischen ihnen, und die Möglichkeit, diese zwei Annäherungswege zu integrieren, von ausschlaggebender Bedeutung ist, nicht nur in der modernen Wissenschaft, sondern in allen Disziplinen des Denkens.* Die Frage, die man nicht abschieben kann, ist die, ob das Bewußtsein eines Menschen seine Erfahrungen am bedeutsamsten in Beziehung zu einem Ganzen interpretiert, auf dessen Seiten diese Erfahrungen etwas Licht werfen, oder als separate Tatsachen, über die uns nur eine genaue Analyse ein gültiges Wissen verschaffen kann. Heute ist es natürlich die Art von Wissen, die uns mit *Macht über* bestimmte Dinge ausstattet, die wir als »gültig« ansehen.

Astrologisch ausgedrückt, können wir wirklich ein Geburtshoroskop und die totale Person verstehen, die diese angeblich auf irgendeine Weise repräsentiert, wenn wir jedem Planeten unterschiedliche Bedeutungen zuschreiben – oder jedem Tierkreiszeichen, jedem Haus, jedem Aspekt, die als separater Faktor aufgefaßt werden? Sollten wir zuerst analysieren und dann versuchen, die Informationen zusammenzustückeln, so widersprüchlich diese sein mögen, oder sollten wir zuerst das Horoskop als ein Ganzes betrachten, das eine bestimmte »Form« hat, und sie als ein komplexes »Wort« ansehen, das uns »Bedeutung« enthüllen kann? Eine vorsichtige Studie der vielen Faktoren, die dieses Ganze ausmachen – die »Buchstaben«, die das Wort bilden – wäre immer noch notwendig, damit wir die Details des ganzen Bildes erfassen können. Die gesamte Form des Horoskops würde die bleiben, die sie ist.

---

* Siehe: *Astrology for New Minds* und *Astrology of Self-Actualization* (Humanistic Astrology Series Nr. 1 und 2).

Eine andere Art diese zwei Möglichkeiten auszudrücken, wäre zu sagen, daß man alles, was wir erfahren – ob dies jetzt eine Lebenssituation oder ein astrologisches Horoskop ist – entweder in dem Sinne betrachten können, daß dies eine scharf definierbare und andauernde – das heißt, relativ permanente – *Einheit* ist, oder im Sinne, daß dies eine Phase eines *Prozesses* darstellt.

Wenn wir den ersten Weg nehmen, tendieren wir dazu, das zu personalisieren, was immer der Auslöser unserer Erfahrung zu sein scheint. Dies ist die Einstellung desjenigen, den wir den primitiven Menschen nennen. Alles was er sieht oder fühlt wird als ein »Geist« angesehen. Die Wolke, der Blitz, die Jahreszeit, Morgendämmerung, eine Krankheit, etc., allen werden Namen gegeben und alle werden als einzelne Einheiten oder als Götter betrachtet, zu denen man beten kann oder die man durch angemessene Zeremonien oder durch bestimmte Handlungen besänftigen oder kontrollieren kann. Die Menschheit operiert immer noch in großem Maße auf dieser Ebene, sogar in unserer angeblich weit fortgeschrittenen Gesellschaft. Wir geben der Person, die wir treffen, einen Namen und vielleicht eine unsterbliche Seele. Obwohl sie ihre Erscheinung verändern kann, von der eines Kindes zu der eines alten Mannes, so sprechen wir von diesem Menschen immer noch als von dem gleichen Individuum. Wir sprechen von Zorn, als ob dieser eine Einheit wäre, die sich von Mitgefühl völlig unterscheidet. Wir sprechen von der Krankheit Arthritis, und der Arzt verschreibt Medikamente, die sich nur auf die Beseitigung der Symptome der Krankheit beziehen. Wir sprechen von Atomen als separaten Einheiten, die einen permanenten Charakter besitzen, der verändert werden kann durch andere spezifische Einheiten, die auf ihn einwirken. Wir denken in den meisten Fällen von Gott als einer erhabenen Einheit oder als einer absoluten Person.

Es gibt natürlich diesbezüglich Ausnahmen, und heute nehmen diese sehr schnell zu. Der Wissenschaftler bietet uns heute ein Bild des Universums, in dem sich alles nicht nur verändert, sondern auch nicht zu genau definiert werden kann. Das Atom ist zu einem Feld von Energien geworden und das Individuum ist für viele Psychologen nicht mehr eine nicht zu teilende Einheit, sondern ein Komplex von sich permanent ändernden biopsychischen Faktoren. Darüber hinaus wird das Individuum und die Umwelt als sich in einem Zustand andauernder umwandelnder Wechselwirkung angesehen. Dies bedeutet *nicht* aus diesem Gesichtspunkt, daß wir nicht von Atomen sprechen können, von Personen oder von speziellen Krankheiten, besonderen Jahreszeiten, elektrischen Stürmen oder von Wolken. Was es doch bedeutet, ist, daß man alle diese Einheiten als zeitliche und in Reihenfolge ablaufende Manifestationen von *Prozessen* ansehen soll und ansehen kann – Prozesse, die im weitesten Sinne des Ausdrucks zyklisch sind und viele verschiedene Phasen beinhalten.

Wenn ein Prozeß als ein Ganzes angesehen wird, kann er eine Einheit genannt werden; es ist dies aber eine Einheit in dem Sinne, daß sie eine Zeit-Struktur besitzt, einen Anfang und ein Ende. Wenn ich eine Raupe sehe, dann weiß ich, daß sie eine Puppe und ein Schmetterling oder eine Motte werden wird. Die Form der Raupe repräsentiert nur eine Phase eines Prozesses, der die anderen Formen mit beinhaltet. Nebenbei, wenn ich den Lebensprozeß *verstehen* will, von dem diese Raupe eine Phase ist, dann muß ich ihre Beziehung zu den Pflanzen ihrer Umwelt, zu den Jahreszeiten, zu den Zuständen der Luft um sie herum, etc., bedenken.

Die Veränderung weg vom Konzept der »permanenten Einheit« zu dem des »Prozesses« wurde höchstwahrscheinlich von den Lehren des Gautama Buddha ausgelöst, vor mehr als 25 Jahrhunderten. Der Buddha versuchte im besonderen die Einstellung des Menschen zur menschlichen Person zu »ent-einheiten«; er tat dies, indem er verneinte, daß man von einem menschlichen Wesen als von einer permanenten und sich reinkarnierenden *Einheit* sprechen könne, die einen absoluten Charakter beibehält. In seinen Augen war eine Person die Integration vieler sich dauernd verändernder Faktoren und das Resultat von Auslösern und Wirkungen innerhalb eines äußerst umfangreichen Prozesses – ein »Rad der Existenz« –, der ein zyklisches Muster besitzt. Der Prozeß war real; die zu jeder einzelnen Zeit erfahrene Person sollte nur als eine Phase innerhalb eines Prozesses angesehen werden, der sie jedoch trotzdem nicht weniger »real« machte für den, der auch in dem Prozeß verwickelt war.

In der Atomphysik sagt man, daß ein Elektron unter gewissen Umständen als ein Partikel angesehen werden kann, unter anderen Umständen als eine Welle – eine »Welle von Möglichkeiten«. Dies schien vielen Leuten ein sehr zwiespältiges und nicht zufriedenstellendes Konzept zu sein, und doch ist es eines, welches auf alle menschlichen Erfahrungen angewandt werden kann und angewandt werden sollte. Es sollte in der Astrologie ebenfalls angewandt werden, wie auch im Studium der Häuser eines Geburtshoroskops.

Ein Haus – wie ich es definiert habe – ist ein 30-Grad-Ausschnitt des Raumes, der den Neugeborenen umgibt, nicht aber des Tierkreises. Es ist daher eines von zwölf Teilen seines Universums – das heißt, der *totalen Möglichkeit der Erfahrung, die ihm zur Verfügung steht.* Man kann diese totale Möglichkeit in zwölf grundsätzliche Kategorien unterteilen und, da der Neugeborene im Zentrum des Raumes ist, sind die zwölf Kategorien *da*, um ihn herum. Aber sie sind auch da *im Raum*, nur als Potentialitäten. Der Neugeborene ist selbst im Raum, als ein totaler Organismus, aber dieser Organismus muß sich *in der Zeit* entwickeln, um seine ganzen Potentialitäten zu entfalten. Während er dies tut, werden sich zwölf grundsätzliche Kategorien der menschlichen Erfahrung eine nach der anderen dem wachsenden Bewußtsein eröffnen.

Daher bezieht sich in diesem Sinne »Raum« nur auf das, was man archetypische Potentialitäten der Existenz nennen könnte. Tatsächlich ist dies immer die Bedeutung des Raumes, denn indem er sich im Raum ausweitet und – wenn er fähig ist, dies zu tun – sich im Raum bewegt, hat der Mensch die Möglichkeit zu neuen Erfahrungen. Raum »ist jetzt da«, aber die Erfahrungen, die er uns bietet, sind *nur potentiell.* Wir brauchen Zeit, um sie zu erreichen, während wir uns durch den Raum bewegen, entweder durch unsere eigenen Anstrengungen oder so, wie uns die Erde in jedem Augenblick in eine neue Region des galaktischen Raumes bringt. Diese Erdbewegung mag sehr wohl die grundsätzliche Tatsache der ganzen Evolution sein, so wie die Jahreszeiten die grundsätzliche Tatsache des jährlichen Wachstums der Pflanzen darstellen, und die Tag und Nacht Alternierung die der schlafenden und wachenden Zustände – wahrscheinlich in größerem Maße als wir glauben! – die Entwicklung der Persönlichkeit eines Menschen bedingen.

Um zu den astrologischen Häusern zurückzukehren: sie existieren im Raum als zwölf archetypische Kategorien der individuellen Erfahrung, doch diese Erfahrungen bedürfen des Voranschreitens der Zeit, um voll verwirklicht zu werden. Auf die gleiche Art beziehen sich die klassischen Konzepte der »planetaren Zeitalter« und der »planetarischen Stunden« auch auf die Verwirklichung von Potentialitäten. Alle Planeten »sind da«, immer, aber zu gewissen Zeiten und zu gewissen Zeiten des Tages können wir die funktionalen Arten der Tätigkeiten, auf die sie sich im astrologischen Symbolismus beziehen, *mehr im Brennpunkt erfahren.* Wir können von den Planeten als von Einheiten denken, die uns »Strahlen« zuschicken, die uns irgendwie auf der Erde beeinflussen, wir können aber auch von ihnen denken als in-den-Brennpunkt-bringende Phasen eines Prozesses, der die zyklische Beziehung einer Person zum gesamten Sonnensystem festlegt, durch die Tage und Jahre ihrer Existenz als einem organischen Ganzen.

Dies deutet einen holistischen Weg der Erfahrung an, und dieser führt tatsächlich zur Tatsache der wirklichen Existenz. Ohne Zweifel können wir uns auch das Universum und uns selbst im Sinne von »Sein« vorstellen und auch interpretieren, aber dies bedeutet unausweichlich auch im Sinne der *Potentialität der Erfahrung*. Wenn wir uns mit *wirklichen* Erfahrungen und mit den Problemen beschäftigen, die aus der persönlichen Entwicklung eines Menschen erstehen, in einer wirklichen und spezifischen Umwelt – und damit müssen sich Psychologen und Psychotherapeuten beschäftigen – dann müssen die archetypischen Kategorien des »Seins« in Tatsachen des »Existierens« umgesetzt werden. Wir müssen uns mit Umständen und Erfahrungen – oder mit der Ablehnung zu erfahren! – beschäftigen, eins nach dem anderen, als in-Reihenfolge-stehende Phasen eines Prozesses. Diesem Prozeß können wir eine Bedeutung und einen Zweck zuschreiben, und indem wir dies tun, können wir die Bedeutung und den Zweck jeder einzelnen Erfahrung völlig verändern.

Es ist dieser psychologische oder psychotherapeutische Weg, den ich in allen meinen astrologischen und philosophischen Werken eingeschlagen habe. In diesem Sinne könnte ich ein »Existentialist« genannt werden, leider aber hat dieser Ausdruck seit einiger Zeit eine ganz spezielle Bedeutung angenommen und er bezieht sich jetzt auf eine ganz besondere Einstellung zum Leben, mit der ich überhaupt nicht übereinstimme, die ich für ebenso unlogisch wie deprimierend halte. Lassen Sie mich noch einmal darlegen, daß von einem Prozeß zu sprechen, nicht bedeutet, daß es keine »archtypische Potentialität des Seins« gibt. Wir müssen ebenso an den Raum denken wie an die Zeit. Bei der Geburt von jedem Organismus *ist* der Raum, doch der bestimmte Raum, der diese neue Geburt umgibt, hat für den Neugeborenen nur im Sinne der Zeit eine Bedeutung, die diesem Organismus zur Verfügung steht, um die in diesem Raum-Faktor angedeuteten Potentialitäten der Erfahrung und des Bewußtseins zu verwirklichen. Mit »Zeit« müssen wir auch die Reaktionsgeschwindigkeit des Organismus berücksichtigen, die sich wahrscheinlich auf die Geschwindigkeit der Mitteilung von Sinnesinformationen durch die Nerven des Körpers bezieht – das heißt, auf »Information«.

Daher hat jeder lebende Organismus – oder eher, jedes *existentielle Ganze*, denn dies sollte ebenso Atome und Galaxien beinhalten, seinen eigenen Raum und seine eigene Zeit, oder *zumindest* den Raum und die Zeit der Spezies des Lebens oder der kosmischen Ebene der Erfahrung, der er angehört. Er hat eine spezifische Geschwindigkeit der Reaktion auf äußere Einflüsse und auf innere Veränderungen. Es wurde vermutet, daß die Geschwindigkeit des Lichts die charakteristische »Geschwindigkeit der Reaktion« des Kosmos sein könnte – eine

Geschwindigkeit, die viel, viel schneller ist als die, die bei der Mitteilung von Information von irgendeinem Teil des menschlichen Körpers zum Gehirn und wieder zurück zu den betroffenen Organen eingesetzt wird, einfach weil die Lebensspanne eines Menschen um so viel kürzer ist als die einer Galaxis.

Ein Geburts-Raum *ist;* und daher ist es vernünftig, die Bedeutung der Zeichen des Tierkreises und der Häuser zu diskutieren – die beiden grundsätzlichen Bezugsrahmen in der Astrologie – im Sinne von geometrischen Beziehungen und von Polygonen als Inschriften innerhalb eines Kreises, wie es bis jetzt am allerhäufigsten getan wurde. Ich bin aber den Weg der Reihenfolge oder der Rhythmik deshalb gegangen, weil dieser in meinen Augen noch nie vollständig erklärt oder hervorgehoben wurde. Auch weil heute, zu einem ausschlaggebenden Zeitpunkt der menschlichen Geschichte, der den Entwicklungen von Individuen krisenproduzierende Erfahrungen aufzwingt, die wichtigste Frage darin besteht, wie man konstruktiv mit diesen Erfahrungen umgehen kann. Und ich glaube, daß man mit ihnen am ehesten zurande kommt und sie am besten verwendet, wenn man Bedeutung und Zweck voraussetzt und sie betrachtet als Übergangsphasen des immensen Prozesses der menschlichen Existenz.

*Paul Hawken* **DER ZAUBER VON FINDHORN.** Ein Bericht
*222 Seiten*

Was hat es auf sich mit Reportagen über den zauberhaften Findhorn-Garten im Norden Schottlands direkt an der Küste, in dem auf kärgstem Sandboden bestes Gemüse und seltenste Blumen gedeihen sollen? Was ist wahr an Erzählungen, daß die Begründer dieses Gartens mit Devas, Naturgeistern und Feen kooperieren und von diesen Wesen direkte Weisungen erhalten?
Der Autor lebte ein Jahr in Findhorn. Er erzählt die erlebnisreiche Geschichte der Findhorn-Gründer und die Entwicklung eines magischen Gartens, in dem Pflanzen zur sichtbaren Demonstration positiven, lebensbejahenden Denkens, Fühlens und Handelns werden.

*Edward Bach* **BLUMEN, DIE DURCH DIE SEELE HEILEN**
Die wahre Ursache von Krankheit. Diagnose und Therapie
*176 Seiten mit 38 farbigen Abbildungen*

Unzufrieden mit den Erfolgen herkömmlicher Medizin, kam Dr. Bach nach langer Beobachtung zu der Überzeugung, daß die Wesensart eines Menschen maßgebend ist für die Krankheit, unter der er leidet. Viele Jahre suchte er nach einer natürlichen Medizin, die primär unsere Seele beeinflußt und somit auch unseren Körper. Mit der ihm eigenen Sensitivität fand er 38 Pflanzen und beschrieb die ihnen entsprechenden Charaktereigenschaften. Aus der Verbindung zwischen den Eigenschaften der jeweiligen Pflanzen mit Sonne und Wasser entstehen die Blumenheilmittel. Blumenmedizin unterliegt nicht der Rezeptpflicht – Bezugsquellen sind genau angegeben.

*Joel Kramer* **DIE LEIDENSCHAFT DER ERKENNTNIS**
*176 Seiten*

Joel Kramer lehrt, daß wir jederzeit, ohne spezielle Techniken oder Systeme, zu wirklichem Verständnis und somit zur Lösung unserer Probleme kommen können, wenn wir aufmerksamer und wacher werden. Hierbei dringen wir tief ein in Zonen, die unser konditionierter Verstand allenfalls zögernd auslotet. Wir müssen dabei über die Welt der Ideen, Glaubenssätze und Bilder hinausgehen, in der jeder von uns lebt, um das Eigentliche zu entdecken.
Dieses Buch ist eine große Hilfe für jeden, der seine inneren und äußeren Probleme wirklich erkennen will – ein Katalysator zu Transformation und kreativem Leben mit sich selbst.

*Thomas Sugrue* **EDGAR CAYCE**
Sein Leben. There is a river
*400 Seiten*

**Die Geschichte eines schicksalhaften Lebens**

Der »Schlafende Prophet« – unter diesem Namen ist Edgar Cayce weithin bekannt. Viele kennen seine medialen Durchgaben, wenige jedoch den Menschen, der die Fähigkeit besaß, sich in das Unterbewußtsein anderer einzuschalten und das ewige göttliche Gedächtnis, die Akasha-Chronik, zu lesen.
Cayce, ein Mann ohne höhere Schulbildung und besondere Leseambitionen machte detaillierte Aussagen über die persönliche Vergangenheit einzelner Menschen und deren Karma, über weit zurückliegende Zeiten, über Atlantis, die ägyptische Pyramidenkultur, sowie über die unmittelbare Zukunft bis zum Jahre 2000. Vielen, von der Schulmedizin aufgegebenen Menschen konnte er helfen, ohne sie je gesehen zu haben.
Über diese einzige autorisierte Cayce-Biographie schrieb die »Herald Tribune«:
»Keine erfundene Geschichte könnte wunderbarer sein, als diese Biographie eines wirklich lebenden Menschen. Kein Romanschreiber würde gewagt haben, einen solchen Phantasiecharakter zu beschreiben, wie es Sugrue hier aufgrund seiner Detailkenntnisse des Lebens von Edgar Cayce getan hat. Diese Biographie zu lesen, wird zwangsläufig zu einem Abenteuer«.

*Mary Lutyens* **KRISHNAMURTI**
Jahre des Erwachens. Eine Biographie
*350 Seiten*

Dies ist die Lebensgeschichte Krishnamurtis, der von der Theosophischen Gesellschaft als kommender Messias ausgerufen und für den der »Star of the East« gegründet wurde. Vieles von dem hier Geschilderten wird überraschend sein für Krishnamurtis heutige Anhänger, die ihn in seinem jetzigen Gleichmut kennen, aber wenig wissen von seiner persönlichen Geschichte – von dem Trauma, das der frühe Tod seiner Mutter für ihn wurde, von der Einsamkeit in seiner einzigartigen Stellung, den schmerzhaften »Einwirkungen« auf seinen Körper während seines geistigen Reifeprozesses und von den Schwierigkeiten, sich von den Menschen zu lösen, die einstmals seine Erziehung in die Hand genommen hatten.